Fonds
chaire.

NOUVEAUX
STATUTS
DE LA COMMUNAUTÉ
DES
MAITRES ET MARCHANDS
CHAIRCUITIERS

DE LA VILLE ET FAUXBOURGS DE PARIS,

Avec la Conférence des Réglemens & Autorités relatifs à chacun des Titres & Articles defdits Statuts :

Enfemble un Recueil Chronologique des anciens Statuts, à commencer par ceux de 1475. jufques & compris les derniers.

Rédigés & mis en ordre par les foins & à la diligence des Sieurs

ETIENNE JACQUESSON, Syndic en Charge.

ANTOINE-ANDRÉ NICOLAS, Juré Comptable.

LOUIS CUEL,
LOUIS-CHARLES DESGROUX, } Jurés en Charge.
& JEAN DOMAGE,

Pendant l'année commençant au premier Octobre 1754. & finiffant au dernier Septembre 1755.

A PARIS.

AVERTISSEMENT.

LA Communauté des Maîtres Chaircuitiers de la Ville & Fauxbourgs de Paris a toujours été en bute à différens autres Corps & Communautés de cette Ville, qui n'ont cherché de tous les tems qu'à anticiper & envahir le Commerce des Membres qui la composent, & qui étant moins nombreux que dans beaucoup d'autres, ont été obligés pour soutenir leur droit d'obtenir avec beaucoup de dépenses & de peines une quantité prodigieuse de Sentences, Ordonnances, Arrêts & Réglemens, pour assurer & policer par ce moyen leur état.

Non contens d'être parvenus à obtenir la Justice que la Communauté des Maîtres Chaircuitiers en particulier, & tous ses Membres en général avoient droit d'espérer, contre ceux des Membres des autres Communautés qui anticipoient sur leur profession, ils ont encore été obligés, pour assurer leur tranquillité & faire régner la paix parmi eux, d'obtenir aussi des Réglemens pour leur police intérieure & extérieure.

Les créations d'Offices d'Inspecteurs & Langayeurs de Porcs & de ceux de Courtiers-Visiteurs de Chairs, Lards & Graisses de la Ville & Fauxbourgs de Paris, ont aussi occasionné différentes contestations entre ces Officiers & la Communauté, sur lesquelles est intervenue une très-grande quantité de Sentences & Réglemens de Police, Arrêts du Parlement

& du Confeil , même de Lettres Patentes adreffantes & enregiftrées au Parlement.

Il en a été de même pour ce qui concerne les
achat , vente & débit des Marchandifes de la profeffion des Maîtres Chaircuitiers , tant par rapport
aux Marchands Forains qui aménent des Porcs en vie
pour l'approvifionnement de la Ville & Fauxbourgs
de Paris , que par rapport aux Habitans de Nanterre ,
& autres lieux circonvoifins , qui aménent des Porcs
morts en morceaux fur le carreau de la Halle de la
même Ville , ces particuliers refpectivement ainfi
que la Police tant du Marché aux Porcs que de la
Halle , ont occafionné une très-grande quantité de
Procès fur lefquels il eft auffi intervenu des Sentences , Ordonnances & Arrêts en grand nombre.
Tous ces Réglemens n'étoient prefque d'aucun
utilité à la Communauté, en ce que les Syndic &
Jurés d'icelle qui fe fuccédent les uns aux autres , &
qui ne font que très-peu de tems en exercice, n'en
ayant eu que très-peu de connoiffance ; ces mêmes Titres fe font trouvés ou adirés ou ignorés ,
foit par le peu d'ordre qu'on avoit gardé dans leur
arrangement, foit par la négligence d'aucuns defdits
Syndic & Jurés qui n'avoient pas tout le foin qu'ils
devoient avoir de remettre au dépôt de la Communauté les Titres qu'ils avoient obtenus pendant l'année de leur Syndicat & Jurande. En l'année mil fept
cent dix-huit, il n'y avoit encore aucun ordre dans
les Archives & Titres de la Communauté, & il y avoit
beaucoup de divifions entre fes Membres , ce qui a
caufé un Procès confidérable entre eux , fuivi dans

fon commencement à l'Extraordinaire & enfuite ren-
voyé à l'Audience fur les conclufions de Monfieur le
Procureur du Roy, & terminé par une Sentence diffi-
nitive rendue fur fes conclufions en la Chambre de
Police le vingt-fept Octobre mil fept cent dix-neuf.

Par cette Sentence en forme de Réglement général pour la Communauté, il a été entre autres chofes ordonné qu'il y auroit à l'avenir & à la diligence
des Jurés, aux frais de ladite Communauté, trois regiftres qui feroient cottés & paraphés par premier &
dernier feuillet par Monfieur le Procureur du Roi, &
qui refteroient toujours dans le Bureau pour y tranfcrire de fuite & fans laiffer aucun blanc, fçavoir fur
le premier toutes les affaires qui concernoient ladite
Communauté pour les réceptions des Maîtres & Apprentifs, preftation de ferment defdits Maîtres, Élection des Jurés, délibérations, & généralement tous
les autres actes en tête duquel feroit tranfcrite ladite Sentence. Sur le deuxiéme, il feroit fait une mention fommaire par forme d'Inventaire de tous les Titres
& Papiers de ladite Communauté qui fe trouveroient tant dans l'Armoire du Bureau qu'ailleurs,
& qui pourroient être recouvrés & retirés d'entre
les mains de ceux qui les avoient, par les Jurés qui
feroient à cet effet feulement toutes les diligences
néceffaires aux frais de la Communauté : Et fur le
troifiéme qu'il y feroit fait mention de tous les droits
qui fe percevroient par les Jurés fur les Maîtres
de ladite Communauté, tant pour les réceptions
des Maîtres & Apprentifs que pour les ouvertures de
Boutiques, droits de Chapelle, Vifites & autres, &

des quittances qui en feroient données année par année, fucceffivement, pour y avoir recours lors des
comptes que lefdits fieurs Jurés rendroient, de la
clôture defquels il feroit auffi fait mention fur ledit
Regiftre. Il a été en outre ordonné que tous les Titres, Papiers, Regiftres, même les Comptes & Piéces
juftificatives qui avoient lors été rendus & ceux qui
le feroient à l'avenir par les Jurés comptables en
Charge, après avoir été infcrits fur le Regiftre en
forme d'inventaire, feroient renfermés dans ladite
armoire étant au Bureau de ladite Communauté, &
laiffés avec les clefs auxdits Jurés qui s'en charge-
roient fur ledit Regiftre; & qu'ils ne pourroient en
être déchargés qu'après en avoir fait charger les
Nouveaux Jurés entrant en place, récollement
préalablement fait d'iceux; & que s'il convenoit
tirer aucun defdits Titres & Piéces pour fervir dans
les affaires de ladite Communauté, il en feroit
mis des récépiffés dans l'armoire, & fait mention
dans ledit Regiftre afin qu'ils puffent être retirés
& confervés.

Cette Sentence quoique très-utile & néceffaire
n'a jamais été exécutée, & les chofes font demeurées dans la confufion jufqu'à ce que l'on ait travaillé à l'arrangement des préfens Statuts.

Vers le commencement de l'année mil fept cent
cinquante quatre, il fut réfolu pour parvenir à la
compilation de tous les Titres & Réglements qui
ont fervi de bafe aux Articles qui compofent les
Nouveaux Statuts de faire des recherches & un examen exact de tous lefdits Titres dont cet Ouvrage
a été l'unique fin.

TABLE

DES TITRES DES NOUVEAUX STATUTS.

Fin de la Table des Titres.

TABLE
CHRONOLOGIQUE
Des Piéces contenues en ce Recueil.

b

Fin de la Table Chronologique.

NOUVEAUX

NOUVEAUX
STATUTS
DES
MAITRES CHAIRCUITIERS·

TITRE PREMIER·
DE LA COMMUNAUTÉ EN GÉNÉRAL.

ARTICLE UNIQUE.

L A Communauté des Maîtres Chaircuitiers de Paris, sera & demeurera composée des Syndic, & Jurés en charge, des anciens Syndics & Jurés, & généralement de tous ceux qui ont été, ou seront reçus Maîtres. Article I. des nouveaux Statuts.

AUTORITEZ.

Par la Sentence du 17. Janvier 1475, en forme de Réglemens ou Statuts de la Communauté des Maîtres Chaircuitiers de Paris, donnée par Messire Robert d'Estouteville, Garde de la Prévôté de Paris, Com-

A

missaire en cette partie , il a été entre autres chofes ordonné (Article II. d'icelle) que la Communauté des Maîtres Chaircuitiers feroit & demeureroit compofée des Chaircuitiers & Veuves de Chaircuitiers travaillans lors dudit métier , & dénommés dans les qualités de ladite Sentence ; lefquels au moyen du ferment qu'ils prêteroient, pour les hommes feulement, feroient réputés Maîtres dudit métier , fans être tenus faire aucun chef-d'œuvre, en payant au Roy la fomme de douze fols parifis, & à l'égard des femmes, dont les maris auroient exercé ledit métier , elle en jouiroient, comme fi elles euffent été ou feroient veuves depuis l'édition de ladite Sentence.

Par autre Sentence donnée par ledit Sieur Garde de la Prévôté de Paris le vingt-cinq Septembre 1477. fur les oppofitions formées à la précédente tant par les fieurs Prévôts des Marchands & Echevins de la Ville de Paris , que par différens particuliers exerçans la profeffion de Chaircuitiers , tant hommes que femmes ; il a été ordonné, (Article premier) que lefdits particulier feroient le ferment accoutumé , & feroient & demeureroient paffés Maîtres dudit métier , fans faire aucun chef-d'œuvre , pourvû qu'ils fiffent ledit ferment dans le délai de deux mois , & en payant par chacun d'eux la fomme de dix fols parifis , applicable moitié au profit du Roy, & l'autre moitié au profit de la Confrérie dudit métier ; paffé lequel délai de deux mois , ils ne feroient plus reçûs à faire ledit ferment à moins qu'ils ne fiffent chef-d'œuvre.

Voyez à la fin de ce Recueil les Sentences cy-deffus qui font Imprimées à la fuite de ces nouveaux Statuts à leurs dates.

TITRE DEUXIEME

DES QUALITE'S REQUISES POUR parvenir à la Maîtrife , & des chefs-d'œuvres.

ARTICLE PREMIER.

ARTICLE II. des nouveaux Statuts.

AVANT qu'aucun puiffe parvenir à la Maîtrife de Chaircuitier , il fera tenu, conformément à l'Article fept des anciens Statuts de ladite Communauté , de faire apprentiffage chez l'un des Maîtres d'icelle pendant quatre années confécutives , & de fervir enfuite pendant cinq autres années en qualité de Compagnon chez lefdits Maîtres ou Veuves établis à Paris, afin de se perfectionner au métier de Chaircuitier.

AUTORITEZ.

Par l'Article troisiéme de la Sentence donnée par le Sieur Garde de la Prévôté de Paris le 17 Janvier 1475, il a été ordonné qu'à l'avenir nul ne pourroit être reçû Maître Chaircuitier, ni tenir Boutique ouverte à Paris dudit métier, s'il n'avoit été Apprentif à Maître pendant quatre années, & en outre fait chef-d'œuvre, ou s'il n'étoit expert audit métier & tel rapporté par les Jurés.

Par le même Article d'une autre Sentence donnée par ledit Sieur Garde de la Prévôté de Paris le 25 Septembre 1477, il a été pareillement ordonné qu'à l'avenir nul ne pourroit être reçû Maître Saulcissier ou Chaircuitier, ni tenir Boutique ouverte, s'il n'avoit été trois ans Apprentif à Maître, & s'il n'étoit expert audit métier & rapporté tel par les Jurés.

Par l'Article septiéme de la Déclaration du Roy, en forme de nouveaux Statuts pour la Communauté des Maîtres Chaircuitiers de Paris, donnée à Fontainebleau le 24 Octobre 1705, Regiſtrée au Parlement le 12 May 1710. il a été ordonné que nul à l'avenir ne pourroit être reçû Maître de ladite Communauté, qu'il n'eût fait apprentiſſage pendant quatre années complettes, & enſuite ſervi les Maîtres de la Communauté pendant cinq années en qualité de Compagnon pour ſe perfectionner audit métier : ce que les aſpirans ſeroient tenus de juſtifier par leurs Brevets d'apprentiſſage certifié des Maîtres où ils l'auroient fait, & par les certificats des Maîtres, Veuves de Maîtres, ou héritiers de ceux chez leſquels ils auroient ſervi ; comme auſſi que leſdits aſpirans ne pouroient être reçûs à la Maitriſe qu'ils n'euſſent fait leur chef-d'œuvre, & qu'ils ne fuſſent trouvés de bonnes vie & mœurs, & de la Réligion Catholique, Apoſtolique & Romaine.

Voyez à la fin de ce Recueil à la ſuite de ces nouveaux Statuts où ces Sentences & Déclarations ſont imprimées à leurs dates.

ARTICLE II.

TOUTES perſonnes de mauvaiſe vie, notées & repriſes de Juſtice ſeront excluſes de la Maîtriſe, même de ſervir les Maîtres, à peine de trente livres d'amende contre leſdits Maîtres,

ARTICLE X. *des nouveaux Statuts.*

A ij

qui , en ayant connoiſſance , auroient pris leſdites perſonnes à leur ſervice.

AUTORITEZ.

Voyez l'article ſeptiéme ci-deſſus rapporté de la Déclaration du Roy de 1705. imprimée à la ſuite de ces nouveaux Statuts.

ARTICLE TROISIEME.

LORSQU'UN Aprentif aura fini ſon tems d'Aprentiſſage , qui eſt de quatre années , & ſervi les Maîtres en qualité de Compagnon pendant cinq années entieres , ce qu'il ſera tenu de faire connoître par Brevet quittancé & par le certificat de ſes ſervices , & qu'il voudra être admis à la Maîtriſe de Chaircuitier, il ſe retirera devers les Syndic & Jurés en charge , qui le propoſeront dans une aſſemblée, pour être agréé & admis au chef-d'œuvre , lequel ſera fait en préſence deſdits Syndic & Jurés en charge & du Meneur par l'Aſpirant, qui ſera tenu de tuer un Porc, & l'habiller, & le lendemain le faire apporter dans le Bureau de la Communauté, pour y être coupé & dépecé en préſence deſdits Syndics & Jurés, des Anciens & des dix Modernes ou Jeunes alternativement ſuivant leur réception.

Article XI. des nouveaux Statuts.

AUTORITEZ.

Voyez les autorités raportées ſur l'article premier de ce titre , & l'article neuviéme de la Déclaration du Roy de 1705. cy-devant raportée & imprimée à la ſuite de ces nouveaux Statuts, par lequel il eſt dit que le prix du chef-d'œuvre ſera payé par l'Aſpirant , & qu'il ſera fait en préſence des Syndic & Jurés, des Anciens & dix Jeunes qui aſſiſteront tour-à-tour, & ce ſuivant l'ordre de leur réception.

Indépendamment des préſens articles de ces nouveaux Statuts & des autorités rapportées ſur iceux, pour ce qui concerne les aprentiſſages , l'Article quinziéme de ces mêmes nouveaux Statuts, qui eſt compris ſous le titre ſixiéme concernant les réceptions de Maîtres ,

porte qu'aucun fils de Maître , né avant la réception de fon pere à la
Maîtrife , ne pourra être reçû Maître, qu'il n'ait fait apprentiffage &
fervi les Maîtres de même que les Etrangers qui feront reçûs par
chef-d'œuvre.

Voyez cet article ci-après au titre fixiéme des réceptions de Maî-
tres où il eft rapporté en entier.

TITRE TROISIEME.

DES APPRENTIFS.

ARTICLE PREMIER.

NUL ne pourra être reçû apprentif , qu'il
n'ait atteint l'âge de quinze ans , jufqu'à vingt
ans , après lequel tems il ne pourra fe préfenter
pour être admis à l'apprentiffage ; à l'effet de quoi
il era tenu de le juftifier aux Syndic & Jurés en
arge par fon extrait baptiftaire duëment légalifé.
Le Brevet d'apprentiffage fera paffé devant Notaires
en préfence de deux Jurés au moins, à peine de nullité dudit Brevet, & payera ledit Apprentif, après
ledit Brevet paffé, douze livres au profit de la Communauté , conformément à la Déclaration du quinze
May mil fix cens quatre-vingt-onze ; payera en outre à chaque Juré vingt-fols pour leur droit de préfence. Ledit Apprentif fera tenu de fournir , dans la
quinzaine du jour de la paffation dudit Brevet, une
copie collationnée d'icelui , pour être enregiftrée fur
le Regiftre de la Communauté à la diligence du
Maître, où ledit Aprentif entrera , à peine de trente
livres d'amende contre ledit Maître, applicables
moitié à l'Hôpital Général & l'autre moitié à la
Communauté , & de demeurer refponfable des dommages & intérêts de l'Apprentif.

A**rticle** III. *des nou, veaux Sta-tuts.*

'AUTORITEZ.

Par Sentence contradictoirement renduë au Châtelet de Paris le 20 Août 1667. en faveur de la Communauté des Maîtres Chaircuitiers de cette Ville, contre Claude Fournier & trois autres Maîtres Chaircuitiers, il leur a été fait deffenses, ainsi qu'à tous autres Maîtres de ladite Communauté de plus à l'avenir obliger ni prendre aucuns apprentifs qu'en la présence & du consentement des Jurés.

Voyez cette Sentence & l'Inventaire général des titres de la Communauté au Chapitre des Apprentifs.

Par la Déclaration du Roy, donnée à Versailles le quinze May 1691, Registrée en Parlement le 21 dudit mois, portant réunion à la Communauté des Offices de Jurés perpétuels créés par Edit du mois de Mars précédent, il a été ordonné que chaque Apprentif payeroit à la Communauté pour raison de son Brevet d'aprentissage une somme de douze livres.

Voyez cette Déclaration au Recueil des Réglemens de la Communauté, Chapitre de la réunion des Offices. Tome deuxiéme.

Par l'Article septiéme de la Déclaration du Roy, en forme de nouveaux Statuts pour la Communauté des Maîtres Chaircuitiers de Paris, donnée à Fontainebleau le vingt-quatre Octobre 1705, enregistrée au Parlement le douze May 1710, il a été ordonné que les Brevets d'aprentissage seroient passés par-devant Notaires en présence de deux des Jurés de la Communauté au moins à peine de nullité desdits Brevets, & que chaque apprentif payeroit à la Communauté conformément à la Déclaration du Roy du quinze May 1691, une somme de douze livres, que ledit Brevet seroit en outre enregistré sur le Registre de la Communauté, à la diligence du Maître qui feroit ledit apprentif, dans la quinzaine du jour de la passation dudit Brevet, à peine de trente livres d'amende, applicables, moitié à l'Hôpital Général, & l'autre moitié à la Communauté, & que ledit Maître feroit en outre tenu & responsable de tous les dommages & intérêts de l'apprentif.

Voyez à la fin de ce Recueil en suite de ces nouveaux Statuts où cette Déclaration est imprimée à sa date.

Par Sentence de Police du cinq Septembre 1738. homologative d'une délibération de la Communauté du 29 May précédent, les Jurés de la Communauté ont été autorisés à faire les poursuites & diligences nécessaire pour faire annuller les Brevets de ceux des apprentifs, qui ne feroient pas de résidence réelle chez leurs Maîtres.

Par autre Sentence de Police du 30 Octobre 1738, en forme de

Réglemens pour la Communauté, contenant six articles, il a été, entr'autres choses, ordonné (article quatrriéme) qu'aucun Maître de la Communauté ne pourroit obliger d'apprentif, qu'il ne fût lors à son service & demeurant chez lui, à peine de nullité des Brevets d'apprentiffage & de dix livres d'amende contre chacun des contrevenans, & enjoint à tous les Maîtres Chaircuitiers de rapporter & mettre ès mains des Syndic & Jurés de la Communauté les Brevets des apprentifs qui les auroient quitté avant l'expiration du tems, pour lequel ils s'étoient obligés par iceux, pour être lefdits Brevets renfermés dans le coffre de la Communauté, après toutefois que les Maîtres, avec lefquels ils auront été paffés, en auront donné leur défiftement par écrit, dont mention feroit faite par lefdits Syndic & Jurés fur le Regiftre de la Communauté.

Par autre Sentence de Police du 14 Juillet 1741. homologative de la délibération de la Communauté du 5 May précédent, il a été fait deffenfes à tous les Maîtres de ladite Communauté de recevoir aucun apprentif qu'il n'ait atteint l'âge de quinze ans jufqu'à celui de vingt ou vingt-deux, à peine de nullité des Brevets, & d'amende contre ceux qui les auroient paffé.

Voyez ces trois Sentences & les deux délibérations y mentionnés au Recueil des Réglemens de la Communauté Chapitre des Apprentifs. Tome 1.

ARTICLE DEUXIEME.

LES Apprentifs ne pourront quitter les Maîtres chez lefquels ils feront obligés, s'abfenter, ni demeurer ailleurs pendant les quatre années de leur apprentiffage fans caufe légitime & jugée telle par le Sieur Lieutenant Général de Police, à peine de cinquante livres d'amende tant contre l'Apprentif que contre le Maître qui le recevroit, même à l'égard de l'Apprentif d'être privé du droit d'afpirer à la Maîtrife, & d'interdiction pendant fix mois à l'égard du Maître ; & pour chaque tranfport de Brevet d'apprentiffage il fera payé la fomme de dix livres, fçavoir fix livres pour la Communauté, & quatre livres pour les Jurés qui feront tenus de l'enregiftrer fur le Regiftre de la Communauté.

Article IV. des nouveaux Statuts.

AUTORITEZ.

Par l'Article dixiéme de la Déclaration du Roy, en forme de nouveaux Statuts, pour la Communauté des Maîtres Chaircuitiers, donnée
à Fontainebleau le 24 Octobre 1705. Regiſtrée au Parlement le 12 May
1710, il eſt ordonné que les Apprentifs feront tenus de demeurer en la
maiſon & ſervice de leurs Maîtres pendant les quatre années de
leur apprentiſſage, fans pouvoir demeurer ailleurs, s'abſenter, ni quitter
leurs Maîtres ſans cauſe légitime & jugée telle par le Lieutenant Général de Police, à peine de cinquante livres d'amende tant contre l'Apprentif, que contre le Maître qui le recevroit, d'être déchû de l'état
& métier à l'égard de l'Apprentif, & d'interdiction pendant ſix mois à
l'égard des Maîtres.

*Voyez cette Déclaration imprimée à la fin de ce Recueil, à la fui-
te de ces Nouveaux Statuts à ſa date.*

ARTICLE TROISIEME.

ARTICLE
V. des nou-
veaux Sta-
tuts.

CHACUN Maître Chaircuitier ne pourra recevoir un ſecond Apprentif, à moins que le
premier n'ait au moins trois ans de ſervice, à peine de trente livres d'amende contre ledit Maître dont
quinze livres envers le Roi, & le ſurplus au profit de la Communauté.

AUTORITEZ.

Par l'Article deuxiéme de la Sentence donnée par le Sieur Garde
de la Prévôté de Paris, en forme de Statuts pour la Communauté, le
17 Janvier 1475, il eſt dit que chaque Maître dudit métier ne pourra avoir qu'un apprentif, & à quatre ans de ſervice, ſur peine de vingt
ſols pariſis d'amende.

Par le même Article deuxiéme d'une autre Sentence donnée par
ledit Sieur Garde de la Prévôté de Paris le 25 Septembre 1477, il eſt
dit que chacun Maître dudit métier, ne pourra avoir ne tenir enſemble
que deux apprentifs & à trois ans de ſervice, à peine de vingt-ſols
pariſis d'amende.

Et par l'Article onziéme de la Déclaration du Roi, en forme de
nouveaux Statuts pour la Communauté des Maîtres Chaircuitiers de
cette Ville de Paris, donnée à Fontainebleau le 24 Octobre 1705,
Regiſtrée

Regiftrée en Parlement le 12 May 1710. Il eft auffi dit que chacun Maître dudit état & métier ne pourra avoir ni tenir enfemble que deux Apprentifs , dont le premier aura du moins trois ans de fervice , à peine
contre ledit Maître de trente livres , dont quinze livres d'amende envers
e Roy, & le furplus au profit de la Communauté.

> *Voyez ces Sentences & Déclaration à la fin de ce Recueil où elles*
> *font imprimées à leurs dates à la fuite de ces nouveaux*
> *Statuts.*

ARTICLE QUATRIEME.

SI un Maître Chaircuitier au jour de fon dé-
ceds avoit un Apprentif qui n'eût point accompli fon tems de quatre années, fa Veuve pourra le
garder pour achever fon tems, ou le faire paffer à
un autre Maître, en avertiffant les Syndic & Jurés
de la Communauté , afin d'en faire le tranfport du
confentement des Parties, fans cependant que ladite Veuve puiffe prendre aucun nouvel apprentif.

ARTICLE VI. *desnou-*
veaux Sta-
tuts.

AUTORITEZ.

Par l'Article quatriéme de la Sentence, en forme de Statuts pour
la Communauté des Maîtres Chaircuitiers de cette Ville de Paris ,
donnée par le Sieur Garde de la Prévôté de Paris le 17 Janvier 1475,
il eft dit que toutes les femmes defdits Maîtres Sauliffeurs & Chaircuitiers, qui demeureront veuves, pourront jouir & ufer dudit métier & icelui exercer tout ainfi que fi leurs maris vivoient, excepté
que durant leur veuvage , elles ne pourront prendre aucun apprentif , ni en tenir aucun, s'il n'a été alloué & pris audit métier auparavant le trépas de leurfdits maris, fur peine de vingt-fols parifis d'a-
mende à appliquer moitié au Roy & moitié à la Confrairie dudit
métier.

Par l'Article treiziéme de la Déclaration du Roy , en forme de
nouveaux Statuts pour la Communauté defdits Maîtres Chaircuitiers,
donnée à Fontainebleau le 24 Octobre, Régiftrée en Parlement le 12
May 1710, il eft dit, que les Veuves des Maîtres pourront tenir
Boutiques, faire le même commerce & débiter la même marchandife',
qu'auroient pû faire leurs maris, & cependant qu'elles demeureront
en viduité feulement, fans pouvoir prendre aucun apprentif : Pourront

B

toutefois les Apprentifs de leurs deffunts maris achever le tems de leur apprentiſſage en la maiſon deſdites Veuves.

Voyez à la fin de ce Recueil où ces Sentences & Déclaration ſont imprimées à la ſuite de ces nouveaux Statuts à leurs dates.

TITRE QUATRIEME
DES VEUVES DE MAITRES.

ARTICLE UNIQUE.

ARTICLE VII. *des nouveaux Statuts.*

LES Veuves de Maîtres, reſtantes en viduité, pourront tenir boutique ouverte, & faire travailler pour leur compte ; mais ſi elles venoient à ſe remarier à un autre qu'à un Maître Chairçuitier, elles feront tenuës de fermer boutique : Et ſi elles avoient alors un Apprentif, elles ſeroient obligées de remettre le Brevet dudit Apprentif entre les mains des Syndic & Jurés en charge, pour le donner à un autre Maître, afin d'achever ſon tems, & dans ce cas le tranſport de Brevet ſera fait aux dépens de la Veuve.

AUTORITEZ.

Voyez ce qui eſt dit ſur l'Article quatriéme du titre troiſiéme de ces nouveaux Statuts, & la Sentence donnée par le Sieur Garde de la Prévôté de Paris le 25 Septembre 1477, en forme de nouveaux Statuts pour la Communauté des Maîtres Chairçuitiers de cette Ville, qui eſt imprimée à la fin de ce Recueil enſuite de ces nouveaux Statuts.

Par l'Article quatriéme de ladite Sentence il eſt dit que toutes les femmes des Maîtres Saulciſſiers & Chairçuitiers, qui ſont demeurées ou demeureront Veuves, pourront jouir & uſer dudit métier & icelui exercer tout ainſi que ſi leurs maris vivoient.

TITRE CINQUIEME.

DES COMPAGNONS.

ARTICLE PREMIER.

NUL Maître de ladite Communauté ne pourra prendre aucun Compagnon avant la mi-
Carême de chacune année, ni aucun Compagnon
fortir de chez fon Maître avant le Mercredi des
Cendres de l'année fuivante, à peine de cinquante livres d'amende applicable comme deffus, & les
Compagnons qui fortiront de chez les Maîtres
avant ledit tems fans caufe légitime, ou un congé
par écrit, ne pourront prétendre aucuns gages, &
feront en outre condamnés en tels dommages intérêts qu'il appartiendra, & en cas de conteftae-
tions & différens entre les Maîtres & Compagnons,
ils feront tenus de fe retirer pardevant les Syndic
& Jurés en charge pour tâcher de les concilier,
& s'ils ne le peuvent faire, lefdits Maîtres ou
Compagnons fe pourvoyeront devant le Sieur Lieutenant Général de Police.

AUTORITEZ.

Par Sentence de Police du 18 Octobre 1669. le nommé Cherance
Compagnon Chaircuitier a été condamné & par corps à retourner dans
trois jours au fervice du Sieur Montallant fon Maître, pour y travailler le refte de l'année par lui commencée, enfemble travailler pour les chommages par lui faits, finon vuider la Ville
avec dépens, faifant droit fur la demande & intervention des Jurés
Chaircuitiers : il a été fait deffenfes à tous Maîtres de la Communauté de plus donner à travailler à aucun Compagnon qui fera obligé & aura commencé fon année chez un autre Maître à moins que

le Compagnon ne juftifie du confentement par écrit du Maître de chez lequel il fera forti, à peine de cent livres d'amende, comme auffi deffenfes ont été faites aux Compagnons de quitter les Maîtres chez lefquels ils feront obligés & auront commencé leur année, qu'elle ne foit entierement achevée, à peine de prifon, privation de leurs gages, reftitution de ceux qu'ils auront touchés & de cinquante livres d'amende.

Voyez cette Sentence en l'inventaire général des Titres de la Communauté au Chapitre des Compagnons.

Par l'Article douziéme de la Déclaration du Roy en forme de nouveaux Statuts pour la Communauté des Maîtres Chaircuitiers, donnée à Fontainebleau le 24 Octobre 1705. Régiftrée au Parlement le 11 May 1710, il eft dit que nul Maître de la Communauté ne pourra prendre aucun Compagnon avant la mi-Carême de chacune année, ni aucun Compagnon fortir de chez fon Maître avant le Mercredi des Cendres de l'année fuivante, à peine de cinquante livres applicables moitié au Roi, & le furplus au profit de la Communauté, & les Compagnons qui fortiront de chez les Maîtres avant ledit tems fans caufe légitime ou un congé par écrit, ne pourront prétendre aucuns gages, & feront en outre condamnés en tels dommages & intérêts qu'il appartiendra.

Voyez à la fin de ce Recueil à la fuite de ces nouveaux Statuts où cette Déclaration eft imprimée à fa date.

Par l'Article cinquiéme d'une Sentence de Police du 30 Octobre 1738. contenant fix Articles en forme de réglement pour la Communauté, il eft fait deffenfes aux Maîtres de la Communauté, conformément à l'Article ci-deffus rapporté de la Déclaration du Roy de 1705, de prendre à leur fervice aucuns Compagnons avant la-mi-Carême de chacune année, & aux Compagnons de quitter le fervice de leurs Maîtres fans caufe légitime & confentement par écrit avant le Mercredi des Cendres de l'année fuivante; & auxdits Maîtres de les recevoir chez eux, qu'au préalable lefdits Compagnons ne leur ayent juftifié du certificat ou congé defdits Maîtres chez lefquels ils auroient travaillé, à peine de cinquante livres d'amende contre chacun des contrevenans, même à l'égard des Compagnons de perte des gages qui pourront leur être dûs, & de tels dommages & intérêts qu'il appartiendra envers lefdits Maîtres, lefquels feront tenus fous peine de pareille amende le cinquante livres, d'avertir lefdits Syndic & Jurés de la fortie defdits Compagnons avant l'expiration de leur année.

Voyez cette Sentence au Recueil des Réglemens de la Communauté, Chapitre des Compagnons. Tom. 1.

Par deux Sentences de Police des 27 Août 1745. & 6 Août 1748.
les Sieurs Henry pere, & Veuve Thomas Pinard ont été condamnés
à mettre hors de leur service, sçavoir ledit Sieur Henry le nommé
Auffroy Compagnon Chaircuitier, & ladite Veuve Pinard le nommé Jean-Baptiste Rousseau aussi Compagnon Chaircuitier du Sieur
Renou pere, & pour par lesdits Henry & Veuve Pinard avoir reçû
chez eux lesdits Compagnons sans congé par écrit & consentement des
Maîtres chez lesquels ils avoient demeuré, & avant le Mercredi des
Cendres, ils ont été condamnés, sçavoir ledit Henry en dix livres de
dommages & intérêts, & cinq livres d'amende & aux dépens ; &
ladite Veuve Pinard en six livres d'amende applicable au profit de
la Confrairie de ladite Communauté.

Voyez ces Sentences en l'inventaire général des titres de la
Communauté , au Chapitre des Compagnons.

ARTICLE II.

TOUS les Compagnons dudit métier ne pourront être reçûs à travailler chez les Maîtres,
qu'après avoir donné leurs noms aux Jurés en charge, qui seront tenus de les enregistrer, & de leur
délivrer un certificat pour aller travailler chez les
Maîtres de ladite Communauté qu'ils indiqueront;
& ne pourront lesdits Maîtres recevoir chez eux
aucuns Compagnons sans le certificat desdits Jurés, à peine de cinquante livres d'amende tant contre le Maître, que contre le Compagnon.

ARTICLE IX. des nouveaux Statuts.

N°. Jusques à ces nouveaux Statuts il n'y a aucunes autorités, sur
lesquelles cet article soit fondé, & il paroit qu'il n'a lieu que pour le
bien général, & afin que l'on puisse connoitre & distinguer parmi les
Compagnons les bons sujets d'avec les mauvais.

TITRE SIXIEME

DES RECEPTIONS DE MAITRES.

ARTICLE I.

SI l'Aſpirant, après le chef-d'œuvre fait, eſt jugé capable, il payera à la Commmunauté ès mains du Juré comptable, avant d'être reçû Maître, la ſomme de cinq cens livres, trente livres pour le droit Royal, & vingt une livres pour l'ouverture de boutique conformément à l'article neuf de la Déclaration du mois d'Octobre 1705, non compris les droits qui ſuivent, ſçavoir à chacun des Anciens Syndics, du Syndic & quatre Jurés en charge quatre livres, aux Anciens Jurés deux livres, & aux Modernes & Jeunes qui y aſſiſtent chacun une livre ; douze livres pour la boëte de la Confrairie, trois livres pour le droit de l'Hôpital ; enſemble les droits du Sieur Procureur du Roy au Châtelet, & les frais de la lettre de Maîtriſe.

AUTORITEZ.

Par la Déclaration du Roy donnée à Verſailles le 15 May 1691, Regiſtrée au Parlement le vingt-un du même mois, il a été ordonné que chaque recipiendaire à la Maîtriſe par chef-d'œuvre payeroit au profit de la Communauté la ſomme de quatre cens livres en ce non compris vingt-livres pour le droit d'ouverture de chaque boutique.

Voyez cette Déclaration & l'Inventaire général des titres de la Communauté, Chapitre de la réunion des Offices.

L'Article neuviéme de la Déclaration du Roy de 1705 relatée en ce préſent Article, porte, que chaque Aſpirant à la Maîtriſe par chef-

d'œuvre payera au profit de la Communauté, pour le prix de fa
réception la fomme de cinq cens livres, au lieu de celle de quatre
cens livres fixée par la Déclaration du Roy ci-deffus raportée, & qu'il
payeroit en fus, fçavoir ; à chacun des Syndic & quatre Jurés en
charge, pour droits d'affiftance au chef-d'œuvre & à la réception deux
livres, à chacun des Anciens qui auront paffé les charges vingt-fols,
& à chacun des dix jeunes Maîtres qui y affifteront dix fols, & qu'il
payera encore à la boëte de la Confrairie une fomme de huit livres, &
à la Communauté une fomme de vingt-une livres pour fon droit & lorfqu'il ouvrira boutique.

> *Voyez cette Déclaration à la fin de ce Recueil à la fuite de ces*
> *nouveaux Statuts à fa date.*

Quant aux droits des Hôpitaux, ils font fondés fur des Edits, Déclarations & Arrêts du Parlement, qui font particuliers auxdits Hôpitaux. Au furplus voyez l'Inventaire général des titres de la Communauté au Chapitre de l'Hôpital Général.

ARTICLE II.

LES fils, nés avant la Maîtrife de leur pere,
qui voudront être reçûs Maîtres dudit métier,
feront tenus de faire apprentiffage, & de fervir les
Maîtres, de même que les Etrangers qui feront reçûs par chef-d'œuvre, & de payer la fomme de trois
cens livres, au lieu de celles de cinq cens livres,
enfemble tous les autres droits énoncés en l'article
douziéme, après avoir néantmoins fait préalablement le chef-d'œuvre.

Article XV. des nouveaux Statuts.

N°. *Avant & jufqu'à ces nouveaux Statuts, il n'y a eu dans la Com-*
munauté aucun Réglement concernant les réceptions des fils de Maître nés
avant la Maîtrife de leur pere.

ARTICLE III.

SERONT néanmoins les fils de Maîtres admis
à la Maîtrife fans être tenus de faire chef-d'œuvre, ni de rapporter aucun Brevet d'apprentiffage,
pourvû néanmoins qu'ils ayent atteint l'âge de quin-

Article XIII. des nouveaux Statuts.

ze ans accomplis , en payant feulement la fomme de vingt livres pour le droit Royal & moitié des droits des Syndics & Jurés & Anciens Jurés, avec le droit de l'Hôpital , celui du Sieur Procureur du Roy au Châtelet & les frais de la Lettre de Maîtrife.

AUTORITEZ.

Par chacun des Articles troifiéme des deux Sentences en forme de Statuts pour la Communauté , donnée par le Sieur Garde de la Prévôté de Paris les dix-fept Janvier 1475. & vingt-cinq Septembre 1477 , il a été ordonné que les fils de Maîtrés de la Communauté nés & procréés en légitime mariage , feroient admis à la Maîtrife , fans être tenus de faire aucuns chef-d'œuvre ni apprentiffage , pourvû qu'ils foient feulement jugés & raportés experts audit métier par les Jurés de ladite Communauté, & en payant par eux vingt fols parifis à appliquer la moitié au Roy, cinq fols à la Confrairie, & cinq fols aux Jurés.

Voyez ces deux Sentences à la fuite de ces nouveaux Statuts à la fin de ce Recueil à leurs dates.

Par la Déclaration du Roy donnée à Verfailles le 15 May 1691. Enregiftrée au Parlement le 21 du même mois portant réunion à la Communauté des Offices de Jurés perpétuels, il a été ordonné que chaqüe fils de Maître qui feroit reçû à la Maîtrife payeroit à la Communauté, pour le prix de fa réception la fomme de cent livres , en ce compris vingt livres pour le droit d'ouverture de boutique.

Voyez cette Déclaration en l'inventaire général des titres de la Communauté. Chapitre de la réunion des Offices.

L'Article neuviéme de la Déclaration du Roy en forme de nouveaux Statuts pour la Communauté, donnée à Fontainebleau le 24 Octobre 1705. Regiftrée au Parlement le 12 May 1710, porte que les fils de Maîtres feront reçûs à la Maîtrife fans être tenus de faire chef-d'œuvre, ni de payer aucuns droits, à l'exception de ceux du Syndic , des quatre Jurés & des Anciens feulement.

Voyez cette Déclaration à la fin de ce Recueil en fuitte de ce nouveaux Statuts à fa date.

Par deux Sentences de Police : la premiere du 10 Mars 1739 homologative d'une délibération de la Communauté du 2 Avri
1734

1734, & la feconde rendue contradictoirement entre les Jurés de la Communauté & les Sieurs Defnoyelles, & Delorme fils, Maîtres de la Communauté le 29 Avril 1740, il a été fait deffenfes à tous Maîtres Chaircuitiers d'ouvrir leurs boutiques avant qu'ils ayent atteint l'âge de dix huit ans accomplis, & ordonné que ceux des Maîtres, qui n'ayant pas atteint ledit âge, auroient boutiques ouvertes, feroient tenus de les fermer.

Par deux Arrêts du Parlement contradictoirement rendus les 3 Avril 1751. & 6 Juin 1752, le premier entre les Syndic & Jurés de la Communauté, & Jean-Baptifte Remion comme tuteur naturel de Jean François fon fils, Maître de la Communauté; & le fecond entre lefdits Syndic & Jurés & Pierre Regnier pere & fils, tous deux Maîtres de la Communauté : Par le premier defdits Arrêts deffenfes ont été faites audit Jean-François Remion fils, ainfi qu'à tous autres Maîtres de la Communauté d'ouvrir boutique, qu'ils n'ayent atteint l'âge de quinze ans accomplis, & par le deuxième, attendu que ledit Regnier fils avoit atteint l'âge de quinze ans accomplis & au-delà, il lui a été permis d'ouvrir boutique, & d'exercer la profeffion de Chaircuitier ; mais en même tems la deffenfe portée par le premier defdits deux Arrêts a été renouvellée, à peine de fermeture de boutique à la diligence des Syndic & Jurés en charge de la Communauté qui y demeureroient autorifés en vertu dudit Arrêt.

Voyez ces Sentences & Arrêts en l'Inventaire général des titres de la Communauté. Chapitres des Maîtres qui font fils de Maîtres.

ARTICLE IV.

TOUTES Lettres de Maîtrife qui feroient délivrées à l'avenir aux fils de Maîtres avant l'âge de quinze ans, feront réputées nulles, finon dans le cas où les péres & meres venans à décéder laifferoient un fils au deffous de l'âge de quinze ans, lequel en ce cas pourra être admis à la Maîtrife, afin de lui conferver l'établiffement de fes pere & mere.

ARTICLE XIV. *des nouveaux Statuts.*

AUTORITEZ.

Quant à la premiere difpofition de cet Article, voyez les Senten-

C

ces & Arrêts rapportés fur le précédent Article. Mais quant à la feconde difpofition concernant les fils de Maîtres dont les peres & meres
feroient décédés, avant que lefdits fils euffent atteint l'âge prefcrit par
la premiere difpofition, on voit clairement qu'elle n'a été faite que
dans la vuë du bien général des Maîtres de la Communauté, & il
ne fe trouve jufqu'à ce ce jour aucune autorité fur laquelle elle foit
fondée.

TITRE SEPTIEME.

DES ETABLISSEMENS ET OUVERTURES
de boutiques des Maîtres.

ARTICLE I.

Article
XVI. *des*
nouveaux
Statuts

DÉFENSES à tous Maîtres qui feront reçus par chef-d'œuvre de s'établir, ni tenir
boutique ouverte dans le quartier de la demeure du Maître d'où il fera forti, qu'au bout de deux
ans au moins, à peine de cinq cens livres d'amende,
applicables, moitié à la Communauté & l'autre aux
pauvres Maîtres & Veuves. Ne feront compris dans
ces défenfes ceux defdits Maîtres qui épouferoient
foit des Veuves, foit des filles de Maîtres dudit
métier, qui feroient décédés, ou qui viendroient à
fe retirer, lefquels pourront en ce cas exploiter la
boutique du défunt ou de celui qui quitteroit.

AUTORITEZ.

Avant & jufqu'à ces nouveaux Statuts il n'y avoit eu fur le contenu au
préfent Article, aucuns Réglemens qui y foient relatifs. Mais depuis l'obtention d'iceux, par Sentence de Police rendue fur l'avis des Gens du Roy
le vingt-trois Août 1754. au profit de la Communauté des Maîtres Chaircuitiers contre Paul-Etienne Jacqueffon, Maître de ladite Communauté, il a
été ordonné que ledit Jacqueffon feroit tenu dans le quinze Octobre lors

prochain de fortir de la boutique qu'il occupoit rue des Boucheries Fauxbourg faint Germain, attenante & joignante celle d'Edme Orfay auffi Maître de ladite Communauté, & dans laquelle boutique ledit Jacquelfon étoit venu s'établir, depuis que ledit Orfay étoit dans la fienne, finon & à faute de ce faire dans ledit tems, les Jurés de ladite Communauté ont été autorifés à l'en faire expulfer & enlever fes Marchandifes en leur Bureau, & à faire fermer ladite boutique, le tout à fes frais & dépens, avec défenfes à tous Maîtres Chaircuitiers qui s'établiroient par la fuite ou qui changeroient de demeure d'ouvrir leurs boutiques à côté de celle d'un autre Maître de la Communauté, avec injonction de conferver au moins la diftance de trois ruës entre deux boutiques de la même profeffion ; & ledit Jacquelfon a été condamné aux dépens pour tous dommages & intérêts : il a été de plus ordonné que ladite Sentence feroit imprimée, luë, publiée & affichée par-tout où befoin feroit, & infcrite fur le Regiftre des délibérations de la Communauté aux frais dudit Jacquelfon.

Par Arrêt contradictoirement rendu au Parlement le trente Décembre 1754. fur les conclufions de Monfieur d'Ormeffon Avocat Général, entre les Jurés & Communauté des Maîtres Chaircuitiers intimés d'une part ; & ledit Paul-Etienne Jacquelfon appellant de la Sentence de Police raportée ci-deffus d'autre part, il a été ordonné que l'appointement feroit reçu & fuivant icelui, LA COUR a mis l'appellation & la Sentence dont étoit appel au néant, en ce qu'elle enjoint à tous Maîtres Chaircuitiers qui s'établiroient par la fuite ou qui changeroient de demeure conferver au moins la diftance de trois ruës entre leur boutique & celle d'un autre Maître de la même Communauté, émandant quant à ce, décharge tous les Maitres de ladite Communauté de ladite Condamnation contre eux prononcée par ladite Sentence, ce faifant ordonne que la diftance d'une boutique de Maître Chaircuitier ou de Chaircuitier Privilégié à une autre boutique pour celui qui s'établira par la fuite ou qui changera de demeure, ou fa veuve, fera de trente-cinq maifons au moins de féparation, foit dans la même ruë foit dans une ruë voifine, du même côté du Maître ou Privilégié anciennement établi, ou vis-à-vis & de l'autre côté de la ruë ; & à l'égard des boutiques de Maîtres donnant fur un carrefour, ou à côté d'un carrefour, enjoint à tous Maîtres Chaircuitiers ou Privilégiés, ou veuves qui s'établiront par la fuite, ou qui changeront de demeure, de conferver au moins la diftance de trente maifons depuis fa boutique jufqu'à l'encognure de fa ruë aboutiffante au carrefour. Ladite Sentence au réfidu fortiffant fon plein & entier effet ; lequel Arrêt feroit imprimé, lû, publié & affiché par-tout où befoin feroit, même infcrit fur le Regiftre des délibérations de ladite Communauté, depuis compenfés que les parties employeroient refpectivement dans le compte de Jurande de Communauté.

Voyez ces Sentences & Arrêt dans le Recueil des Réglemens de la Communauté, au Chapitre des Réglemens. Tom. 2.

ARTICLE II.

ARTICLE
XVII. *des
nouveaux
Statuts.*

NE pourront lefdits Maîtres ou leurs veuves tenir qu'une boutique ouverte fur ruë en cette Ville & Fauxbourgs de Paris : leur défendons de colporter, vendre ni débiter aucunes Marchandifes dudit métier par les ruës, à peine de confifcation & de trois cens livres d'amende, applicables comme deffus ; ne pourront auffi lefdits Maîtres, ni leurs Veuves prêter leurs noms à quelque perfonne que ce foit, pour faire ledit commerce, à peine pour la premiere fois de pareille fomme de trois cens livres applicable, comme dit eft, & en cas de récidive, d'être privés de la Maîtrifes, & à l'égard des veuves d'être déchuës de leurs Privileges.

AUTORITEZ.

Par l'Article quatorziéme de la Déclaration du Roi, en forme de nouveaux Statuts pour la Communauté, donnée à Fontainebleau le 24 Octobre 1705, Enregiftrée au Parlement le 12 Mai 1710, il eft dit que les Maîtres de ladite Communauté ou leurs veuves ne pourront tenir qu'une boutique ouverte fur ruë en cette Ville ou Fauxbourgs de Paris, avec défenfes de colporter, ou faire colporter, vendre ni débiter aucunes Marchandifes dudit état & métier par les ruës, à peine de confifcation & de trois cens livres applicables, moitié au Roi & le furplus au profit de la Communauté. Il eft pareillement défendu auxdits Maîtres & leur veuves de prêter leur nom à quelque perfonne que ce foit pour faire ledit commerce, à peine pour la premiere fois de pareille fomme de trois cens livres applicable comme deffus, & en cas de récidive, d'être privé de la Maîtrife à l'égard des Maîtres, & à l'égard des veuves d'être déchuës de leurs Privileges.

Voyez à la fin de ce Recueil cette Déclaration enfuite de ces nouveaux Statuts à fa date.

Par Sentence de Police du 17 Mai 1726. renduë fur le requifitoire du Procureur du Roi, il a été ordonné que tous Marchands
& Artifans, qui n'avoient point encore été reçûs ni pris lettres du
Procureur du Roi au Châtelet de Paris, feroient tenus de prêter
ferment devant lui & de prendre des Lettres de Maîtrife trois jours
apres la fignification de ladite Sentence, finon & à faute de ce faire
il leur a été fait défenfes de faire fonctions de Maîtres, & ordonné que les boutiques qu'ils tenoient ouvertes feroient fermées, &
qu'en cas de contravention les Contrevenants feroient condamnés en
trente livres d'amende, même par corps. Avec défenfes aux Gardes
& Jurés des Corps & Communautés de donner permiffion à aucun
particulier d'exercer leur profeffion, & de tenir boutique ou magazin
fous prétexte qu'ils feroient entrés en partie du payement pour parvenir à la Maîtrife, fans avoir auparavant préfenté lefdits particuliers audit Procureur du Roi, pour prêter ferment devant lui, &
qu'il leur ait fait délivrer des Lettres de Maîtrife, à peine de trente
livres d'amende contre les Gardes & Jurés, au payement de laquelle ils feroient auffi contraints par corps, & injonction à eux de tenir
la main chacun en droit foi à l'exécution de ladite Sentence qui feroit imprimée, luë, publié & affichée dans tous les lieux & carrefours, même fignifiée à la diligence & Requête dudit Procureur du
Roy à chacun des Corps & Communauté d'arts & métiers.

Par autre Sentence de Police renduë fur le réquifitoire du Procureur du Roi au Châtelet le 22 Juin 1740, il a été fait très expreí-
fes inhibitions & défenfes à tous Marchands, veuves de Marchands, Maîtres ou veuves de Maîtres dès Corps & Communautés
d'arts & métiers de la Ville & Fauxbourgs de Paris, de prêter leurs
noms, loüer leurs Maîtrifes, directement ou indirectement à qui que
ce foit, pour quelque caufe, ou fous quelque prétexte que ce puiffe
être, & en outre ordonné que dans huitaine pour toute préfixion &
délai, à compter du jour de la publication de ladite Sentence, les
particuliers fans qualité qui tiennent des magazins, boutiques ou
échoppes, ou font profeffion de Marchands ou de Maîtres dans la
Ville & Fauxbourgs de Paris, fous des noms de Marchands ou de
Maîtres defdits Corps & Communautés, en vertu de baux ou de con-
ventions, foit verbales ou par écrit, feront tenus de fermer leurs
boutiques, magazins ou échoppes, à peine de cinquante livres d'a-
mende contre chacun des contrevenants, au payement de laquelle
ils feroient contraints par corps, & de faifie des marchandifes & uftenfiles fervans auxdites profeffions, fauf à eux à fe retirer pardevers les Maîtres ou Gardes des Corps & Jurés des Communautés,
pour être admis dans lefdits Corps ou Communautés, s'il y échoit,
& dans ledit cas, être préfentés par lefdits Gardes & Jurés au Procureur du Roi, pour être par lui reçûs & enregiftrés dans fes Re-

giftres, leur faire prêter ferment devant lui en tel cas requis, & leur être enfuite les Lettres de Marchand ou Maître délivrées par le Greffier en la maniere accoûtumée : il a été de plus fait deffenfes aux Maîtres & Gardes des Corps des Marchands & aux Syndics & Jurés des Communautés d'arts & métiers de fouffrir qu'aucun particulier fans qualité s'établiffe, tienne boutique, magazin ou échoppe, & faffe profeffion de Marchand ou Maître dans la & Ville Fauxbourgs de Paris, fans avoir été par eux admis en ladite qualité, préfenté au Procureur du Roi, pour être par lui reçû, enregiftré fur fes Regiftres, avoir prêté ferment devant lui, & que les Lettres de Marchand ou Maître ne lui ayent été délivrées par le Greffier, à peine par les Syndics, Gardes & Jurés d'en répondre en leurs propres & privés noms, d'être déchus de la qualité de Jurés, & même de celle de Marchand ou Maître, en cas de récidive, & d'être condamnés chacun en cinquante livres d'amende, au payèment de laquelle ils feroient contraints par corps. Il a été encore ordonné que ladite Sentence feroit, à la diligence dudit Procureur du Roi, luë, publiée, imprimée & affichée dans les lieux & carrefours accoutumés, même dans tous les Bureaux des corps des Marchands & Communautés d'arts & métiers de la Ville & Fauxbourgs de Paris, & partout où befoin feroit ; & fignifiée aux Gardes defdits Corps & aux Syndics & Jurés defdites Commuautés d'arts & métiers, avec injonction à chacun defdits Gardes & Jurés d'y tenir la main fous les peines y portées, & de remettre un certificat dudit enregiftrement & un Catalogue par eux certifié véritable de tous les Marchands, veuves de Marchands, Maîtres & veuves de Maîtres de leurs Corps & Communautés dans huitaine audit Sieur Procureur du Roi.

Par autre Sentence de Police rendue le lendemain 23 Juin 1740. fur les conclufions dudit Sieur Procureur du Roi, il a été ordonné que dans trois jours pour toute préfixion & délai, à compter du jour de la fignification de ladite Sentence, les particuliers faifant profeffion de quelque art ou Marchandifes établis en corps & Communauté, & qui auroient été admis à la Maîtrife par les Gardes & Jurés feulement, fans avoir été reçus ni pris Lettres dudit Procureur du Roy, feroient tenus de prêter ferment par-devant lui, & prendre Lettres de Maîtrife, finon & à faute de ce faire, très-expreffes inhibitions & défenfes leur font faites de faire fonctions de Maîtres, & ordonné que la boutique qu'ils tiennent ouverte fera fermée, & en cas de contravention, les Contrevenans comdamnés en trente livres d'amende, au payement de laquelle ils feroient contraints par corps, avec défenfes aux Gardes & Jurés defdits Corps & Communautés de donner permiffion à aucun particulier d'exercer leur profeffion, & de tenir boutique, magazin ou échoppe, fous prétexte qu'ils font entrés en payement de partie des droits dûs pour parvenir à la Maîtrife, fans avoir auparavant préfenté lefdits particuliers au Procureur du Roi

pour prêter ferment devant lui, & qu'il leur ait fait délivrer des Lettres de Maîtrife, à peine de pareille fomme de trente livres d'amende contre lefdits Gardes & Jurés, au payement de laquelle ils feroient contraints par corps, & injonction fous les peines y portées
de tenir la main, chacun en droit foin à l'exécution de ladite Sentence qui feroit luë, publiée, imprimée & affichée dans tous les
lieux & carrefours accoûtumés, même fignifiée à la Requête & diligence dudit Sieur Procureur du Roi aux Gardes & Jurés de chacun des Corps & Communautés d'arts & & métiers de cette Ville de
.Paris.

Par autre Sentence de Police du 3 Mars 1741. contradictoirement.
renduë au profit de la Communauté faififfante, contre Jérôme Dommage, Maître de ladite Communauté partie faifie, & le Sieur Seraù auffi
Maître de ladite Communauté, gardien des chofes faifies, défendeurs,
la faifie des Marchandifes de Chaircuiterie faite fur ledit Dommage & trouvées en l'une des deux boutiques qu'il occupoit en même
tems, a été déclarée bonne & valable, & néanmoins, par grace &
fans tirer à conféquence, il a été ordonné que les chofes faifies feroient renduës audit Dommage, auquel il a été fait défenfes de plus
à l'avenir tenir deux boutiques ouvertes en cette Ville, & pour l'a-
voir fait, il a été envers la Communauté condamné en vingt-livres
de dommages & intérêts & aux dépens.

Voyez ces quatres Sentences en l'Inventaire général des Titres
de la Communauté, au Chapitre des Réglemens.

TITRE HUITIEME.

DE L'ELECTION DES SYNDIC ET JURE'S.

ARTICLE I.

LES Syndic & Jurés feront élûs à la pluralité
des voix des Anciens Syndic & Jurés, de dix
Modernes, & dix jeunes Maîtres de la Communauté, le jour de faint Remi de chacune année, lefquels Modernes & jeunes feront pris tour-à-tour
fuivant l'ordre du catalogue. Tous les Mandés feront tenus de fe trouver en ladite affemblée, à

ARTICLE
XVIII.*des*
nouveaux
Statuts.

peine de dix livres d'amende, hors le cas d'un légitime empêchement, ladite amende applicable,
moitié aux pauvres Maîtres, & Veuves & l'autre
moitié à ladite Communauté.

A U T O R I T E Z.

Par les Articles dix-septiéme de deux Sentences en forme de Statuts pour la Communauté, données par le Sieur Garde de la Prévôté
de Paris les 17 Janvier 1475. & 25 Septembre 1477. il a été ordonné que pour la Garde du métier de Chaircuitier il y auroit deux
Jurés qui se feroient & éliroient par les Prud'hommes du commun
dudit métier chacun jour de saint Remi, en seroient changés un
ou deux, & en seroit élûs d'autres par lesdits Prud'hommes : laquelle élection se feroit par ceux dudit métier au Châtelet de Paris par-devant le Sieur Procureur du Roi &, jureroient lesdits Jurés
de bien & loyalement garder lesdits Statuts & Ordonnances, rapporter
les fautes qu'ils trouveroient, en la Chambre dudit Procureur du
Roi.

> *Voyez ces deux Sentences à la fin de ce Recüeil où elles sont*
> *imprimées à la suite de ces nouveaux Statuts à leur date.*

Par Sentence de Police du 14 Octobre 1686. renduë sur la Requête des Syndic, Jurés & Communauté des Maîtres Chaircuitiers
de Paris, & les conclusions de Monsieur le Procureur du Roi, il a
été ordonné qu'à l'avenir aux élections des Syndic & Jurés de ladite
Communauté il ne seroit seulement appellé que les Anciens Maîtres
d'icelle qui auroient passé les charges, dix Modernes & dix jeunes
Maîtres à leur tour suivant l'ordre du tableau.

> *Voyez cette Sentence en l'Inventaire général des Titres de la*
> *Communauté, Chapitre des Réglemens.*

Par Edit donné à Versailles au mois de Mars 1691. Registré au
Parlement le 14 dudit mois, le Roy créa des Gardes & Jurés en
chaque Corps de Marchands & Communautés d'arts & métiers de
toutes les Villes & Bourgs du Royaume où il y avoit Jurande.

> *Voyez cet Edit au Recueil des Réglemens de la Communauté,*
> *Chapitre de la création des Offices. Tom. 1.*

L'Article premier de la Déclaration du Roi en forme de Statuts
pour la Communauté, donnée à Fontainebleau le 24 Octobre
1705, Registrée au Parlement le 12 Mai 1710 porte que les Jurés
&

& Syndic seront élûs à la pluralité des voix de tous les Maîtres de ladite Communauté le jour de saint Remi de chacune année, & qu'ils feront leurs fonctions comme avant l'Edit ci-dessus rapporté.

Voyez cette Déclaration à la fin de ce Recüeil ensuite de ces nouveaux Statuts à sa date.

Par Sentence de Police du 27 Octobre 1719. rendue sur les conclusions des gens du Roi portant différens Réglemens pour la Communauté, il a été entre-autres ordonné que, pour éviter à l'avenir toutes brigues & confusions lors de l'élection des Jurés, il seroit procédé à ladite élection, suivant & au désir de l'Article premier de la Déclaration du Roi, ci-dessus rapporté, devant le Sieur Procureur du Roi, le premier Octobre de chacune année, & en cas que ce jour arrivât le Dimanche, le lendemain deux dudit mois, & ce à la pluralité des voix de vingt anciens Maîtres de la premiere colomne, compris le Doyen, sous Doyen, & les quatre Jurés en charge qui seroient toujours dudit nombre, & qui donneroient leurs voix, ainsi qu'il étoit accoûtumé suivant le rang d'ancienneté à la Jurande, dix Maîtres Modernes de la seconde colomne, & dix jeunes Maîtres seulement dans le rang de réception : & ne seroient les voix desdits Jurés, Anciens, Modernes & jeunes, comptées que pour une, chacun, à commencer en ladite année 1719. par ceux desdits Maîtres les plus Anciens, Modernes & jeunes de ladite Communauté qui seroient inscrits dans le tableau, & avertis deux jours au moins avant ladite élection par le Clerc de ladite Communauté, à la diligence desdits Jurés en charge ; laquelle élection, se feroit ainsi d'année en année, en sorte que ceux desdits Maîtres qui auroient été appellés à ladite élection dans ladite année, ne pourroient y être appellés dans la suivante qu'au défaut des Maîtres suffisans pour remplir le nombre ordonné, lequel seroit toujours pris à recommencer par les Anciens suivant l'ordre du tableau, &, en procédant à ladite élection, il seroit observé de n'y nommer pour Jurés que ceux des Maîtres de ladite Communauté, les plus Anciens pris des Modernes capables de veiller aux affaires d'icelle, & de répondre du maniement de ses deniers, & contre lesquels il n'y auroit aucune cause légitime d'empêchement, & s'il s'en rencontroit aucunes, elles seroient proposées à l'instant, ou dans les vingt-quatre heures de ladite élection par les deux tiers au moins de ceux qui y auroient assisté, pour, sur l'avis du Procureur du Roi, y être pourvû ainsi qu'il appartiendroit, avec très-expresses inhibitions & défenses aux Maîtres aspirans à la Jurande de donner à ceux des autres Maîtres qui auroient droit d'assister à ladite élection aucun argent, jettons, repas ni buvette, ni aucune autre chose que ce puisse-être directement ni indirectement, & aux Maîtres qui auroient droit d'assister à ladite élection de faire aucunes assemblées soit dans le bureau ou ailleurs

D

au fujet d'icelle, à peine de nullité de ladite élection, de deftitution & privation de ladite Jurande, de fermeture de boutique, &
d'être procédé contre eux extraordinairement par les voies & fuivant
la rigueur des Ordonnances

Voyez cette Sentence au Recueil des Réglemens de la Com-
munauté. Chapitre des Réglemens, Tom. 2.

Cette Sentence fut infirmée par Arrêt du Parlement du 27 Juin
1722, en ce qu'elle ordonnoit que les élections des Jurés à l'avenir
feroient faites en préfence de vingt Anciens Jurés, dix Modernes &
dix jeunes Maîtres de la Communauté feulement pris à leur tour
fuivant l'ordre du tableau, & il a été ordonné que lefdites élections
fe feroient en préfence de tous les Maîtres de la Communauté fuivant l'Article premier des Statuts d'icelle, ladite Sentence au réfidu
fortiffant fon plein & entier effet.

Voyez cet Arrêt en l'Inventaire général des titres de la Com-
munauté au Chapitre des Jurés.

Par Sentence de Police du 20 Novembre 1722. rendue en faveur
de la Communauté fur l'oppofition de Pierre Duru pere, Jean Cottin & Pierre Duru fils, à l'élection à la Jurande d'Antoine Meril-
lon, Julien Prevôt, Jean Burgevin & Jean Deftruiffard, de laquelle
ils avoient demandé la nullité, & que défenfes fuffe faite audit Méril-
lon & confors de prendre la qualité & faire les fonctions de Jurés,
fous peine de telle amende, dommages & intérêts qu'il plairoit au
Juge d'arbitrer, que la Sentence de Police & l'Arrêt du Parlement
confirmatif d'icelle des 27 Octobre 1719. & 27 Juin 1722. ci-deffus raportés fuffent exécutés felon leur forme & teneur, qu'en conféquence & en déclarant ladite élection nulle, il fût Procédé à une
nouvelle fuivant, l'ordre du tableau conformément à ladite Sentence,
& que, pour éviter la ruine defdits Jurés & celle de la Communauté, il leur fût nommé un Confeil, fans l'avis duquel ils ne pourroient intenter aucuns procès, lefdits Duru pere, fils & confors ont
été déboutés de leur demande & condamnés aux dépens.

Cette Sentence fut confirmée par Arrêt du Parlement du 13 Mai
1724. & ledit Duru & Confors furent condamnés en l'amende &
aux dépens.

Voyez ces Sentence & Arrêt au Recueil des Réglemens de la
Communauté, Chapitre des Jurés, Tom. 1.

Par deux Sentences de Police rendues fur le requifitoire du Procureur du Roi au Châtelet les 19 Septembre 1726 & 20 Juin 1740.
il a été ordonné que les Grands Gardes, Gardes, Syndics, Principaux, Receveurs, Jurés, Bacheliers, Maîtres de Confrairie, petits

Jurés & Elûs des Corps des Marchands & des Communautés d'arts & métiers de la Ville & Fauxbourgs de Paris feroient tenus après leur élection de lever au Greffe leurs commiſſions, avec défenſes de faire aucunes fonctions deſdites charges ſans être porteur deſdites commiſſions, à peine d'être déchus d'icelles, & de tels dommages & intérêts qu'il appartiendroit, même d'être privés de leurs qualités de Marchands ou Maîtres.

Voyez ces deux Sentences en l'inventaire général des Titres d' la Communauté. Chapitre des Réglemens.

Par autre Sentence de Police rendue contradictoirement ſur les concluſions des gens du Roi le 28 Février 1738, l'élection à la Jurande de Jean Tremblay, Simon Chemelard, Jean-Gabriel Màrin & Nicolas Marc Pinard a été déclarée nulle, & pour par eux être parvenus à la Jurande par argent & voies illicites, il a été dit qu'ils feroient rayés de deſſus le Catalogue, du nombre de ceux qui auroient paſſé les charges, & feroient inſcrits audit Catalogue au rang ſeulement de leur réception, ils ont été déclarés incapables de pouvoir parvenir à la Jurande & à aucunes charges de la Communauté pendant l'eſpace de dix ans, & il a été ordonné que leur boutique feroit fermée pendant un mois ſeulement à compter du jour de ladite Sentence & par grace, & en ce qui touchoit ceux deſdits Maîtres de la Communauté qui avoient reçû des jettons provenants deſdites élections, ils ont été condamnés & par corps à les rapporter au Greffe dans la huitaine ou la valeur d'iceux, pour leſdits jettons ou argent être confiſqués au profit des Filles du bon Paſteur, ſinon ils y feroient contraints par les mêmes voies à la Requête du Subſtitut du Procureur Général du Roi, & faiſant droit ſur les concluſions des gens du Roi, il a été ordonné que Jacques Bigant feroit pareillement rayé du Catalogue en ſa qualité d'ancien Syndic, comme auſſi Claude-Joſeph Goblin deſtitué de ſa Jurande, lequel ne pourroit ainſi que ledit Bigant parvenir aux charges de la Communauté qu'après le même tems de dix années, & qu'ils feroient inſcrits ſur le Catalogue, ſuivant le rang de leur réception à la Maîtriſe ſeulement, & que leurs boutiques feroient pareillement fermées pendant ledit tems d'un mois, auſſi du jour de ladite Sentence; qu'à cet effet il feroit dès-lors procédé à l'élection d'un autre Juré au lieu & place dudit Goblin : Etienne de la Marre a été déchargé de la demande en deſtitution contre lui formée; & en ce qui touchoit l'élection de Gabriel Jacques Pinard & de Charles Houlier, il a été ordonné qu'elle feroit exécutée, ce faiſant, qu'au jour de ſaint Remi de chaque année il feroit procédé à l'élection d'un Syndic & de Jurés à la pluralité des voix de tous les Maîtres de la Communauté, leſquels ne pourroient néanmoins être élûs pour Syndic & Jurés, qu'après dix ans de Maîtriſe.

Cette Sentence fut infirmée par Arrêt du Parlement du 20 Juin
1740, en ce que lesdits Tremblay, Chemelard & autres, avoient été
déclarés incapables de pouvoir parvenir à la Jurande, & à aucune
charge de la Communauté pendant l'espace de dix ans, & en ce
qu'il avoit été ordonné que leurs boutiques seroient fermées pendant
un mois, & que ladite Sentence seroit imprimée, luë publiée &
affichée par-tout où besoin seroit, même inscrite sur le Registre de
la Communauté, émandant, quant à ce, lesdits Tremblay, Chemel-
lard & Consors, ont été déchargés desdites condamnations & condamnés en tous les dépens, la Sentence au résidu sortissant son plein
& entier effet, & faisant droit sur les conclusions du Procureur Général du Roi, il a été fait défenses à ceux qui seroient nommés
Jurés de la Communauté des Chaircuitiers de donner aucuns repas,
jettons ni argent aux Anciens ou autres de leur Communauté, soit
avant, soit après leur élection, à peine de nullité de leur élection,
& aux Anciens ou autres de recevoir de ceux qui seront nommés aucuns repas, jettons & argent à peine de restitution, & ordonné
que ledit Arrêt seroit inscrit sur le Registre de la Communauté,

*Voyez ces Sentence & Arrêt en l'Inventaire général des Ti-
tres de la Communauté, Chapitre des Jurés, Tom. 2.*

Par Sentence de Police du 13 Avril 1753 il a été enjoint aux Syndic & Jurés de la Communauté de veiller & tenir la main avec exac-
titude à l'exécution des Edits, Déclarations & Arrêts de Réglements
concernans cette Communauté.

*Voyez cette Sentence au Recueil des Réglemens de la Commu-
nauté, Chapitre des Jurés, Tome 1.*

ARTICLE II.

ARTICLE XIX. des nouveaux Statuts.

NUL ne pourra être Juré qu'il n'ait au moins
dix ans de Maîtrise avec boutique ouverte,
& n'ait atteint l'âge de vingt-huit ans.

AUTORITEZ.

Il n'y a que la Sentence du 28 Février 1738. rapportée sur l'article
précédent, qui prescrive des loix sur cet article, en défendant d'élire
à la Jurande aucuns Syndics & Jurés qu'après dix ans de Maîtrise.

Voyez l'Article précédent.

TITRE NEUVIEME.

DE LA CONFRAIRIE.

ARTICLE UNIQUE.

LES deux derniers Jurés feront Adminiftrateurs de la Confrairie, & auront foin de tout ce qui la concerne, pour laquelle Confrairie, chaque Maître ou Veuve payera trente fols par chacun an, & fournira un cierge du poids d'une livre & demie au moins, & feront tenus lefdits Maîtres & Veuves de rendre un pain benit les jours & Fêtes de Vierge chacun à leur tour fuivant leur réception : tiendront lefdits Jurés un fidéle Regiftre de la recette & dépenfe qu'ils feront, dont ils rendront compte, à la fin de chaque année à l'affemblée qui fera convoquée à cet effet au Bureau de la Communauté.

Article XX. *des nouveaux Statuts.*

AUTORITEZ.

Par l'article deuxiéme de la Déclaration du Roi, en forme de Statuts pour la Communauté, donnée à Fontainebleau le 24 Octobre 1705. Regiftrée au Parlement le 12 Mai 1710, il eft dit que les deux derniers Jurés feront Adminiftrateurs de la Confrairie pour avoir foin de toutes les chofes qui la concerneront, pour laquelle Confrairie chaque Maître ou Veuve payera vingt fols par chacun an, & les Jurés fe rendront tous les vendredis de chaque femaine à la Meffe qui fera dite en l'Eglife des Grands Auguftins, comme il s'eft pratiqué par le paffé, fans qu'ils en puiffent être difpenfés, finon en cas de maladie ou autres empêchemens légitimes, & tiendront un fidele Regiftre de la recette & dépenfe qu'ils feront, dont ils rendront compte à la fin defdites deux années à l'affemblée defdits Maîtres qui fera convoquée au Bureau de ladite Communauté.

Voyez cette Déclaration imprimée à la fin de ce Recueil, en fui-
te de ces Nouveaux Statuts à fa date.

Par Sentence de Police du 27 Mai 1739 rendue fur les conclufions de Monfieur le Procureur du Roi, homologativement de la délibération de la Communauté, il a été donné acte aux Syndic &
Jurés des offres par eux faites de rendre le pain-à-benir le jour de
l'Affomption de la Vierge lors prochaine, & ordonné qu'à l'avenir
les Anciens, Modernes, jeunes Maîtres & même les Veuves de Maîtres de ladite Communauté feroient tenus aux Fêtes de la fainte Vierge de rendre le pain-à-benir chacun à leur tour fuivant l'ordre de leur
réception, & de fournir tous les ans, fuivant l'ufage, à la Confrairie de la Communauté un cierge du poids d'une livre au moins pour
fervir à l'office de ladite Confrairie, & aux fervices qui s'y font
pour le repos des âmes des défunts Maîtres & Maîtreffes de ladite
Communauté, lors de laquelle fourniture de cierges faite par chacun Maître & Veuve de Maître annuellement, il leur fera remis un
fouche du cierge précédent, dont il fera fait mention fur un Regiftre
qui fera fait à cet effet par les Maîtres de ladite Confrairie, lequel
Regiftre fera coté & paraphé par le Sieur Procureur du Roi fur
tous fes feuillets, à peine contre chacun des refufans d'être pourfui-
vi à la Requête defdits Syndic & Jurés de la Communauté pour y
être contraints.

Voyez cette Sentence en l'Inventaire général des titres de la
Communauté, ainfi que l'acte ci-après, Chapitre de la Con-
frairie.

Depuis, fuivant & au défir de la délibération de la Communau-
té du 14 Mars 1754, la Confrairie a été transférée de l'Eglife des
Grands Auguftins en celle du faint Sépulcre, fuivant l'acte paffé en-
tre les Chanoines de cette derniere Eglife & les Sieurs Syndic &
Jurés lors en charge de ladite Communauté devant Me Girault & fon
Confrere Notaire à Paris le 16 Mars 1754.

TITRE DIXIEME·

DE LA POLICE INTERIEURE DE la Communauté.

ARTICLE UNIQUE.

LES Syndic & Jurés feront tenus d'avoir trois Regiftres dans leur Bureau pour y tranfcrire, fur l'un toutes les délibérations concernant les affaires de la Communauté, & comptes des Syndic & Jurés, l'autre pour enregiftrer les apprentifs, les réceptions de Maîtres, élections des Jurés & Syndics, & le troifiéme pour inventorier & infcrire tous les Titres, Arrêts, Sentences & Reglemens qui concernent la Communanté, pour y avoir recours, quand il en fera befoin.

Aʀᴛɪᴄʟᴇ XXI. *des nouveaux Statuts.*

AUTORITEZ.

Par l'Article quinziéme de la Déclaration du Roi , en forme de Statuts pour la Communauté , donnée à Fontainebleau le 24 Octobre 1705 , Regiftrée au Parlement le 12 May 1710 , il eft dit que les Syndic & Jurés feront tenus d'avoir un Regiftre dans leur Bureau poür y tranfcrire toutes les affaires qui concerneront ladite Communauté, tant pour les réceptions des Maîtres & Apprentifs , Elections des Jurés , délibérations, que généralement tous autres actes , lequel Regiftre fera mis ès mains de ceux qui fuccéderont , pour y avoir recours quand il fera néceffaire.

> *Voyez cette Déclaration à la fin de ce Recueil en fuite de ces nouveaux Statuts à fa date.*

Mais la Sentence de Police rendue fur les conclufions du Procureur du Roi le 27 Octobre 1719, s'eft encore expliquée plus clairement, en ordonnant , de même que cet Article, qu'à la diligence des Syndic & Jurés il feroit fait trois Regiftres qui feroient

cotés & paraphés par premier & dernier feuillet par le Procureur du Roi, & qui resteroient toujours dans le Bureau pour y
transcrire de suite & sans laisser aucun blanc, sçavoir sur le premier toutes les affaires qui concerneroient la Communauté, pour
les réceptions des Maîtres & apprentifs, prestations de serment
desdits Maîtres, élections des Jurés, délibérations, & généralement tous autres actes, en tête duquel seroit transcrite ladite Sentence de Réglemens avec un Catalogue des Maîtres & Veuves de la
Communauté conforme au tableau, dont la lecture seroit faite en
la premiere assemblée qui seroit convoquée après l'élection des Syndic & Jurés de ladite année 1719. afin d'y être aussi leur installation
inférée, & successivement celles qui seront faites d'année en année ;
& seroient les réceptions de Maîtres & apprentifs signées d'eux & de
ceux des Maîtres qui y auroient assisté, avec mention des sommes
qui auroient été payées par ceux desdits Maîtres qui seroient reçûs
par chef-d'œuvre, ou comme fils de Maîtres, & par les apprentifs
suivant les Articles huitiéme & neuviéme des Statuts de ladite Communauté du 24 Octobre 1705.

Sur le deuxiéme seroit fait mention sommaire, par forme d'Inventaire, de tous les Titres & Papiers de la Communauté qui seroient
tant dans l'armoire étant dans le Bureau d'icelle qu'ailleurs, & qui
pouroient être recouvrés & retirés d'entre les mains de ceux qui les
auroient, par les Jurés qui feroient à cet effet seulement tous les
frais nécessaires aux dépens de la Communauté.

Et sur le troisiéme mention seroit faite de tous les droits qui se
perçoivent par les Jurés sur les Maîtres de ladite Communauté, tant
pour réceptions de Maîtres & apprentifs, que pour ouvertures de boutiques, droit de Chapelle, Visites & autres, & des quittances qui en
seroient données année par année successivement pour y avoir recours
lors des comptes que lesdits Jurés rendroient, & de la clôture desquels il seroit aussi fait mention sur lesdits Regîstres.

*Voyez cette Sentence au Recueil des Réglemens de la Commu-
nauté, Chapitre des Réglemens, Tom. 2.*

TITRE ONZIEME.

DES ASSEMBLE'ES.

ARTICLE PREMIER.

IL fera tenu tous les premiers Jeudis de chaque mois une affemblée au Bureau de ladite Communauté, pour délibérer fur les affaires d'icelle, à laquelle feront tenus de fe trouver les Syndics & anciens Maîtres qui y feront mandés, à peine de trois livres d'amende, applicable à la Confrairie. Article XXII. des nouve..ax Statuts.

AUTORITEZ.

Par Sentence rendue contradictoirement en la Chambre de Police le 8 Août 1738. entre les Syndic, Jurés & Communauté des Maîtres Chaircuitiers de cette Ville, & Nicolas Surville & autres, il a été ordonné que les Maîtres de la Communauté feroient tenus d'affifter aux affemblées de ladite Communauté, & attendu les preuves réfultantes de l'enquête, ledit Nicolas Surville & Conforts ont été condamnés chacun en trois livres d'amende & aux trois quarts de dépens : Et néanmoins il a été ordonné que les Jurés feroient tenus de commencer à délibérer une heure après celle indiquée par les billets de convocation, & que ladite Sentence feroit infcrite fur le Regiftre de la Communauté.

Voyez cette Sentence en l'inventaire général des Titres de la Communauté, au Chapitre des Affemblées.

ARTICLE II.

LORSQU'IL s'agira de quelques affaires importantes à la Communauté, les Syndic & Jurés en charge manderont au Bureau tous les Anciens fortis de charge, & alternativement felon l'ordre de réception dix Modernes & dix Jeunes ; & Article XXIII. des nouveaux Statuts.

E

ce qui fera par eux réfolu, fera exécuté par toute la Communauté.

Voyez les autorités rapportées fur l'Article premier du titre hui-tiéme de ces nouveaux Statuts, & celles rapportées fur l'Article premier de ce titre onziéme & fur le fubféquent.

ARTICLE III.

ARTICLE
XXIV. des
nouveaux
Statuts.

DANS toutes les affemblées qui fe feront au Bureau de la Communauté, les Maîtres qui auront été mandés feront tenus de s'y trouver à l'heure qui leur fera indiquée par billets, à peine de fix livres d'amende, & feront tenus de s'y comporter avec décence & refpect, à peine de pareille amende au profit de la Confrairie, ou telle autre peine qui fera ordonnée par le Sieur Lieutenant Général de Police, fur le rapport qui lui en fera fait par les Syndic & Jurés en charge.

AUTORITEZ.

Par l'Article quinziéme de la Déclaration du Roi donnée à Fontainebleau le 24 Octobre 1705, Regiftrée au Parlément le 12 Mai 1710, il eft enjoint, lorfque la Communauté fera affemblée, à tous les Maîtres qui y auront été mandés, de s'y trouver & de s'y comporter avec décence & refpect à peine de trois livres d'amende, ou telle autre peine qui fera ordonnée par le Lieutenant Général de Police, fur le rapport qui lui en fera fait par le Syndic en charge.

Voyez à la fin de ce Recueil cette Déclaration en fuite de ces nouveaux Statuts à leurs dates.

Par Sentence de Police du 27 Octobre 1719. il eft entre autres chofes ordonné que les Jurés & anciens Maîtres de la Communauté pourront s'affembler au Bureau d'icelle toutes & quantes fois que befoin fera pour les affaires communes, & feront tenus les Maîtres qui y feront appellés & qui fe trouveront auxdites affemblées pour la reddition des comptes ou autres affaires de s'y comporter avec décence, avec défenfes d'ufer d'aucuns emportemens, & de s'injurier lès uns & les autres fous telles peines qui feront avifées par les autres Maîtres préfens, ou ordonnées par le Sieur Lieutenant Général

de Police, fur le rapport qui en fera fait par les Jurés en charge, &
en cas qu'ils s'y trouvent intéreſſés, par le Doyen & deux Anciens
Maîtres, & de faire porter lors defdites aſſemblées aucun pain,
vin, ni autre choſe fervant à feſtin, repas & buvettes dans le Bureau, & d'en exiger aucuns des apprentifs & afpirans à la Maîtriſe,
fous peines de fermeture de boutique & telles autres qu'ils appartiendra.

Voyez cette Sentence au Recueil des Reglemens de la Commu-
nauté, Chapitre des Réglemens. Tom. 2.

Au ſurplus voyez les autorités rapportées fur l'article premier du
titre huitiéme de ces nouveaux Statuts.

TITRE DOUZIEME

DE LA REDDITION DES COMPTES.

ARTICLE UNIQUE.

LES Syndic & Jurés feront la recette de tous
les droits généralement quelconques appartenans à la Communauté, & ils feront tenus d'en
rendre compte de ſix mois en ſix mois en préſence de
huit Anciens avertis à cet effet, leſquels parapheront
les feuilles de chacun mois, dont il fera fait mention
fur le Regiſtre de ladite Communauté.

ᴀʀᴛɪᴄʟᴇ
XXV. *des*
nouveaux
Statuts.

AUTORITEZ.

Par les Sentences, en forme de Statuts pour la Communauté, données par le ſieur garde de la Prévôté de Paris les 17 Janvier 1475. & 25
Septembre 1477, il eſt ordonné que les Jurés feront tenus par chacun
de rendre audit métier les amendes & autres choſes qu'ils auront reçues pour ledit métier.

L'Article quatriéme de la Déclaration du Roi, en forme de nouveaux Statuts pour la Communauté, donnée à Fontainebleau le 24
Octobre 1705, regiſtrée au Parlement le 12 Mai 1710. porte qu'il
fera élû de deux ans en deux ans, le jour de ſaint Remi, à la pluralité
des voix, un Maître de ladite profeſſion pour faire les fonctions de

E ij

Tréforier, dont la Communauté demeurera refponfable, lequel Maître fera la recette de tous les droits généralement quelconques apparte-nans à ladite Communauté, & fera tenu d'en rendre compte de fix mois en fix mois en préfence de huit Anciens au moins, de ceux qui auront été avertis à cet effet, lefquels parapheront les feuilles de chacun mois, dont il feroit fait mention fur le regiftre de la Communauté.

Voyez ces Sentences & Déclaration à la fin de ce Recueil enfuite de ces nouveaux Statuts à leurs dates.

Par la Sentence de Police du 27 Octobre 1719. il eft ordonné que les Jurés demeureront folidairement refponfables & garants de la re-cette & perception des deniers & droits appartenans à la Communauté, laquelle fera faite par l'Ancien defdits Jurés, fuivant l'ufage accoutu-mé, de l'emploi defquels ils rendront compte conformément aux arti-cles deuxiéme, quatriéme & fixiéme de la Déclaration de 1705, aux-quels comptes affifteront & feront préfens au moins huit des Anciens qui auront été appellés avec quatre Modernes & quatre Jeunes, en ob-fervant toujours par lefdits Jurés l'ordre du tableau fucceffivement d'année en année, & en avertiffant deux jours àuparavant, & feront tenus les Appellés de s'y trouver fous peine de trois livres d'amende cha-cun au profit de la Confraire.

Et par l'article feiziéme de l'Arrêt du Confeil du 21 Janvier 1749. portant réglement pour l'adminiftration des deniers de la Communauté, il eft ordonné que les Jurés fortans de charge feront tenus de préfenter leurs comptes, à la fin de leur exercice, aux Jurés en charge, & aux anciens Auditeurs & Examinateurs nommés fuivant l'ufage, à l'effet d'être lefdits comptes par eux vûs, éxaminés & contredits, fi le cas y échoit, & arrêtés en la maniére accoutumée, au plus-tard trois mois après l'exercice du comptable fini, & ce nonobftant tous ufages, difpo-fitions de ftatuts ou autres réglemens à ce contraire, auxquels Sa Majefté a dérogé expreffément par ledits Arrêts & que lefdits comptes enfemble les piéces juftificatives feront remis aux Jurés en charge, qui feront tenus de leur part de les remettre dans un mois au plus-tard au greffe du bu-reau de la révifion, pour être procédé à ladite révifion, après laquelle lefdits comptes & piéces feront rendus auxdits Jurés en charge, pour les dépofer dans leurs Archives.

Voyez ces Sentences & Arrêt du Confeil au Recueil des Re-glemens de la Communauté, Chapitre de l'adminiftration de déniers de la Communauté. Tom. 1.

TITRE TREIZIEME

D E S V I S I T E S A N N U E L L E S.

A R T I C L E U N I Q U E.

FERONT lefdits Syndic & Jurés quatre vi- Article XXVII. *des nouveaux Statuts.*
fites générales par chacun an dans les Bouti-
ques des Maîtres de ladite Communauté, pour
chacune defquelles il fera payé vingt fols auxdits Jurés par ceux des Maîtres qui n'auront paffé la Jurande, & ceux qui l'auront exercé, feront exempts
de ce droit, fans néanmoins être exempts defdites vifites, conformément à la Déclaration du quinze Mai mil fix cens quatre vingt-onze & Arrêts
rendus en conféquence. Enjoint aux Maîtres, à
leurs enfans, & domeftiques d'ouvrir leurs maifons,
magazins, caves & autres lieux qu'ils occupent aux
Jurés, quand ils iront en vifite, de les recevoir
auffi-tôt qu'ils fe préfenteront, & de leur porter
honneur & refpect, à peine de cinquante livres d'a-
mende, au profit des Jurés.

A U T O R I T E Z.

Cette Déclaration de 1691. regiftrée au Parlement le 21 Mai audit
an, portant réunion à la Communauté des offices de Jurés perpétuels,
ordonne qu'il fera payé par chacun des Maîtres de la Communauté qui
n'auront point paffé la Jurande & par chacune année aux Jurés fucceffivement en exercice de ladite Communauté, une fomme de quatre livres
pour leurs droits de vifites, à raifon de vingt fols par chacune defdites
vifites.

*Voyez cette Déclaration au Recueil des Réglemens de la Commu-
nauté. Chapitre de la réunion des Offices, Tom. 2.*

Par Sentence de Police du 24 Novembre 1702. il a été enjoint à
Gabriel Tremblay, & Jean Cottin le jeune Maîtres de la Communauté
de se comporter modérément, & de souffrir les visites des Jurés, pour
connoître la qualité des marchandises, & que les marchandises seroient
censées & exposées en vente, lorsqu'elles seroient dans la boutique ou
qu'elles seroient entamées. Lesdits Tremblay & Cottin ont été condamnés aux dépens.

*Voyez cette Sentences en l'Inventaire général des titres de la
Communauté, Chapitre des Visites.*

L'Article cinquiéme de la Déclaration du Roi, en forme de nouveaux Statuts pour la Communauté, donnée à Fontainebleau le 24
Octobre 1705, Regiſtrée au Parlement le 12 May 1710, porte que
les Jurés seront tenus de faire quatre visites générales par chacun an
dans les boutiques des Maîtres de ladite Communauté, par chacune
desquelles il seroit payé vingt-sols auxdits Jurés par ceux desdits Maîtres qui n'auroient pas exercé la Jurande, & ceux qui l'auroient exercé seroient exempts de ce droit, sans néanmoins être exempts desdites visites, conformément à la Déclaration du Roi du 15 Mai 1691.

*Voyez cette Déclaration à la fin de ce Recueil à la suite de ces
nouveaux Statuts à sa date.*

Par Sentence de Police du premier Décembre 1724. il a été ordonné
que Pierre Duru pere, seroit tenu suivant ses offres de payer à la Communauté la somme de trente livres pour droits de visite & Confrairie,
& son fils de payer aussi suivant ses offres, en deniers ou quittances valables la somme de vingt huit livre pour sept années desdits droits de
visites échûs à la saint Jean lors derniere, & deux livres pour deux
années de droit de Confrairie échues ledit jour, avec les intérêts suivant
l'Ordonnance & dépens.

Par trois autres Sentences de Police des 25 Janvier & 19 Juillet
1737. La premiére pour défaut, & les deux autres contradictoires
sur l'avis des Gens du Roi, différents Maîtres de la Communauté ont
été condamnés suivant leurs offres à payer vingt sols pour chacune des
quatre visites annuelles.

*Voyez ces trois Sentences en l'inventaire général des titres de la
Communauté, Chapitre des Visites.*

TITRE QUATORZIEME.
DES VISITES EXTRAORDINAIRES.
ARTICLE PREMIER.

NE pourront lesdits Syndic & Jurés faire leurs visites dans les caves des Maîtres, Veuves, ou Privilégiés des Marchandises de lard & autres qui font mises au fel, qu'au bout de quarante jours, & lorsqu'ils feront leurs visites des Marchandises exposées en vente dans les boutiques, magazins & autres lieux, ils feront tenus après leurs visites d'appofer leur cachet fur les piéces qu'ils auront trouvé bonnes, pour en éviter la perte totale par les fréquentes visites & les coups de fonde.

ARTICLE XXVII. *des nouveaux Statuts.*

AUTORITEZ.

Depuis le 4 Juin 1604, qu'il avoit été rendu au Parlement un Arrêt, par lequel il avoit été ordonné que la visitation des lards ès maisons des Chaircuitiers feroit faite par les Maîtres Jurés Chaircuitiers, avec injonction à eux d'y vaquer fidellement & fans connivence, fuivant les Statuts du métier & ordonnance de la Police, fans qu'à ce faire les Courtiers de lards, chairs & graisses y fuffent préfens ou appellés, jufqu'à l'obtention de ces nouveaux Statuts, il n'y avoit eu aucune autorité concernant les visites extraordinaires chez les Maîtres de la Communauté : mais les Infpecteurs & les Langayeurs de porcs ayant obtenu fur productions refpectives des parties un Arrêt au Parlement le premier Septembre 1749 qui leur attribuoit le droit exclufif de faire des visites chez les Maîtres Chaircuitiers, le Procureur Général du Roi crût devoir en 1752, lors de la décifion des conteftations que l'enregiftrement de ces nouveaux Statuts avoit occafionné avec différents Corps & Communautés, s'oppofer au fufdit Arrêt de 1749 en ce chef feulement : & la Cour en le recevant tiers oppofant à l'Arrêt du premier Septembre 1749, en ce que par ledit Arrêt les Officiers Infpecteurs de porcs font maintenus feuls, & à l'exclufion des Chaircuitiers dans le droit de vifiter dans les maifons, boutiques, arriére-boutiques & autres

endroits occupés par les Chaircuitiers les chairs, lards & autres marchandises de porcs tant frais que salés & à saler, entamés & non entamés, exposés en vente ou non, même les marchandises qui se trouveront dans leurs caves ou mettages au sel & dans les sechoirs, faisant
droit sur l'opposition, a ordonné que les visites seront faites par concurrence avec les Inspecteurs & Visiteurs, Controlleurs-Langayeurs, & les
Jurés Chaircuiters, sans que sous ce prétexte les Jurés Chaircuitiers
puissent s'arroger le droit de visite dans les lieux publics, où se vend
la marchandise de porc, qui appartient auxdits Inspecteurs seuls, ni
empécher lesdites visites toutes & quantes fois que lesdits Inspecteurs le
jugeront à propos.

Voyez ces Arrêts dans le Recueil des Réglemens de la Commu-
nauté, Chapitre des Officiers Inspecteurs, Tom. 2.

ARTICLE II.

PERMETTONS aux Syndic & Jurés de
ladite Communauté de faire leurs visites dans
les maisons des Chaircuitiers du fauxbourg Saint
Antoine, dans l'enclos du Temple, de saint Jean
de Latran, de saint Denis de la Chartre, de l'Abbaye de saint Germain des Prés, dans la ruë de
l'Ourfine & ruës adjacentes, Colleges & autres
lieux Privilégiés ou prétendus tels, comme aussi dans
les maisons de ceux qui exercent la profession de
Chaircuitier à titre de Privilége du Prévôt de notre Hôtel ou autrement, & en cas qu'ils s'y trouvent des Marchandises défectueuses de leur profession, ils se pourvoyeront pardevant le Sieur Lieutenant Général de Police, en quelque lieux que
les saisies ayent été faites, pour en faire prononcer la confiscation avec amende, dépens, dommages & intérêts, sans néanmoins que lesdits Syndic & Jurés puissent prétendre aucuns droits de visite desdits Chaircuitiers à titre de Privilège, ni de
ceux qui exercent ladite profession dans les lieux
Pri

Privilégiés, ou prétendus tels, à moins que lesdits Chaircuitiers ne soient aussi Maîtres de ladite Communauté conformément à l'Article dix-septiéme de la Déclaration du mois d'Octobre mil sept cent cinq.

AUTORITEZ.

Cet Article dix-septiéme de la Déclaration du Roi, en forme de nouveaux Statuts pour la Communauté, donnée à Fontainebleau le 24 Octobre 1705, registrée en Parlement le 12 Mai 1710 est précisément conçû dans les mêmes termes que celui-ci, avec cette seule différence que Sa Majesté pour lors voulut bien rendre compte de la raison qui l'avoit déterminé à accorder cette permission aux Syndic & Jurés Chaircuitiers d'autant, y est-il dit, qu'il est du bien public que la Police de notre bonne Ville de Paris & des Fauxbourgs soit uniforme & observée également, permettons &c.

> *Voyez cette Déclaration à la fin de ce Recueil ensuite de ces nouveaux Statuts à sa date.*

Sur l'opposition formée à l'enregistrement de ces nouveaux Statuts par les Syndic & Chaircuitiers privilégiés du Grand-Prevôt de l'Hôtel du Roi suivant la Cour, le Parlement par son Arrêt du 12 Avril 1753. rendu sur les conclusions des gens du Roi, & sur défaut faute de comparoir, ordonna que, faute par lesdits Chaircuitiers privilégiés d'avoir satisfait aux sommations qui leur avoient été faites à la requête des Syndic, Jurés & Communauté des Maîtres Chaircuitiers, par exploits des quatre Janvier & trois Février 1752, & suivant icelles de s'être expliqués précisément s'ils avoient des moyens valables d'opposition à l'enregistrement des Lettres Patentes du 18 Juillet 1745. & de ces nouveaux Statuts dont la Communication leur avoit été faite, & à quels Articles ils s'appliquoient, & nonobstant les déclarations desdits Syndic & Chaircuitiers Privilégiés défaillants portées par leur exploit du 24 Janvier 1752, il seroit passé outre, si faire se devoit, à l'enregistrement desdites Lettres Patentes & nouveaux Statuts purement & simplement en la maniere accoutumée, & les condamna aux dépens que les Jurés Chaircuitiers pourroient employer dans la dépense de leur compte.

> *Voyez cet Arrêt à la fin de ce Recueil ensuite de ces nouveaux Statuts à sa date.*

F

ARTICLE TROISIEME.

FERONT pareillement lefdits Jurés leurs vifites dans les maifons des Cabaretiers, Taverniers, Hôtelliers & Aubergiftes vendans vin en la
Ville & Fauxbourgs de Paris, pour y voir & reconnoître s'ils ne vendent d'autres chairs de porc,
que celles par eux achetées chez les Maîtres Chaircuitiers. Et ne pouront lefdits Cabaretiers, Tavernes, Hôtelliers vendans vin & Aubergiftes vendre
ni débiter en leurs maifons, Cabarets, Hôtelleries &
Auberges d'autres chairs de porcs, que celles qu'ils
auront achetées chez lefdits Maîtres Chaircuitiers à
peine de confifcation & de cinq cens livres d'a-
mende.

AUTORITEZ.

Cet Article comprend deux objets. Le premier concerne les Cabaretiers & Taverniers, fous laquelle dénomination on entend les marchands de vin ; & le fecond concerne les Hôtelliers & Aubergiftes.

PREMIERE OBJET.

Par Arrêt rendu, fur produ&tions refpe&tives, au Parlement le 14
Mars 1701, il a été entre autres chofes fait défenfes aux Marchands
de vin, ainfi qu'aux douze & vingt-cinq Marchands de vin fuivant
la Cour, de tuer, ni faite tuer aucun porc, en vendre & débiter
aucunes chairs dans leurs maifons & tavernes, qu'ils ne les ayent
achetées chez les Maîtres Chaircuitiers.

Voyez cet Arrêt au Recueil des Réglemens de la Commañauté.
Chapitre des Marchands de vin, tom. 1.

Par l'Article feiziéme de la Déclaration du Roi donnée à Fontainebleau le 24 O&tobre 1705, regiftrée au Parlement le 12 May 1710,
en forme de nouveaux Statuts pour la Communauté, il eft défendu à
tous particuliers, de quelque art & profeffion que ce foit, d'entreprendre fur le métier & commerce des Maîtres Chaircuitiers de la
Communauté, & notamment à tous Marchands de vin de tuer, ni
faire tuer aucun porc, en vendre ni débiter aucunes chairs dans leurs

maifons & tavernes, qu'ils ne les ayent achetées chez lefdits Chaircuitiers conformément à l'Arrêt du Parlement ci-deffus relaté, avec
permiffion auxdits Chaircuitiers, en cas qu'ils ayent avis de quelque
entreprife fur leur profeffion, d'aller en vifite chez les Contrevenants,
en conféquence des permiffions particulieres qui leur feront accordées
par le Lieutenant Général de Police de cette Ville, & en préfence
d'un des Commiffaires du Châtelet, qui fera par lui commis, & chacun des contrevenants fera condamné en trois cens livres, applicables moitié au Roi, moitié à ladite Communauté, avec confifcation
des Marchandifes & uftenfiles qui fe trouveroient compris dans les
faifies.

> *Voyez cette Déclaration à la fin de ce Recueil enfuite de ces*
> *nouveaux Statuts à fa date.*

Par quatre Sentences de Police des 16 Novembre 1742, 3 Juillet
& 11 Décembre 1744. & 29 Janvier 1745. rendues au profit de la
Communauté contre les Sieurs Prevôts, le Riche, Daflay & le Tal-
leur, Marchands de Vin, il leur a été fait défenfes de tuer ni faire
tuer aucuns porcs, en vendre ni débiter aucunes chairs en leurs maifons, qu'elles n'ayent été achetées des Maîtres Chaircuitiers.

> *Voyez ces Sentences au Recueil des Réglemens de la Communau-*
> *té, Chapitre des Marchands de Vin, tom. 1.*

D E U X I E M E   O B J E T.

Par Sentence du 29 Octobre 1730. les Marchandifes de porc faif-
fies fur plufieurs Hôtelliers - Aubergiftes ont été confifquées pour la
meilleure partie au profit des Pauvres, & les parties faifies condam-
nées aux dépens.

> *Voyez cette Sentence en l'Inventaire général des titres de la Com-*
> *munauté, Chapitre des Hôtelliers - Aubergiftes.*

Par autre du 19 Mars 1745. la faifie de Marchandifes de porc
frais, faite fur Henri Parifel Aubergifte, a été déclarée bonne & valable, les chofes faifies confifquées au profit de la Communauté, &
ledit Parifel condamné en trente livres de dommages & intérêts,
cinq livres d'amende & aux dépens.

Par autre Sentence de Police du 18 Juin 1745. la faifie faite fur la
veuve Alefme de cinq porcs qu'elle avoit élevés chez elle, & qu'elle
vendoit & débitoit en contravention aux Statuts de la Communauté, a été
déclarée bonne & valable, & elle a été condamnée en cinquante livres de dommages & intérêts, en trois livre d'amende & aux dépens

Par autre du 19 Mars 1746. il a été fait défenses au nommé Duchemin Hôtellier, ainsi qu'à tous autres Hôtelliers d'entreprendre fur la profeſſion des Maîtres Chaircuitiers, de tuer ni faire tuer chez eux aucuns porcs, ni vendre aucunes Marchandiſes de porc qu'ils ne les ayent achetées chez les Maîtres Chaircuitiers.

Voyez ces trois Sentences au Recueil des Réglemens de la Commu-
nauté, Chapitre des Hôtelliers-Aubergiſtes, tom. 1.

Mêmes défenſes ont été faites au nommé Jean-Baptiſte Bretagne Aubergiſte, & à tous autres Aubergiſtes, par autre Sentence de Police du 9 Août 1748.

Voyez la dans l'Inventaire général des titres de la Communauté,
Chapitre des Hôtelliers - Aubergiſtes.

ARTICLE IV.

DÉFENSES à tous Maîtres Pâtiſſiers, Trai-teurs, Rotiſſeurs, Marchands de Vin, Epi-ciers, Aubergiſtes & autres d'entreprendre fur le métier & commerce des Chaircuitiers, ni d'en donner aucune indication fur leur plat-fonds écriteaux ou autrement, le tout conformément aux Sentences, Arrêts & Réglemens de Police des quatorze Juin mil ſix cens quatre-vingt-dix-ſept, quatorze Août mil ſept cens onze, treize Mai & trente Juin mil ſept cent trente-cinq, vingt Mars & dix-ſept Juil-let mil ſept cent quarante-un, vingt-ſept Avril & ſeize Novembre mil ſept-cent quarante-deux, dix-ſept Janvier, trois & trente Juillet mil ſept quaran-te-quatre, à l'effet de quoi permettons auxdits Syn-dic & Jurés Chaircuitiers, au cas qu'ils ayent avis de quelques entrepriſes fur leur profeſſion d'aller en viſite chez les contrevenans, en conféquence des commiſſions particulieres qui leur feront accordées par le Sieur Lieutenant Général de Police, & en ſe faiſant aſſiſter d'un Commiſſaire au Châtelet, &

chacun des Contrevenants fera condamné en trois cens livres d'amende, avec confifcation des Marchandifes & uftenfiles qui fe trouveront compris dans les faifies.

AUTORITEZ.

Cet Article porte des défenfes à différens Corps & Communautés d'entreprendre fur le métier & commerce de Chaircuitier : C'eft pourquoi il a paru néceffaire de les diftinguer, & de rapporter féparément les autorités qui concernent chacun defdits Corps & Communautés, fans cependant vouloir intervertir le rang auquel ils font placés dans cet Article.

PATISSIERS.

Par Sentence de Police du 14 Juin 1697. confirmée par Arrêt du Parlement du 14 Août 1711, il eft fait défenfes aux Maîtres Pâtiffiers d'étaler ni vendre aucuns Jambons & lards en leurs boutiques, il leur eft feulement permis d'acheter du lard frais à la halle en la maniere accoûtumée pour le faler, affaifonner & employer en leur maniere, & s'en fervir aux piéces de Pâtifferie & à la néceffité de leur métier feulement.

Voyez ces Sentence & Arrêt au Recueil des Réglements de la Communauté . Chapitre des Pâtiffiers . tom. 2.

Différentes autres Sentences de Police défendent aux Pâtiffiers d'entreprendre fur la profeffion de Chaircuitiers, & de vendre aucunes Marchandifes de porc, ni lards ni jambons par morceaux.

La premiere du 25 May 1703. a déclaré bonne & valable la faifie faite fur le Sieur Jean Luce Maître Pâtiffier de huit morceaux de lard gras non apprêté, trouvés fur la boutique dudit Luce avec dommages intérêts, amende & dépens.

Deux autres Sentences de Police du même jour 17 Avril 1733. ont fait défenfes à la veuve Mabille Maîtreffe Pâtiffiere & au Sieur Denis Vaudin Maître Patiffier, fur lequel avoient été faifies deux jambons cuits, ayant leurs peaux, garnies de chapelure & feuilles de laurier, dont l'un entamé ; à tous aûtres Maîtres Pâtiffiers d'entreprendre fur la profeffion des Maîtres Chaircuitiers & d'expofer en vente des lards, jambons & autres marchandifes de porc, d'en vendre ni débiter en gros ni en détail, même du Jambon en morceaux ou tranches, avec confifcation de la Marchandife fur eux faifie, amende & dépens.

Pareilles défenfes font faites & mêmes peines prononcées par une autre Sentence du huit May de la même année contre le Sieur Marin Bertrand Maître Pâtiffier, fur lequel on avoit faifi des graiffes de porc & jambons dont partie étoient cuits, entamés & expofés en vente.

Par deux autres Sentences de Police du même jour treize Avril 1736. rendues contre les Sieurs Aubert & Chollet Maîtres Pâtiffiers, pareilles défenfes leur ont été faites & les faifies fur eux faites : fur le premier d'un jambon cuit entamé péfant environ dix livres & d'un morceau de lard frais du poids d'environ cinq livres ; & fur le fecond de deux morceaux de jambon du poids de huit livres ont été déclarées bonnes & valables.

Il a encore été par Sentence du 17 Avril 1739. ordonné qu'un Jambon défectueux faifi fur le Sieur Lavoine Maître Pâtiffier, feroit jetté à l'eau, & défenfes lui ont été faites, ainfi qu'à tous autres Maîtres Patiffiers, d'entreprendre fur la profeffion des Maîtres Chaircuitiers, d'expofer en vente des jambons & autres Marchandifes de porc, d'en vendre ni debiter en gros & en détail, même jambons par morceaux & en tranches, & ledit Lavoine à été condamné en dix livres de dommages & intérêts, cinq livres d'amende & aux dépens.

Et par Sentence rendue le 22 Août 1738. contre la veuve Favart, la faifie fur elle faite de Marchandifes de porcs, qu'elle vendoit & débitoit, a été déclarée bonne & valable, & défenfes lui ont été faites ainfi qu'à fon fils, lequel étoit Maître Traiteur, de s'affocier & demeurer enfemble.

Voyez toutes ces Sentences en l'Inventaire général des Titres de la Communauté. Chapitre des Pâtiffiers.

Le 20 Mars 1741. il a été contradictoirement rendu au Parlement un Arrêt entre la Communauté des Maîtres Chaircuitiers faififfants, & Nicolas Noël Maître Pâtiffier partie faifie, & la Communauté des Maîtres Pâtiffiers intervenants, confirmatif d'une Sentence auffi contradictoirement rendue contre ledit Sieur Noël au profit de la Communauté des Maîtres Chaircuitiers le 12 Juin 1739, par laquelle, fans avoir égard à l'intervention des Syndic, Jurés & Communauté des Maîtres Pâtiffiers, la faifie faite fur ledit Noël par lefdits Jurés Chaircuitiers d'un morceau de jambon, avoit été déclarée bonne & valable avec confifcation de la Marchandife faifie, & défenfes audit Noel & tous autres Patiffiers d'entreprendre fur la profeffion des Maîtres Chaircuitiers, & même de faire des pâtés de jambon, à moins que la pâte & la viande ne foient cuites enfemble, & avec ordre auxdites deux Communautés d'infcrire ledit Arrêt fur leurs Regiftres.

Nonobftant les défenfes portées par cet Arrêt plufieurs Pâtiffiers qui réuniffoient en même tems la qualité de Traiteur, en ayant éludé l'execution, il a été contre eux rendu en la chambre de Police différentes Sentences, qui, en déclarant bonnes& valables les faifies fur eux faites à la Requête des Syndic & Jurés Chaircuitiers, de morceaux de jambon, de morceaux de lards falés à fel pur & non affaifonnés & épicés en la maniere des Pâtiffiers, & de plufieurs queuës de porcs, plufieurs jambons & porcs-frais & graiffes achetées à la Halle par quelques-uns defdits Maîtres Pâtiffiers-Traiteurs, ont fait défenfes auxdits Maîtres Pâtiffiers de vendre du jambon, ni de faler du lard qu'il ne foit coupé par lardons & affaifonné à leur maniere, & aux Traiteurs d'acheter aucunes Marchandifes de porc à la Halle, même de faler celle qu'ils auroient achetés des Maîtres Charcuitiers.

La premiere du 27 Avril 1742 contre le Sieur Barthelemy Prudhomme.

La feconde du premier Avril 1744. contre le Sieur François Vallançon Maître Pâtiffier-Traiteur, dont l'appel forme aujourd'hui (en 1755.) une inftance en la Grand'Chambre au rapport de M. Severt entre les Communautés des Chaircuitiers & des Traiteurs.

La troifiéme du 17 des mêmes mois & an contre Charles Cocquérel auffi Maître Pâtiffier-Traiteur.

La quatriéme du 8 Mai audit an contre le Sieur Locquet autre Maître Pâtiffier Traiteur.

Les cinquiéme & fixiéme du 19 Mars 1745. contre les Sieurs Maffon & Joly Maîtres Pâtiffiers-Traiteurs.

Et la feptiéme du 18 Juin audit an contre le Sieur Huart auffi Maître Patiffier-Traiteur.

L'Appel d'une grande partie de ces Sentences introduifit une inftance au Parlement, fur laquelle intervint Arrêt le huit Mai 1748, qui, en confirmant lefdites Sentences, fans cependant préjudicier au droit accordé aux Maîtres Patiffiers par la Sentence de 1697. & Arrêt de la Cour confirmatif de 1711, de pouvoir acheter à la Halle du porc frais, pour le faler & affaifonner à leur maniére; & employer à leur commerce de patifferie, & à la néceffité de leur métier feulement, fit défenfes auxdits maîtres Patiffiers d'acheter à la Halle aucuns jambons, ni aucunes chairs de porcs, mais feulement du lard frais pour le faler, affaifonner & employer à leur métier, & enjoignit aux Maîtres Patiffiers, qui réuniffoient en même tems la qualité de Traiteurs, de fe conformer aux Arrêts & Réglemens de la Cour des 30 Juin 1735 & 11 Juillet, 1741, & fuivant iceux & leurs offres, d'acheter chez les maîtres Chaircuitiers tous les lards, jambons & chairs de porc qui peuvent leur être néceffaires pour leur commerce de Traiteurs.

Le 23 Avril 1751 par Sentence de Police la faifie de marchandifes de porc faite fur le fieur Thevenin Maître Patiffier-Traiteur a été déclarée bonne & valable avec dommages, intérêts & dépens, & défenfes ont été faites audit Thevenin ; ainfi qu'à tous autres Maîtres Pâtiffiers-Traiteurs de faire la profeffion & le commerce de Chaircuitier.

> *Voyez ces deux Arrêts au Recueil des Réglemens de la Communauté. Chapitre des Pâtiffiers, tom. 2. & ces huit Sentences en l'Inventaire général des titres de la Communauté, au même Chapitre.*

Par l'Arrêt du Parlement du 4 Septembre 1752 les préfens ftatuts n'ont été enregiftrés qu'à la charge que, fous le prétexte de ce préfent Article, les Chaircuitiers ne pourront empêcher les maîtres Patiffiers d'acheter à la halle du lard frais pour le faler & affaifonner à leur maniére, & l'employer en conformité des Arrêts des 14 Août 1711, & 8 May 1748, comme auffi à l'égard defdits Patiffiers-Traiteurs & des Epiciers, à la charge que, fous le prétexte de l'Article trente unié me de ces Statuts, les Chaircuitiers ne puiffent les empêcher de mettre des enfeignes, tableaux fur les plat-fonds, écriteaux ou autre ment qui indiquent au public les marchandifes qui dépendent des deux profeffions de Patiffiers-Traiteurs, & de celle des Epiciers.

> *Voyez le prononcé de cet Arrêt à la fin de ce Recueil, enfuit de ces nouveaux Statuts à fa date.*

TRAITEURS.

Par Arrêt du Parlement rendu le 23 Avril 1703 fur productions refpectives entre la Communauté des Maîtres Traiteurs, & celle des Maîtres Chaircuitiers de cette Ville, lefdits Traiteurs ont été déboutés d'une demande afin d'être maintenus au droit & poffeffion de faire vendre & débiter feuls les boudins blancs, langues fourées & pieds à la fainte-Menhould.

Par Sentence de Police du 13 Mars 1705. rendue au profit de l
Com

Communauté des Maîtres Chaircuitiers contre le fieur Monget Maître
Traiteur , la faifie fur lui faite de dix-huit faucifles , vingt cervelats &
une andouille de porc, trouvés fur la montre de fa boutique, a été
déclarée bonne & valable , & néanmoins pour cette fois feulement &
fans tirer à conféquence, il lui en a été fait main-levée, avec permiffion d'avoir lefdites chofes faifies dans fa boutique, fans néanmoins les pouvoir étaler ni revendre féparément , mais feulement
pour les employer dans les repas qui lui pouroient être commandés , & à condition de ne les pouvoir acheter que chez les Maîtres
Chaircuitiers.

Par autre Sentence de Police du 13 Mai 1707. rendue au profit
de la Communauté des Maîtres Chaircuitiers contre Bazile Charpen-
tier, la faifie fur lui faite d'une tranche de jambon du Pays & de deux
langues fourées qu'il vendoit & débitoit dans fa boutique, a été déclarée bonne & valable , en conféquence les chofes faifies ont été acquifes & confifquées au profit de ladite Communauté; défenfes lui ont
été faites ainfi qu'à tous autres Patiffiers-Traiteurs de plus à l'avenir
entreprendre fur le métier de Chaircuitier fous telles peines qu'il appartiendroit , & pour fa contravention il a été condamné en trois livres
de dommage & intérêts & aux dépens.

Voyez cet Arrêt & ces deux Sentences en l'Inventaire général des
Titres de la Communauté. Chapitre des Cuifiniers-Traiteurs.

Par Arrêt contradictoirement rendu au Parlement le 30 Juin 1735.
entre les Syndic, Jurés & Communauté des Maîtres Chaircuitiers de
Paris appellants d'une Sentence rendue par le Lieutenant Général de
Police le 8 Août 1732. d'une part, & les Jurés en charge de la Communauté des Maîtres Cuifiniers-Traiteurs de ladite Ville intimés d'autre
part, Charles Defnoyelle, Eugéne Sence, François Lourdet, Nicolas
Renou, & Nicolas-Marc Pinard, tous Maîtres Chaircuitiers & parties
faifies encore d'autre part, il a été fait droit fur le tout , en conféquence la Cour a mis les appellations & ce dont étoit appel au néant,
émandant a déchargé lefdits Defnoyelle & autres des condamnations
contre eux prononcées, & a ordonné que la main-levée provifoire des
faifies fur eux faites demeureroit définitive, & que les Statuts des Maitres Chaircuitiers & des Maîtres Cuifiniers-Traiteurs de cette Ville,
Lettres Patentes, Arrêts & Réglements feroient exécutés , en conféquence a maintenu & gardé la Communauté des Maîtres Chaircuitiers au
droit & poffeffion de faire & vendre, à l'exclufion des Maîtres Traiteurs,
tous cervelats, boudins, faucifles , andouilles, jambons ordinaires de
porc & langues de chair de porc feulement, & toutes autres chairs de
porc avec fel, poivre, fenoüil & autres épices & affaifonnemens , fans
que lefdits Traiteurs puiffent les vendre ni même les employer dans les
repas & feftins , s'ils ne les ont achetées des Maîtres Chaircuitiers, a

G

maintenu & gardé lefdits Maîtres Chaircuitiers & les Maîtres Traiteurs
dans le droit de faire & débiter concurremment les pieds à la fainte
Menehould & panaches de porc préparés à la braife, boudins blancs,
faucilles, andouilles & langues fourées mélées de chaires de porc avec
autres viandes bonnes & loyales, à la charge par ledits Maîtres Traiteurs
d'acheter chez les Maîtres Chaircuitiers toutes les chairs de porc, iffuës, abbatis, inteftins & boyaux qui fervent à la compofition de ces
efpéces, avec défenfes auxdits Maîtres Traiteurs d'acheter aucunes
chairs, iffuës, abbatis, inteftins & boyaux de porc dans les halles &
marchés, ailleurs que chez lefdits Maîtres Chaircuitiers, à peine d'a-
mende & de confifcation. Sur le furplus des autres demandes, fins
& conclufions, les Parties ont été mifes hors de cour. Dépens compenfés.

Par *Sentence* contradictoirement rendue en la Chambre de Police
le 3 Mai 1737. au profit de la Communauté des Maîtres Chaircuitiers
de Paris contre Germain Viard Maître Patiffier-Traiteur, la faifie
fur lui faite d'un reftant de jambon cuit a été déclarée bonne & valable, en conféquence les chofes faifies ont été acquifes & confifquées au
profit de la Communauté. Défenfes ont été faites audit Viard & à
tous autres Traiteurs d'entreprendre fur la profeffion des Maîtres Chaircuitiers, de vendre du lard, jambon & autres marchandifes de porc
en gros & en détail, autres que celles dont la permiffion leur a été ac-
cordée par l'Arrêt du 30 Juin 1735. & en s'y conformant, & pour la
contravention commife par ledit Viard, il a été condamné en vingt
livres de dommages & intérêts & aux dépens.

Les 3 Mai 1737. & 1 Décembre 1741. il fut rendu deux Sentences
en la Chambre de Police contre le fieur Antoine Larme Maître Rotif-
feur-Traiteur. La premiere par défaut déclare bonne & valable la faifie
fur lui faite de deux livres de jambon cuit, dont il vendoit à l'inf-
tant une tranche, & d'un autre jambon cru, avec confifcation des
chofes faifies au profit de la Communauté des Maîtres Chaircuitiers,
& défenfes audit Larme ainfi qu'à tous autres Traiteurs d'entreprendre fur la profeffion des Maîtres Chaircuitiers, de vendre du lard,
jambon, & autres marchandifes de porc en gros & en détail, autres
que celles qui leur ont été accordées par l'Arrêt du 30 Juin 1735. &
en s'y conformant, & pour la contravention commife par ledit Larme,
il a été condamné en vingt livres de dommages & intérêts, dix livres
d'amende, & aux dépens avec impreffion, publication & affiche de ladite fentence. Et la feconde contradictoire l'a débouté de fon oppofition à la premiere, avec réduction néanmoins des dommages & intérêts à la fomme de dix livres, de l'amende à celle de cinq livres ; & il
a été condamné aux dépens.

> *Voyez ces Arrêts & Sentences en l'Inventaire général des ti-*
> *tres de la Communauté, Chapitres des Cuifniers-Traiteurs.*

Par Arrêt contradictoirement rendu au Parlement le 17 Juillet 1741. entre les Syndic, Jurés & Communauté des Maîtres Chaircuitiérs de Paris appellans d'une Sentence rendue en la Chambre de Police le 17 Mai 1737, & les Jurés en charge de la Communauté des Maîtres Cuisiniers-Traiteurs aussi appellants d'une autre Sentence du trois dudit mois de Mai 1731. La Cour a fait droit sur le tout, en tant que touchoit l'appel des Jurés & Communauté des Maîtres Cuisiniers-Traiteurs de la Sentence de Police du trois Mai audit an 1737. a mis l'appellation au néant, & ordonné que ce dont étoit appel sortiroit son plein & entier effet, & ils ont été condamnés en l'amende de douze livres ; & sur les appellations respectives de la Sentence du trente Mai 1737, elle mit les appellations & ce au néant, émandant elle déclara la saisie faite sur Noël bonne & valable, comme aussi celles faites des jambons par tranches sur les nommés Monnot, Minet & Joly, avec confiscation au profit des Jurés en charge & Communauté des Maîtres Chaircuitiers avec main-levée auxdits Minet & Joly du surplus de la saisie, & faisant droit sur les demandes des Jurés en charge de la Communauté des Maîtres Chaircuitiers & de Maîtres Traiteurs portées par leurs Requêtes des 21 Avril, 27 Novembre 1739, & 19 Mai 1741. à maintenu & gardé lesdits Jurés & Communauté des Maîtres Chaircuitiers dans le droit & possession de faire & vendre, à l'exclusion des Maîtres Traiteurs, tant en gros qu'en détail tous jambons de Pays avec défenses aux Maîtres Traiteurs de les vendre & débiter en boutique ouverte en piéces, à la livre, par morceaux ou autrement même en les achetant des Maîtres Chaircuitiers de Paris, auxquels il a été seulement permis de les employer dans les repas & festins qui leur seroient commandés, en les achetant néanmoins des Maîtres Chaircuitiers, lesquels Jurés en charge & Communauté des Maîtres Traiteurs ont aussi été maintenus & gardés dans le droit & possession, où ils étoient, d'acheter des jambons de Bayonne & de Mayence des Epiciers dans leur bureau, même de les faire venir directement des Provinces, & de les employer suivant les besoins de leur profession, sans qu'ils pussent en vendre en gros ni en détail à tous venans, mais seulement les employer dans les repas, soit dans les sauffes, entrées ou entremets. Lequel Arrêt seroit imprimé, & affiché par-tout où besoin seroit sur le surplus des demandes, fins & conclusions des parties elles ont été mises hors de Cour, & lesdits Jurés & Communauté des Maîtres Traiteurs, & Joly ont été condamnés chacun à leur égard aux trois quarts des dépens des causes principales, d'appel & demandes, l'autre quart compensé.

Voyez cet Arrêt au Recueil des Réglemens de la Communauté ;
Chapitre des Cuisiniers-Traiteurs, Tom. 1.

Par Sentence de Police contradictoirement rendue le 17 Avril 1744.

au profit de la Communauté contre le Sieur Charfouleau Maître Traiteur & fa femme, la faifie fur eux faite d'iffuës de porcs qu'ils avoient achetés au marché du Fauxbour Saint Germain, a été déclarée bonne & valable, un tiers de la Marchandife acquis & confifqué au profit de la Communauté les deux autres tiers rendus à la partie faifie qui a été condamnée en tous les dépens.

Par autre Sentence de Police contradictoirement renduë le 15 Janvier 1745. contre le Sieur Trotereau Maître Traiteur & fa femme, la faifie fur lui faite de Marchandifes de porc qu'il avoit achetées à la Halle, a été déclarée bonne & valable, avec confifcation, cinquante livres de dommages & intérêts & dépens, & défenfes ont été faites audit Trotereau & à tous autres Maîtres Traiteurs d'acheter aux Halles & Marchés de cette Ville aucunes Marchandifes de porcs fous telles peines qu'il appartiendroit.

Par autre Sentence de Police du 20 Janvier 1747 renduë contradictoirement contre le Sieur Morel Maître Pâtiffier-Traiteur la faifie fur lui faite d'un porc mort entier, a été declarée bonne & valable, avec quinze livres de dommages & intérêts envers la Communauté des Maîtres Chaircuitiers & dépens, & néanmoins, fur la réclamation faite dudit porc par un particulier, il a été ordonné que ledit porc feroit rendu audit particulier.

Par autre Sentence de Police auffi contradictoirement renduë le 3 Mars 1747 contre le Sieur Duthé Maître Traiteur, la faifie fur lui faite de Marchandifes de Chaircuiterie a été déclarée bonne & valable avec confifcation, dix livres de dommages & intérêts & dépens.

Voyez ces Sentences en l'Inventaire général des Titres de la Communauté, Chapitre des Cuifiniers-Traiteurs.

Par l'Arrêt du 4 Septembre 1752 les préfens Statuts n'ont été enregiftrés qu'à la charge auffi que les Chaircuitiers, fous prétexte des Articles trentiéme, trente-uniéme & trente-deuxiéme, ne puiffent empêcher les Traiteurs de vendre & étaler les efpéces de Chaircuiterie, qu'ils ont la faculté de faire & employer dans leurs repas conformément aux Arrêts des trente Juin 1735. 11 Juillet & 1741, ni les empêcher d'indiquer fur leurs plat-fonds, écriteaux ou autrement lefdites Marchandifes, & fans qu'ils puiffent faire les vifites portées par l'Article précédent qu'avec les formalités exprimées en ce préfent Article.

Voyez le prononcé de cet Arrêt à la fin de ce Recueil enfuite de ces nouveaux Statuts à fa date.

Au furplus, comme la plûpart des Maîtres Traiteurs ré uniffent enfemble plufieurs qualités, voyez les autorités raportées fur l'Article précédent concernant les Marchands de vin : celles rapportées en cet Article concernant les Pàtiffiers, & celles ci - apres concernant les Rôtiffeurs.

ROTISSEURS.

Comme les Rôtiffeurs étoient parties dans l'Arrêt du Parlement de 1711. rapporté en cet article au fujet des Pàtiffiers, il n'y a pref-que point eu de conteftations avec les Rôtiffeurs fimples, excepté ceux qui réuniffoient en même temps la qualité de Traiteur, ce qui réfulte d'une Sentence de Police contradictoirement rendue le 14 Jan-vier 1744 contre le Sieur Malpiéce Maître Rôtiffeur-Traiteur, par laquelle la faifie fur lui faite de Marchandifes de porc a été décla-rée bonne & valable avec confifcation, dix livres de dommages & intérêts & dépens, & défenfes audit Malpiéce & à tous autres Rô-tiffeurs-Traiteurs de plus à l'avenir entreprendre fur la profeffion des Maîtres Chaircuitiers, de tuer ni faire tuer aucuns porcs, de vendre ni débiter aucune Marchandife de porc, qu'ils ne l'ayent achetée des Maîtres Chaircuitiers.

> *Voyez cette Sentence au Recueil des Réglemens de la Commu-*
> *nauté, Chapitre des Rôtiffeurs, tom. 2.*

Mais lefdits Rôtiffeurs ayant voulu faire enregiftrer au Parlement leurs nouveaux Statuts, & la Communauté des Maîtres Chaircui-tiers s'y étant oppofée, intervint Arrêt le 19 Janvier 1746. qui en déboutant lefdits Jurés & Communauté des Maîtres Chaircuitiers de leur oppofition, ordonna que l'article vingt-neuviéme defdits nou-veaux Statuts des Rôtiffeurs feroit exécuté, à la charge néanmoins de n'employer le lard que les Rôtiffeurs auront acheté, que pour leur ufage & profeffion, & de n'en point faire de magazin, ni en reven-dre en gros & en détail, & qu'ils ne pouront pareillement étaler ni endre de Jambon.

> *Voyez cet Arrêt en l'Inventaire général des Titres de la Com-*
> *munauté, Chapitre des Rôtiffeurs.*

MARCHANDS DE VIN ET AUBERGISTES.

Il ne fera en cet endroit rapporté aucune autorité touchant les Marchands de Vin & les Aubergiftes, attendu qu'il n'y en a point d'au-tres que celle raportées fur l'Article précédent. Ainfi voyez ce qui y eft dit, & notamment l'article feizieme de la Déclaration du Roi de 1705.

EPICIERS.

Les Epiciers, qui font auffi compris dans cet Article, entreprenants fur le commerce des Chaircuitiers, le Sieur Martel un d'eux fut faifi les 30 Juin & 23 Septembre 1741. tant par les Jurés Chaircuitiers que par les Officiers Vifiteurs-Infpecteurs-Contrôleurs & Languayeurs de porcs, fur lefquelles faifies fut rendu le 9 Mai 1743. un Arrêt au Parlement, fervant de Réglement entre la Communauté & le Corps des Epiciers qui étoit intervenu en ladite inftance : & défenfes furent faites par icelui aux Chaircuitiers de troubler à l'avenir ledit Martel dans fon commerce, & les Epiciers furent maintenus & gardés dans le droit & poffeffion de vendre en gros des jambons de Bayonne, Mayence, Bordeaux, &. d'autres Villes ès environs, enfemble des lards falés, des cuiffes d'Oye, & petits lards tirés defdites Villes, fans néanmoins que, fous aucuns prétexte, ils puiffent vendre les lards falés, cuiffes d'Oyes, & petits lards qu'en tonnes ou bariques.

Voyez cet Arrêt en l'Inventaire général des titres de la Communauté, Chapitre des Epiciers.

Par Sentence de Police du 3 Juillet 1744. la faifie de Marchandifes de Chaircuiterie faite fur le Sieur Bénard Marchand Epicier, a été déclarée bonne & valable, avec confifcation d'un tiers du prix de ladite Marchandife faifie, qui feroit vendue fans frais au poteau de la Halle, cinquante livres de dommages & intérêts, trois livres d'amende & dépens, impreffion & affiche de ladite Sentence ; défenfes ont été faites audit Benard, ainfi qu'à tous autres Marchands Epiciers, de vendre aucuns lards falés & petits lards.

Pour femblable contravention ; pareilles défenfes ont été faites & pareilles condamnations prononcées à l'exception de la confifcation qui a été totale au profit de la Communauté des Maîtres Chaircuitiers contre le Sieur Ruelle auffi Marchand Epicier, par Sentence contradictoire du 15 Janvier 1745.

Il y a encore eu depuis ce tems trois Sentences contradictoirement rendues en la Chambre de Police, la premiere du 2 Juillet 1751. contre le Sieur Mauger Marchand Epicier : la feconde du même jour contre le Sieur Thierry auffi Marchand Epicier ; & la troifiéme du 15 Mars 1754 contre le Sieur   autre Marchand Epicier, qui déclarent les faifies faites, fur le premier de cinq morceaux de jambon cru qu'il débitoit au public, fur le deuxiéme de deux morceaux de jambon, & fur le troifiéme d'une livre de jambon de Bayonne qu'il vendoit, bonnes & valables, avec confifcation des

Marchandifes, dommages intérêts & dépens, & par les deux dernie-
res il eft fait défenfes à tous Marchands Epiciers d'entreprendre fur
la profeffion des Maîtres Chaircuitiers, & de vendre en détail aucune Marchandife de porc falé.

Voyez ces cinq Sentences en l'inventaire général des Titres de
la Communauté, Chapitre des Epiciers.

Par l'Arrêt du Parlement du quatre Septembre 1752. les préfens
Statuts n'ont été enrégiftrés qu'à la charge, que, fous le prétexte
de ce préfent Article, les Chaircuitiers ne puiffent empêcher les Epiciers de mettre des enfeignes, tableaux fur leurs plat-fonds, écriteaux
ou autrement, qui indiquent au public toutes les Marchandifes qui
dépendent de leur profeffion, & lefdits Epiciers ont été maintenus
& gardés dans le droit de vendre en gros les jambons de Mayence,
Bayonne, Bourdeaux & autres Villes des environs feulement, enfemble les lards falés, cuiffes d'Oyes & petits lards tirés des mêmes
Villes, à la charge de les vendre, fçavoir les lards falés & petits
lards qu'en tonnes, caiffes, ou bariques, & dans le droit auffi de
vendre les autres marchandifes de porcs venants de l'Etranger, telles que les fauciffons de Boulogne, Mortadelles & autres, fans néanmoins les pouvoir vendre qu'en gros, comme les jambons, & non
par morceaux.

Voyez le prononcé de cet Arrêt à la fin de ce Recueil enfuite de
ces nouveaux Statuts à fa date.

Il eft encore deux autres Communautés qui n'ont point été dénom-
mées, mais qui y font comprifes fous le mot d'*autres*, les Chandeliers, & les Grainiers.

CHANDELIERS.

Le Sieur Louis Ferron Maître Chandelier, qui vendoit du fain-
doux, fut faifi, & par Sentence de Police du 21 Février, 1687, la
faifie fur lui faite fut déclarée bonne & valable, avec confifcation
au profit de la Communauté des Maitres Chaircuitiers de la marchandife faifie, & dépens.

GRAINIERS.

Par autre Sentence de Police du premier Décembre 1747. la faifie
de Marchandifes de porc faite fur le Sieur Regnier Maître Grainier à
Paris, a été déclarée bonne & valable, avec confifcation, vingt livres de dommages & intérêts, cinq livres d'amende & dépens, &

défenses lui ont été faites de plus à l'avenir faire le commerce de Chaircuiterie.

Voyez ces deux Sentence en l'Inventaire général des Titres de la Communauté, la premiere, Chapitre des Chandeliers, & l'autre Chapitres des Grainiers.

TITRE QUINZIEME.

DES PATISSIERS-TRAITEURS ET *Rôtisseurs,*

ARTICLE UNIQUE.

ARTICLE XXXII. *des nouveaux Statuts.*

NE pourront les Pâtissiers, ni les Traiteurs, ni les Rôtisseurs employer dans les ouvrages de leur métier tels qu'ils soient, d'autres porcs-frais & lards, que ceux qu'ils seront tenus d'acheter chez les Maîtres Chaircuitiers, & ne pourront vendre ni débiter en gros ni en détail aucuns jambons, ni lard frais & salé. Permis aux Maîtres Chaircuitiers d'assaisonner tous les ouvrages de leur métier, tels qu'ils soient, de telles Epiceries qu'ils jugeront convenables.

Par rapport aux Pâtissiers, Traiteurs & Rôtisseurs, voyez les autorités rapportées sur l'article quatriéme du titre précédent. Quant au surplus de cet Article voyez les Articles dixiéme de la Sentence donnée par le Garde de la Prévôté de Paris le 17 Janvier 1475. & neuviéme de celle du 25 Septembre 1477. lesquelles sont imprimées à la fin de ce Recueil ensuite de ces nouveaux Statuts à leurs dates

TITRE SEIZIEME·

DE LA POLICE DES HALLES ET Marchés.

ARTICLE I.

SERONT tenus les Syndic & Jurés en char-ge de se transporter les jours de Marchés, aux Halles & Marchés, pour y visiter les quarante places au lard, les faire fournir par les Maîtres & Veuves à qui elles seront échues, faire tenir les étaux en bon état ; comme aussi de se transporter dans les étables du Marché aux porcs pendant l'heure du Marché, pour faire sortir & exposer en vente les Marchandises de porcs qui pouroient y être renfermées, & veiller aux autres contraventions tant des Marchands Forains que des Maîtres, conformément à ce qui est ordonné par les Réglemens de Police des vingt Novembre mil six cens quatre vingt-seize, vingt Novembre mil six cens quatre vingt-dix-huit, & Arrêt du Conseil d'Etat du vingt-cinq Décembre mil sept cens quarante-deux.

Article XXIX. des nouveaux Statuts.

Cet Article renferme deux objets de Police : le premier concerne celle de la Halle, où se vendent les marchandises de porc-frais par morceaux, & le second, la Police du Marché, où se vendent les porcs en vie.

A U T O R I T E Z par rapport à la Police de la Halle.

Par Arrêt du Parlement du 4 Juin 1604. il est entre autres choses ordonné que les Chaircuitiers seront tenus de fournir de lard les places des Halles ès jours de marchés.

Par Sentence du Châtelet de Paris du 10 Février 1621. il a été en-

H

tre autres chofes ordonné que les Jurés & Communauté des Chaircuitiers feroient tenus de fournir & garnir bien & dûement la Halle de lards les jours de Mercredi & Samedi de chacune femaine ès
cinquante deux places deftinées à faire ladite vente pour la commodité publique. Cette Sentence a été confirmée par Arrêt du Parlement
du fept Septembre 1622.

> *Voyez en l'Inventaire général des Titre de la Communauté le*
> *premier de ces Arrêts, Chapitre des Officiers Infpecteurs,*
> *& la Sentence & le fecond Arrêt, Chapitre de la Halle.*

Ces cinquante deux Places de la Halle ont été depuis réduites au
nombre de quarante, & la propriété d'icelles a été affectée à la Communauté des Maîtres Chaircuitiers par jugement de la Chambre fouve-
raine du Domaine du 11. Avril 1658.

> *Voyez ce jugement au Recueil des Réglemens de la Communauté,*
> *Chapitre de la Halle. Tom. 1.*

Par Sentence de Police du 26. Novembre 1666. rendue fur la plainte
des Officiers Vifiteurs de lards, chairs & graiffes, il eft fait défenfes aux Maîtres Chaircuitiers de faire & tirer aucun plan des quarante places qu'ils occupent dans les Halles qu'en préfence defdits Jurés Courtiers, & à tous Fruitiers, Beurriers, Vendeurs de fel, Epiciers
& autres d'étaler efdites places des Maîtres Chaircuitiers les Mercredi & Samedi, à peine de confifcation de leurs marchandifes, & d'à-
mende, avec permiffion d'emprifonner les contrevenans, fuivant &
au défir des Sentences de Police des quatre Mai 1663. & 13 Septembre 1664, qui feroient exécutées pour ce regard & condamnation en
quatre livres parifis d'amende dès-lors contre ceux qui s'y trouveroient.

> *Voyez cette Sentence au Recueil des Réglemens de la Commu-*
> *nauté, Chapitre des Officiers-Infpecteurs, Tome 2.*

Par autre Sentence de Police du 20 Novembre 1696, il a été ordonné aux Jurés Chaircuitiers de faire mettre en état dans huitaine
les quarante étaux defdites places, & à cet effet de les faire nétoyer
& retirer ceux qui les occupent, pour enfuite les garnir, tant par eux
que par ceux qui y font obligés, de quantité fuffifante de chairs.

Par autre Sentence de Police du 14 Juin 1697. il a été dit que,
fuivant & conformément aux Arrêts & Réglemens de Police, les
Chaircuitiers feroient tenus de fournir les quarante places de la Halle
ainfi qu'ils y étoient obligés.

> *Voyez ces deux Sentences au Recueil des Réglemens de la Com-*
> *munauté, Chapitre de la Halle., Tom. 1.*

Par autre Sentence de Police du 4 Octobre audit an , il a été défendu aux Jurés Chaircuitiers de donner aucunes difpenfes à aucuns de
leurs Maîtres de fournir les places qui leur font marquées à la Halle les
jours de marché , avec injonction de tenir la main à ce que lefdites
quarante places foient toujours occupées & garnies par les Maîtres de
ladite Communauté , qui feroient tenus de leur part de les occuper garnir & fournir inceffamment , fans aucune exception ni interruption d'en
fournir chacun à leur tour , le tout à peine d'amende & de deftitution ,
& ordonné que nouveau plan defdites quarante places feroit fait de trois
mois en trois mois en la maniére accoutumée , duquel il feroit donné
copie au Magiftrat de Police , avec défenfes aux Courtiers de chairs ,
lards & graiffes de s'inmifcer aucunement dans l'occupation defdits
quarante places du plan de la Halle , & injonction au Commiffaire du
quartier de la Halle de tenir la main à l'éxécution de ladite Sentence ,
qui feroit infcrite dans le Regiftre de Communauté des Maîtres
Chaircuitiers , duquel tranfcrit feroient tenus les Jurés de certifier dans
la huitaine.

Voyez cette Sentence en l'Inventaire général des titres de la Com-
munauté , Chapitre des Officiers-Infpecteurs.

Par Sentence de Police du 21 Novembre 1698 , il a été ordonné
aux Maîtres Chaircuitiers de cette Ville de garnir les quarante places
qu'ils occupent aux Halles les Mercredi & Samedi de chaque femaine
de lards , chairs , & graiffes , à proportion de ce qu'ils ont dans leurs
boutiques, à peine d'interdiction de leur Maîtrife , avec injonction de
mettre des nappes blanches fur leurs étaux , & d'avoir des tabliers
blancs autour d'eux , laquelle Sentence feroit imprimée & affichée.

Par autre du 8 Juin 1731 , il eft fait défenfes aux Jurés Chaircuitiers de faire ni tirer aucun plan des quarante places qu'ils doivent
occuper à la Halle , qu'en préfence des Officiers-Infpecteurs , auxquels ,
ils feroient tenus d'en délivrer un état , avec injonction à eux de garnir lefdites quarante places de chairs , lards & graiffes conformément
aux Réglemens de Police.

Voyez ces deux Sentences au Recueil des Réglemens de la Com-
munauté , Chapitre de la Halle , Tom. 1.

Par deux autres Sentences de Police des 18 Novembre 1746. & 13
Décembre 1748. huit Maîtres de la Communauté ont été condamnés , faute par eux d'avoir occupé , différents jours de marchés les
places de la Halle qui leur étoient échues par le plan qui en avoit été
dreffé. Par la première , fept defdits Maîtres chacun en fix livres; &
par la feconde , un defdits Maîtres en trois livres d'amende applicables

au profit de la Confrairie avec défenfes de récidiver fous plus grande peine , & aux dépens.

Voyez ces deux Sentences en l'Inventaire général des Titres de la Communauté, Chapitre de la Halle.

'AUTORITEZ, *par rapport à la Police des Marchés.*

L'Ordonnance de Police rendue fur le requifitoire du Procureur du Roy le 22 Novembre 1727 , fait défenfes à tous Marchands forains , Amidonniers , Nourriffeurs de porcs , Maîtres Chaircuitiers , & à tous autres faifant le commerce de porcs en vie , d'en vendre dans les étables , dans les cabarets & par-tout ailleurs , fi ce n'eft dans le marché établi en cette Ville , à peine de confifcation , & de trois cens livres d'amende , qui demeureroit encourue à la premiere contravention , & à tous Maîtres Chaircuitiers , fous pareilles peines , d'acheter des porcs ailleurs que dans le marché , & ordonne que l'ouverture dudit marché continuera à fe faire tous les jours de Mercredi & Samedi de chacune Semaine , à onze heures précifes du matin , en préfence des Officiers-Jurés-Infpecteurs , lefquels feront tenus de fe trouver dans ledit marché à ladite heure , au plus tard , pour y refter jufqu'à une heure & demie , à laquelle finira ledit marché , lefquelles, ouverture & clôture dudit marché feront annoncées par le fon d'une cloche , qui à cet effet fera pofée , où il y en avoit une anciennement , ou en tout autre endroit qui fera jugé le plus convenable , laquelle cloche fera fonnée aux heures fufdites par le Clerc de la Communauté des Maîtres Chaircuitiers , ou par tel autre qui fera par eux commis , finon permet aux Officiers-Infpecteurs d'y commettre aux frais defdits Jurés Chaircuitiers : ordonne en outre qu'environ les dix heures & demie du matin de chaque jour de marché , il fera fonné un premier coup de ladite cloche pour avertir les Marchands forains , Amidonniers , Nourriffeurs de porcs & autres faifans commerce de ladite marchandife qui auroient des porcs dans les étables , Hôtelleries & Cabarets des environs du marché en état d'y être vendus , de les faire fortir des endroits ou ils feroient , & les faire conduire fur le champ audit marché , à l'effet d'y être vendus , avec défenfes à eux , ainfi qu'aux Maîtres Chaircuitiers , & autres de vendre ni acheter aucun porc après ladite heure d'une heure & demie , & après le Marché fini , & ordre de conduire & renfermer dans les étables les porcs reftans pour être vendus au jour de marché fuivant.

Voyez cette Sentence au Recueil des Réglemens de la Communauté, Chapitre de la Police des Marchés. Tom. 2.

ARTICLE II.

ENJOIGNONS aux Maîtres & Veuves de garnir les quarantes places qui leur font échues par le plan qui en fera tiré tous les trois mois devant le Commiſſaire des Halles, de lards, chairs de porc-frais & ſalé, & graiſſes à proportion de ce qu'ils ont dans leurs boutiques, à peine d'interdiction de leur Maîtriſe : comme auſſi leur enjoignons de mettre des nappes blanches ſur leurs étaux, & d'avoir des tabliers blancs autour d'eux ; feront tenus les Syndic & Jurés de faire leurs viſites auxdites places pour vérifier ſi elles font garnies, & ſi la Marchandiſe eſt loyale.

Article XL. des nouveaux Statuts.

AUTORITEZ.

Par l'article quatorziéme de la Sentence donnée par le Sieur Garde de la Prévôté de Paris, en forme de Statuts, pour la Communauté le 17 Janvier 1475. & par le treiziéme de celle du 25 Septembre 1477, il eſt dit que chacun Chaircuitier cuiſe les chairs qu'il aura, en vaiſſeaux nets & bien écurés, & qu'il couvre leſdites chairs, quand elles feront cuites, de napes & linges blancs qui n'ait à rien ſervi depuis qu'il aura été blanchi ; fur peine de vingt ſols Pariſis d'amende.

Voyez ces deux Sentences à la fin de ce Recueil enſuite de ces nouveaux Statuts à leurs dates.

Au ſurplus, voyez les autorités rapportées fur l'Article premier du préſent Titre.

TITRE DIX-SEPTIEME.

DES FRUITIERS, REGRATIERS, ET Colporteurs.

ARTICLE I.

ARTICLE XXXIII. *des nouveaux Statuts.* LES Jurés pourront faire faifir & enlever les marchandifes de porcs-frais, fauciffes, andouilles, boudins, jambons & autres que les Regratiers & Regratieres colporteront, ou expoferont en vente dans les rues, ou aux portes des Eglifes, & partout ailleurs, pour être lefdites marchandifes confifquées. Défenfes aux Fruitiers & autres d'expofer en vente aucuns lards frais & falés, ni viandes cuites de telle nature qu'elles puiffent être, foit dans les boutiques, échoppes, Halles, Marchés, Places & rues, à peine de confifcation, cinquante livres d'amende, & d'emprifonnement au cas de rébellion de la part des Contrevenans, & feront tenus les Syndic & Jurés de veiller à ce que cet Article foit ponctuellement exécuté.

AUTORITEZ.

Par Sentence rendue contradictoirement au Châtelet de Paris le 2 Décembre 1587. contre Jean Morizet Fruitier, la faifie de marchandifes de porcs fur lui faite a été déclarée bonne & valable, & néanmoins fans tirer à conféquence, il a été ordonné que lefdites marchandifes lui feroient rendues, & qu'il pourroit les vendre & débiter, & défenfes lui ont été faites d'entreprendre fur le métier de Chaircuitiers, ni d'acheter aucuns porcs au Marché de cette Ville, pour les revendre & débiter au public, & il lui a feulement été permis d'en acheter pour la provifion de fa maifon & de fa famille, & il a été condamné en un tiers des dépens.

Par autre Sentence contradictoirement rendue en la Chambre de
Police le 17 Avril 1674. contre Pierre Renelle Fruitier, la faisie sur lui
faite de quinze livres de lard a été déclarée bonne & valable avec
confiscation & défenses audit Renelle, & à tous autres d'entreprendre
sur le métier de Chaircuitier, à peine de confiscation & d'amende;
& pour la rébellion faite par ledit Renelle, sa femme & leur fille,
contre Faverolles Huissier, ils ont été condamnés en dix livres d'a-
mende & aux dépens.

> *Voyez ces deux Sentences en l'Inventaire général des Titres de*
> *la Communauté, Chapitre des Fruitiers-Regratiers, & gens*
> *sans qualité.*

Par autre Sentence de Police du 26 Janvier 1742, l'exécution de
l'Arrêt du Conseil du 20 Juin 1728. a été ordonnée, que pour par
la femme du nommé Gosset Soldat Invalide y être contrevenu, &
avoir injurié les Jurés Chaircuitiers, elle a été condamnée en l'a-
mende portée par ledit Arrêt. & aux dépens, & à l'impression & affiche de ladite Sentence, avec défense de récidiver, d'exclusion & d'interdiction des Halles & Marchés de cette Ville.

Par plusieurs Sentences de Police rendues par défaut contre plusieurs
Fruitiers-Regratiers, & autres gens faisant le Commerce de Chaircuiterie sans qualité, les saisies sur eux faites ont été déclarées bonnes &
valables, avec confiscation, dommages, intérêts, amende, dépens; &
défenses à eux de plus à l'avenir entreprendre sur la profession des
Maîtres Chaircuitiers, & de vendre & débiter du lard, & autres marchandises de ladite profession.

La premiere du 9 Février 1742. contre Nicolas le Gendre Fruitier-Regratier.

La seconde du 20 Juillet audit an contre la nommée Charpen-
tier fille regratiere, avec confiscation des ustensiles servant à la profession de Chaircuitier.

Les troisiéme & quatriéme du même 3 Août audit an, contre Marguerite Raison femme de Charles Doré Fruitier-Regratier; & Henri la Miesle aussi Fruitier-Regratier.

La cinquiéme du 17 Avril 1744. contre Elizabeth Marquet, fille faisant le commerce de Chaircuiterie sans qualité.

La sixiéme du 20 Novembre audit an contre le nommé Jacob & sa femme Fruitiers-Regratiers & sans qualité.

La feptiéme du vingt-fix Novembre 1745. contre le nommé Brouffois & fa femme Fruitiers-Regratiers.

La huitiéme du 16 Décembre 1746. contre le nommé Willeaume Fruitier-Regratier.

Et la neuviéme du 14 Mars 1747 contre le nommé Tavernier Fruitiers - Regratier.

Par une autre Sentence auffi rendue par défaut en la Chambre de Police le 9 Février 1742. contre la veuve Cadiou Fruitiere-Regratiere, la faifie de marchandifes de porcs fur elle faite a été déclarée bonne & valable avec confifcation, dix livres de dommages & intérêts, trois livres d'amende & dépens; & défenfes ont été faites à ladite veuve Cadion de plus à l'avenir entreprendre fur la profeffion des Maîtres Chaircuitiers.

Ladite Cadiou ayant formé oppofition à cette premiere Sentence, par une autre contradictoirement rendue le premier Juin 1741, elle a été déboutée de fon oppofition, & l'exécution de la premiere a été ordonnée, à l'exception néanmoins des dix livres de dommages & intérêts qui ont été réduits à cinq livres.

Par autre Sentence de Police contradictoirement rendue le quinze Avril 1745. contre Jean Joannis Fruitier-Regratier la faifie de marchandifes de lards fur lui faite a été déclarée bonne & valable, avec confifcation, quinze livres de dommages intérêts & dépens, impreffion & affiche de la Sentence, avec défenfes d'entreprendre fur la profeffion des Maîtres Chaircuitiers, & de vendre ancunes marchandifes de porcs

Par autre auffi contradictoirement rendue le dix-huit Juin audit an, la faifie faite fur la veuve Alefme, faifant le Commerce de porc fans qualité, a été déclarée bonne & valable, & il a été adjugé à la Communauté pour dommages & intérêts la fomme de cinquante livres, fur le prix provenu & à provenir de la vente de cinq porcs faifie, & ordonné que le furplus par grace & fans tirer à conféquence feroit rendu à ladite veuve Alefme, avec défenfes à elle de récidiver, & à tous autres d'élever & vendre des porcs en cette Ville fous plus grande peine : & elle a été condamnée en trois livres d'amende & aux dépens; même de l'impreffion & affiche de ladite Sentence.

Par autre Sentence rendue par défaut le 9 Août 1748. contre Michel de la Ruelle & fa femme, Frutiers-Regratiers, la faifie faite fur ledit de la Ruelle d'un morceau de lard falé a été déclarée bonne & vala-

valable avec confiscation, cent livres de dommages & intérêts, cinq livres d'amende & dépens.

Sur l'opposition formée par ledit de la Ruelle & sa femme à cette Sentence, par autre contradictoire du 6 Septembre 1748. ils ont été déboutés de leur opposition & l'exécution de la premiere ordonnée.

Par deux autres Sentences de Police contradictoirement rendues les cinq Février 1751. & 15 Février 1754, la premiere contre le nommé Giry Fruitier-Regratier, & la seconde contre la Veuve Herbet faisant le commerce de Chaircuitier sans qualité, les saisies sur eux faites, sur le premier d'un morceau de lard salé, & sur la seconde de sept morceaux de lard salé qu'elle vendoit & débitoit en contravention, ont été déclarées bonnes & valables, avec confiscation & dépens pour tous dommages & intérêts, avec défenses de récidiver sous plus grande peine.

Voyez ces Sentences en l'Inventaire général des titres de la Communauté, Chapitre des Fruitiers-Regratiers & gens sans qualité.

Toutes les Sentences ci-dessus ne concernent que les Fruitiers-Regratiers & autres gens sans qualité, qui entreprennent sur le Commerce de Chaircuitier : mais cet Article porte encore des défenses contre le Colportage que l'on a cru devoir séparer pour l'ordre & la netteté de cet ouvrage.

COLPORTAGE.

Le 13 Décembre 1737 intervint en la Chambre de Police, sur la Requête des Syndic & Jurés Chaircuitiers, & sur les conclusions du Ministere public, une Sentence, par laquelle il est fait défenses à tous particuliers & particulieres de colporter, vendre & débiter dans sa Ville & Fauxbourg de Paris des boudins, cervelats, saucisses, andouilles, & autres marchandises cuites de la profession de Chaircuitier, à peine de cinquante livres d'amende contre chacun des contrevenants, saisie & confiscation desdites marchandises, que lesdits Jurés pouroient faire jetter à l'eau dans le cas de défectuosité, comme indignes d'entrer dans le corps humain, dont il seroit fait mention sur les procès verbaux de saisie, avec permission auxdits Syndic & Jurés, en cas de rébellion de la part des Colporteurs & Colporteuses, de les faire emprisonner, & à cet effet de se faire accompagner d'un Commissaire au Châtelet & assister d'un Huissier & autres Officiers de Justice, auxquels il est enjoint de tenir la main à l'exécution de ladite

I

Sentence, qui feroit imprimée, lue, publiée & affichée par-tout ou befoin feroit.

Voyez cette Sentence en l'inventaire général des Titres de la Communauté, au Chapitre des Chaircuitiers-Forains.

Par deux Sentences de Police rendues par défaut les 10 Janvier & 3 Juillet 1744. contre Jacques le Roux & fa femme Chaircuitier à Nanterre, & le nommé Vigner Chaircuitier - Forain, les faifies de marchandifes de porc-frais qu'ils faifoient vendre & colporter ont été déclarées bonnes & valables avec confifcation, dommages, intérêts & dépens : & défenfes leur ont été faites de récidiver fous plus grande peine, & de colporter ni faire colporter dans les rues aucunes marchandifes de porc qu'ils auroient apporté aux Halles de cette Ville.

Voyez ces deux Sentences en l'inventaire général des titres de la Communauté, Chapitre des Chaircuitiers - Forains.

Par autre Sentence du 19 Juin audit an la faifie faite fur la femme d'Ennequin gagne dénier des marchandifes de porc-frais qu'elle colportoit à la Halle pour les Maîtres Chaircuitiers, a été declarée bonne & valable, avec vingt livres de dommages & intérêts folidairement avec fon mari, & dépens, confifcation de la marchandife faifie: & défenfes à ladite femme Ennequin de récidiver & de colporter pour les Maîtres Chaircuitiers des Marchandifes de porc-frais expofées à la Halle fous plus grande peine.

Voyez cette Sentence en l'Inventaire général des Titres de la Communauté, Chapitre du Regrat.

Par autre rendue par défaut le 15 Janvier 1745. contre le nommé Pitou & fa femme, faifant le commerce de Chaircuitier fans qualité, la faifie fur eux faite de marchandifes de porc, a été déclarée bonne & valable avec confifcation, vingt livres de dommages intérêts & dépens, même de l'impreffion & affiche de ladite Sentence, & défenfes ont été faites audit Pitou & fa femme, ainfi qu'à toutes autres perfonnes fans qualité de vendre & colporter par les rues de cette Ville aucunes marchandifes de porc.

Ledit Pitou & fa femme ayant formé oppofition à cette Sentence; intervint le 12 Février fuivant Sentence contradictoire qui, en les déboutant de leur oppofition, ordonna l'exécution de la premiere avec dépens, à la réferve des vingt livres de dommages & intérêts qui ont été modérés à dix livres.

Par autre Sentence de Police rendue par défaut le 29 Janvier audit an, la faisie faite sur le nommé Joly dit Mirleton *Soldat* aux Gardes de marchandises de porc-frais qu'il avoit enlevé à la Halle, & qu'il revendoit & colportoit par les rues en contravention, a été déclarée bonne & valable, avec confiscation, vingt livres de dommages & intérêts, cinq livres d'amende, & dépens, même de l'impression & affiche de ladite Sentence, avec défense à lui ainsi qu'à tous autres d'enlever aucunes marchandises de porc de dessus le carreau de la Halle, pour les revendre, colporter, ou faire colporter par les rues de Paris.

Par autre Sentence rendue aussi par défaut le 19 Février audit an contre la nommée Marie-Jeanne colporteuse de marchandises de porc qu'elle vendoit & colportoit en contravention, la faisie sur elle faite a été déclarée bonne & valable, avec confiscation, vingt livres de dommages intérêts & dépens, & défenses à elles ainsi qu'à tous autres de colporter aucune marchandise de porc par les rues de cette Ville.

Le 3 Septembre audit an il a encore été rendu une autre Sentence de Police, qui, sur les conclusions des Gens du Roi déclare bonne & valable la faisie faite sur un particulier inconnu de marchandises de porc-frais achetées à la Halle de cette Ville, & qu'il colportoit par les rues, sans avoir voulu déclarer à qui elles appartenoient, s'étant sauvé précipitamment, confisque au profit de la Communauté lesdites marchandises non reclamées, sauf à ladite Communauté à se pourvoir pour ses dommages, intérêts & dépens.

Et le 23 Juillet 1751, malgré la réclamation de Claude Martin Quinte chef-de-cuisine, la faisie faite sur Jean Maury *Soldat* aux Gardes, de plusieurs marchandises de porc, consistantes en deux bouts de derriere, deux jambons, deux bouts de devant dépécées, deux côtés de panne & une échignée du poids d'environ deux cens livres trouvés en colportage rue saint Honoré près de la barriere des Sergents, a été déclarée bonne & valable avec confiscation de la Marchandise & dépens contre lesdits Maury & Quinte.

Voyez toutes ces Sentences en l'Inventaire général des titres de
la Communauté, Chapitre des Fruitiers - Regratiers & gens
sans qualité.

ARTICLE II.

N E pourront lesdits Forains donner aucunes marchandises de porc-frais pour colporter, revendre & regrater dans les Halles, Marchés,

ARTICLE XLIV. *des nouveaux Statuts.*

par les rues, ni ailleurs, & défenfes font faites à tous particuliers de revendre & regrater du porc-frais dans les Marchés, ni dans quelques lieux de la Ville que ce puiffe être, à peine de confifca-tion & d'amende.

AUTORITEZ.

Cet Article comprend deux objets, le Colportage & le Regrat.

Quant au premier objet, voyez les autorités que l'on vient de rap-porter fur la feconde partie de l'Article premier de ce titre.

Et par raport au regrat, il a été rendu en la Chambre de Police le premier Décembre 1724. au profit des Jurés & Communauté des Maî-tres Chaircuitiers, une Sentence par défaut contre Marguerite Joly & Louis le Grand fon mari, par laquelle la faifie de trois morceaux de porc frais achetés par ladite Joly en regrat a été déclarée bonne & va-lable, avec confifcation, fçavoir moitié au profit des Jurés, & l'autre moitié au profit de l'Hôtel-Dieu de Paris, avec défenfes à ladite fem-me & à tous autres de faire le regrat de la marchandife de porc à pei-ne de cinq cens livres d'amende & de confifcation, & pour la contra-vention commife par ladite Joly, elle a été condamnée folidairement avec ledit le Grand fon mari en trois livres d'amende & aux dépens ; lefquels dépens feroient préalablement pris fur le prix de ladite con-fifcation. Et il a en outre ordonné que ladite Sentence feroit imprimée, lue, publiée & affichés partout où befoin feroit.

Voyez cette Sentence en l'inventaire général des titres de la Com-munauté, Chapitre du regrat.

Par l'Arrêt du Parlement du 4 Septembre 1752. portant enregiftre-ment de ces nouveaux Statuts, les Infpecteurs, Vifiteurs, Control-leurs & Langayeurs de porcs ont été entre autres chofes déboutés de la tierce oppofition par eux formée aux Arrêts des 19. Juillet 1745. & 20. May 1748, ainfi que de la demande portée par leur Requête du 22 Février lors dernier, & il a été ordonné que lefdits Arrêts feroient éxécutés felon leur forme & teneur, fauf auxdits Infpecteurs & Vifiteurs à veiller concurremment avec les Syndic & Jurés Chaircuitiers à ce qu'il ne foit fait aucun regrat de la marchandife de porcs.

Voyez cet Arrêt à la fin de ce Recueil enfuite de ces nouveaux Statuts à fa date.

Au furplus voyez toutes les Sentences raportées fur l'Article premier de ce titre.

TITRE DIX-HUITIEME.

DES TUERIES ET ECHAUDOIRS.

A R T I C L E P R E M I E R.

F ERONT les Syndics & Jurés en charge leurs visites dans les Tueries & Echaudoirs pour connoître s'il n'y a point de marchandise de porc défectueuses & en cas qu'il s'en trouve de la faire saisir, & faire assigner les contrevenans pardevant le Sieur Lieutenant Général de Police.

<small>ARTICLE
XXIV.des
nouveaux
Statuts.</small>

A U T O R I T E Z.

Jusqu'à ces nouveaux Statuts les Officiers-Inspecteurs ont toujours prétendu que les visites des marchandises de porcs étant dans les tueries & échaudoirs ainsi que dans les boutiques & magazins des Maîtres Chaircuitiers & par-tout ailleurs, devoient être faites par eux seuls exclusivement, & cette prétention a donné lieu à différens Procès entre eux & la Communauté, & singuliérement à une instance jugée par Arrêt du Parlement du premier Septembre 1749. par lequel lesdits Officiers Inspecteurs avoient été maintenus dans le droit exclusif de faire lesdite visites dans les tueries & échaudoirs, & autres endroits occupés par les Maîtres Chaircuitiers ; mais par Arrêt du Parlement rendu sur l'enregistrement des présens Statuts entre leurs Officiers-Inspecteurs opposans & la Communauté, Monsieur le Procureur Général du Roy a été reçû tiers opposant audit Arrêt du premier Septembre 1749. en ce que par 'icelui lesdits Officiers avoient été maintenus seuls à l'exclusion des Maîtres Chaircuitiers dans le droit de visiter dans les maisons, boutiques, arrière-boutiques & autres endroits occupés par lesdits Chaircuitiers, les chairs lards & autres Marchandises de porcs tant frais que salés & à saler entamées ou non entamées, exposées en vente ou non, même les marchandises qui se trouveroient dans leurs caves ou mettages au sel & dans les séchoirs, faisant droit sur ladite opposition il a été ordonné que les visites dont est question seroient faites par concurrence avec les Inspecteurs-Langayeurs Visiteurs & les Jurés Chaircuitiers, sans que sous ce prétexte les Jurés Chaircuitiers puissent s'arroger le droit de Langueyer qui appartient seul auxdits Officiers.

Voyez le dispositif de cet Arrêt imprimé à la fin de ce Recueil à la suite de ces nouveaux Statuts à sa date.

ARTICLE II.

DÉFENSES aux Maîtres & Veuves, même aux Privilégiés du grand Prévôt ou autres qui font le commerce dans le Fauxbourg faint Antoine & autres lieux prétendus Privilégiés, de tuer ni faire tuer aucun porc que dans les Tueries & Echaudoirs établis & autorifés par le Sieur Lieutenant Général de Police, à peine de faifie confifcation & amende.

AUTORITEZ.

Par les Lettres Patentes du Roy données au Bois de Vincennes le 18. Juillet 1513. Sa Majefté a permis aux Maîtres Chaircuitiers, qu avant ce tems acheroient les chairs de porc pour leur ufage aux bou cheries Jurées de cette Ville de Paris, d'aller dorénavant acheter & en lever lefdites marchandifes dans les Marchés de la Ville de Paris & par tout ailleurs en fon Royaume où bon leur fembleroit aux charges & conditions que les porcs par eux ainfi achetés payeroient les droits & impofitions ordinaires & accoutumées, qu'ils feroient vûs, vifités & langueyés par ceux qu'il appartiendroit, & tués par ceux à ce député ès lieux accoutumés.

Voyez ces Lettres Patentes à la fin de ce Recueil à la fuite de ce nouveaux Statuts, où elles font imprimées à leur date.

Il à toujours été d'ufage jufqu'à préfent de faire tuer les porcs qu s'achetent par les Maîtres Chaircuitiers, Chaircuitiers privilégiés & au tres faifant ledit commerce dans les Fauxbourg faint Antoine & autre lieux prétendus privilégiés, dans les tueries & échaudoirs établis en ce te Ville de Paris, au nombre de trois, fçavoir un rue neuve faint Mar tin cul-de-fac des Chiffonniers, un autre dans la rue des vieilles Thuil leries Fauxbourg faint Germain & le dernier rue d'Orléans Fauxbour faint Marceau.

Ce n'eft point la Communauté qui eft propriétaire de ces différen échaudoirs, ils appartiennent au contraire à différents particulie auxquels chaque Maître qui va faire tuer & bruler des porcs, comm nément paye vingt-fols par chacun des porcs qu'il y tue, aux cond tions néanmoins que le Concierge du dit échaudoir fafle voiturer che les Maîtres Chaircuitiers & a fes frais, chacun des porcs tués, doi il eſt reſponſable juſqu'au moment de la remiſe d'iceux chez leſdits Maîtres.

L'établiſſement de ces turies ou échaudoirs ne ſe fait qu'après que le Magiſtrat de Police affiſté de Monſieur le Procureur du Roy au Châtelet ſe ſont tranſportés ſur l'endroit déſigné pour conſtruire ledit échaudoir, pour par eux dreſſer Procès-Verbal des lieux, enſuite duquel le Magiſtrat ordonne ſur les concluſions dudit Procureur du Roi qu'il ſera informé de la commodité ou incommodité dudit établiſſement, à l'effet de quoi il ordonne que les Syndic & Jurés Chaircuitiers comme témoins néceſſaires ſeront entendus dans l'information, enſemble douze notables Bourgeois du quartier & voiſins de l'établiſſement futur, pour ladite information faite communiquée audit Procureur du Roi, & rapportée être ſur ſes concluſions ordonné ce qu'il appartiendra.

La Communauté par les raiſons ci-deſſus expliquées n'a par devers elle aucune piéce juſtificative de ces établiſſemens; mais pour donner une notion certaine de ce qui s'eſt toujours pratiqué par rapport à iceux les Syndic & Jurés de préſent en charge ont pris en communication du Sieur Renouard l'un des Maîtres de leur Communauté & propriétaire de l'échaudoir, rue des vieilles Thuilleries, ſix piéces relatives à l'établiſſement dudit échaudoir, qui ſont ; la premiere une Sentence du 20 Mai 1738. qui ordonne le tranſport du Magiſtrat de Police & de Monſieur le Procureur du Roy, à l'effet de conſtater l'état des lieux ainſi que l'information *de commodo vel incommodo.* La deuxiéme, l'information faite d'office en conſéqence par Monſieur Herault lors Lieutenant Général de Police le 16 Juin 1738. La troiſiéme l'expédition du Procès-Verbal fait en conſéquence par leſdits Sieurs Herault & Procureur du Roy le 26 du même mois. La quatriéme une autre Sentence du neuf Juillet audit an, par laquelle les Parties ont été renvoyées ſur le tout a l'Audience de la Chambre de Police, & les deux autres piéces ſont des Requêtes verbales ſur le renvoi à l'Audience.

Ces même piéces ont été remiſes audit Sieur Renouard comme propriétaire de l'échaudoir en queſtion.

TITRE DIX-NEUVIEME.

DE LA PERMISSION D'OUVRIR LE.
Boutiques les jours de Dimanches & Fêtes.

ARTICLE UNIQUE.

DÉFENDONS à tous les Maîtres & Veuves de l
Communauté de tenir leurs boutiques ouverte
ni débiter aucunes marchandifes les quatre principale
Fêtes de l'année & les quatre Fêtes de Vierge feule
ment, à peine d'amende,& leur permettrons de les teni
ouvertes , vendre & débiter les autres Dimanches &
Fêtes de l'année, fuivant les Arrêts du Parlement d
vingt-deux Janvier quinze cent quatre vingt-dou
ze & quinze Juin mil fept cent trente trois.

AUTORITEZ.

L'Arrêt du Parlement du 22 Janvier 1592. permet aux Maîtr
Chaircuitiers de la Ville & Fauxbourgs de Paris d'ouvrir leurs Bout
ques, fenêtres & ouvroirs , pour y vendre & débiter chairs de porc
au public , tant cuites que crues, les jours des faints Dimanches, &
autres Fêtes commandées par l'Eglife , fors & excepté aux quatre bon
nes Fêtes de l'an; & quatre Fêtes de la glorieufe Vierge Marie ,
leur défend d'ouvrir , finon fuivant leurs Statuts & priviléges & pe
miffion du Prévôt de Paris où de fon Lieutenant, à quoi les Maîtr
Chaircuitiers ne feront troublés ni empêchés par les Commiffair
du Châtelet, Huiffiers , Sergens, Intendans de la Police ni autres.

Et par l'Arrêt du 15 Juin 1733. rendu fur les conclufions du m
niftére public , la Cour ordonne l'exécution de celui ci-deffus, & fu
vant icelui, conferve les Jurés & Communauté des Maîtres Chaircu
tiers dans le droit & poffeffion où ils font , & leur permet d'ouvrir leu
Boutiques , ouvroirs & fenêtres, pour y vendre & débiter chairs c
porcs au public , tant cuites que crues, tous les jours de Dimanch
& Fêtes commandées par l'Eglife , excepté les quatre principales Fêt
de l'année , & quatre Fêtes de Vierge , avec défenfes aux Commiffair

du Châtelet & autres Officiers de Police de les y troubler.

En vertu de ces deux Arrêts, les Jurés de la Communauté faifant leurs vifites le jour de la Conception de la Vierge de 1737, firent conftater par un Commifaire que la boutique de Jean Baptifte Jacquef-fon Maître Chaircuitier étoit entrebaillée ledit jour de quatre ais hors de leur couliffe en dehors & fur le bord d'appui, & qu'à la porte de Jean Baptifte Renouard fils auffi Maître Chaircuitier, il y avoit le dit jour de la Conception de la Vierge de 1737. une nappe attachée, fur laquelle il y avoit plufieurs morceaux de porc frais ; &, fur le rapport & lecture dudit Procès-Verbal du Commiffaire, lefdits Jacqueffon & Renouard ont été condamnés par Sentence de Police du 28 Mars 1738. chacun en fix livres de dommages & intérêts & aux dépens ; avec dé-fenfes à eux de vendre ni étaler aucunes marchandifes les jours de Fê-tes confacrées à la Vierge, laquelle Sentence feroit imprimée, lue, publiée & affichée.

Voyez ces deux Arrêts & cette Sentence en l'Inventaire général des titres de la Communauté, Chapitre des Réglemens.

TITRE VINGTIEME.

DE LA PERMISSION DE VENDRE ET
employer les iffuës & abbatis de Bœufs, Veaux & Mouton.

ARTICLE UNIQUE.

PERMIS aux Maîtres & Veuves d'acheter & employer les iffuës & abbatis des Bœufs, Veaux & Moutons, & les vendre & débiter.

ARTICLE XXXVII. *des nouveaux Sta-tuts.*

AUTORITEZ.

Cet Article paroît n'avoir été inféré dans ces nouveaux Statuts, que pour confirmer l'ufage conftant, & affurer le droit & poffeffion où ont toujours été les Maîtres Chaircuitiers de pouvoir acheter ces fortes de marchandifes fans aucune contradiction & même lors de l'enregiftre-ment d'iceux ce droit ne leur a point été contefté, il leur a feulement été défendu, par l'Arrêt du 4 Septembre 1752, de fe fervir, fous le prétexte de ce préfent Article, des iffuës, abbatis de bœufs, veaux &

K

moutons, pour en compofer des ragouts, avec permiffion de s'en fervir feulement pour les ouvrages de leur profeffion.

Voyez le prononcé de cet Arrêt à la fin de ce Recueil enfuite de ces nouveaux Statuts à fa date.

TITRE VINGT & UNIEME.

DES ACHAPTS DE PORCS QUE PEUVENT faire les Maîtres de la Communauté.

ARTICLE UNIQUE.

ARTICLE XXXVIII. des nouveaux Statuts.

DÉFENDONS aux Maîtres & Veuves & Privilégiés d'acheter aucunes marchandifes dudit métier aux environs de Paris, & dans l'étendue de vingt lieues, & aux Chaircuitiers des environs de Paris & banlieue d'en vendre ni débiter aux Maîtres & Veuves, ni d'en colporter dans Paris, à peine contre les contrevenans de confifcation & de cinq cens livres d'amende, dont moitié applicable au profit de fa Majefté, & l'autre moitié au profit de la Communauté.

AUTORITEZ.

Deux objets font compris dans cet Article. Le premier concerne les Maîtres & Veuves de la Communauté ainfi que les Privilégiés, auxquels il eft fait défenfes d'acheter aucunes marchandifes de porcs ès environs de Paris & dans l'étendue de vingt lieues.

Et le deuxième concerne les débitans de porcs frais des villages des environs de Paris, auxquels il eft fait défenfes de vendre aucunes marchandifes de porcs aux Maîtres & Veuve de Maîtres Chaircuitiers & d'en colporter dans Paris.

Par raport au premier objet. Par Arrêt du Confeil du 29 Novembre 1710, Sa Majefté a entre autres chofes fait défenfes aux Maîtres Chaircuitiers de la Ville & Fauxbourg de Paris de faire leurs achats de porcs dans l'étendue des vingt-lieues, ailleurs que dans les marchés de Paris, Poiſſy & Sceaux, à peine de confiſcation & de cinquante livres d'amende.

Voyez cet Arrêt au Recueil des Réglemens de la Communauté, Chapitre des Marchands Forains, tom. 1.

Par Sentence de Police du 9 Juin 1741. homologative de la délibération de la Communauté du cinq Mai précédent, il eſt fait défenſes à tous les Maîtres qui compoſent la Communauté des Maîtres Chaircuitiers de faire le commerce de porcs en vie.

Voyez cette Sentence au Recueil des Réglemens de la Communauté, Chapitre de la Police des Marchés. Tom. 2.

Par autre Sentence de Police du 9 Septembre 1746. rendue contradictoirement ſur délibéré entre les Syndic, Jurés & Communauté des Maîtres Chaircuitiers d'une part, & Nicolas Pierre Queſnel Maître Chaircuitier à Paris oppoſant à l'exécution des délibération & Sentence ci-deſſus, il a été ordonné que ſans avoir égard à l'oppoſition dudit Queſnel de laquelle il a été débouté, leſdites délibération & Sentence ſeroient exécutées ſelon leur forme & teneur, en conféquence que les Maîtres Chaircuitiers qui feroient des achats de porcs au delà des vingt lieues de Paris, ſeroient tenus, conformément à l'Ordonnance du mois de Juin 1680, d'en amener le tiers au marché de Paris, pour y être vendu & loti ſur le pied deſdits achats, avec permiſſion de conduire les deux autres tiers dans leurs maiſons ; il eſt en outre enjoint auxdits Maîtres Chaircuitiers de faire au Bureau de la Communauté la déclation des porcs par eux achetés, de rapporter le certificat du Juge, du Notaire ou tabellion du lieu où ils auront acheté leſdits porcs, avec quittances notariées en bonne forme du payement du prix d'iceux contenant numeration de deniers & qualité d'eſpéces, à peine de ſaiſie & amende, leſquelles Déclarations, certificats ou quittances le Syndic ou l'un des Jurés de la Communauté ſeront tenus de viſer, après en avoir fait mention ſur un Regiſtre, dont les feuillets ſeront paraphés par premier & dernier par le Sieur Lieutenant Général de Police, & pour la contravention commiſe par ledit Queſnel & n'avoir point fait ſa Déclaration, ni repréſenté ſes certificats d'achats, & quittances notariées des porcs par lui achetés au delà de vingt lieues, conformément à l'Article 12 du titre des droits ſur le bétail à pied fourché de l'Ordonnance du mois de Juin 1680, il a été envers la Communauté condamné en vingt livres d'aménde, trente livres de dommages & intérêts & aux dépens même de l'impreſſion, publication & affiche de ladite Sentence.

Voyez cette Sentence en l'Inventaire général des Titres de la Communauté, Chapitre de la Police des Marchés.

Au furplus voyez ci-après les autorités raportées fur le fecond objet de l'Article premier du titre 24 de ces préfens Statuts.

Quant au fecond objet conrenu en cet Article. L'Arrèt du Confeil du 20 Juillet 1728. porte entre autres chofes des défenfes expreffes aux débitans de porc frais du village de Nanterre & autres endroits circonvoifins, d'apporter à la Halle de Paris des porcs qui ne foient coupés en quatre quartiers, avant d'entrer aux barrieres, au deffus du roignon & à la feconde côte, d'y en faire porter de plus grands morceaux, d'en vendre aux Maîtres & Veuves de Maîtres Chaircuitiers, & à tous Chaircuitiers Privilegiés du grand Prevôt & autres d'y en acheter.

Voyez cet Arrêt dans le Recueil des Réglemens de la Commu-
nauté, Chapitre des Chaircuitiers Forains. Tom. 1.

Par Sentence rendue contradictoirement le 4 Janvier 1732. la faifie faite fur François Jamin, Jean & Catherine Sizaine & Georges Plainchamp Chaircuitier forains, a été déclarée bonne & valable avec confifcation, vingt livres chacun d'amende & dépens même de l'impreffion & affiche de ladite Sentence, avec défenfes de plus à l'avenir apporter à la Halle des marchandifes de porcs, fi elles ne font coupées, ainfi qu'il eft prefcrit par les Réglements, & d'en vendre aux Maîtres Chaircuitiers, même aux Chaircuitiers Privilégiés, à peine d'être interdits pour toujours de la faculté de vendre aucune marchandife à la Halle & autres marchés de cette Ville.

Par Sentences de Police des 12 Décembre 1732. & 5 Juin 1733. il a entre autres chofes été fait défenfes, par la premiere, à Jacques Giroux & Louis Vallier débitans de porc frais de Nanterre d'en apporter à la Halle qui ne foit coupé aux termes de l'Arrêt du Confeil du 20 Juillet 1728, & d'en vendre aux Maîtres Chaircuitiers & Chaircuitiers Privilégiés, à peine d'interdiction de leur commerce à la Halle, & d'emprifonnement, & pour la contravention par eux commife, ils ont été condamnés chacun en trente livres de dommages & intérêts, cinq livres d'amende & aux dépens, & à l'impreffion & affiche de ladite Sentence. Et par la feconde, ledit Giroux a été débouté de l'oppofition par lui formée à la premiere, en conféquence il a été ordonné qu'elle feroit exécutée felon fa forme & teneur avec dépens, à l'exception néanmoins des dommages & intérêts qui ont été modérés à la fomme de vingt cinq livres.

Voyez cette Sentence en l'Inventaire général des titres de la Com-
munauté, Chapitre des Chaircuitiers Traiteurs.

Voyez auſſi les autorités raportées ſur l'Article premier du titre vingt-troiſiéme de ces nouveaux Statuts.

A l'égard des défenſes portées par cet Article contre le colportage, voyez les Arrêts Sentences & Réglemens rapportés ci-devant ſur les Articles premier & deuxiéme du titre dix-ſeptiéme de ces nouveaux Statuts.

TITRE VINGT-DEUXIEME.

DES DEFENSES FAITES AUX MAITRES
de la Communauté de courir ſur leurs Confreres.

ARTICLE UNIQUE.

DÉFENDONS aux Maîtres & Veuves de faire courir des billets pour annoncer la vente de leurs marchandiſes, à peine de trois cens livres d'amende applicables comme deſſus.

Article XXXIX. des nouveaux Statuts.

AUTORITEZ.

Par Sentence de Police du 11. Janvier 1737. rendue par défaut contre André Allain Maître de la Communauté, il lui a été fait défenſes de plus à l'avenir courré ſur ſes Confreres, répandre & débiter ni faire débiter des billets, pour faire annoncer la vente de ſes marchandiſes, ſous peine de fermeture de ſa boutique, & pour l'avoir fait, il a été condamné en trois cens livres d'amende, trente livres de dommages & intérêts & aux dépens.

Et ſur l'oppoſition formée par ledit Allain à cette Sentence, par autre du 19 Juillet audit an contradictoirement rendue contre lui, ſur l'avis de Monſieur l'Avocat du Roy, il a été fait défenſes audit Allain de faire courir ni diſtribuer aucuns billets pour annoncer la vente de ſes marchandiſes, & il a été condamné aux dépens pour tous dommages & intérêts, avec injonction aux Syndic & Jurés en charge de la Communauté de tranſcrire ſur le Regiſtre de la Communauté l'Ordonnance de Police du premier Juillet 1734, portant défenſes à tous Marchands de courir les uns ſur les autres en répandant & diſtribuant des billets

pour annoncer la vente de leurs marchandifes, & ce dans un mois
pour toute prefixion & délai.

*Voyez ces deux Sentences en l'Inventaire général des titres de
la Communauté, Chapitre des Maîtres de la Communauté.*

TITRE VINGT TROISIEME.
DES CHAIRCUITIERS FORAINS.

ARTICLE I.

*Article
XLI. des
nouveaux
Statuts.*

LES particuliers Forains vendans du porc frais
à la Halle de cette Ville les Mercredi & Samedi jours ordinaires de marché, ne pourront apporter à Paris aucunes marchandifes de porcs, qui ne
foient coupés par quartiers à la feconde côte au-
deffus du roignon, avant d'entrer aux barrieres,
à peine de confifcation, & de cinq cens livres d'a-
mende, & ne pourront lefdits Forains expofer leur
marchandife en vente, ni s'arrêter dans les rues de
la Ville avec leurs charettes fous quelque prétexte
que ce foit, même celui de délivrer leur marchandife aux Bourgeois, & ils feront tenus de la vendre, porter & expofer en vente fur le carreau de
la Halle, à peine de confifcation & de cinq cens
livres d'amende, applicables comme deffus.

AUTORITEZ.

Il y a encore deux objets de renfermés dans cet Article. A l'égard
du premier, une multitude de Réglemens prefcrivent la forme, dans
laquelle les marchandifes de porcs doivent être coupées, avant d'être
expofées en vente; & le premier & plus ancien que l'on connoiffe,
eft l'Ordonnance du mois de Juin 1680. au titre des droits fur le bétail
à pied fourché.

*Voyez cette Ordonnance en l'Inventaire général des titres de
la Communauté, Chapitre des Recueils.*

Par l'Arrêt du Conseil du 20 Juillet 1728. Sa Majesté a ordonné que les Articles dixiéme & quinziéme & vingt-neuviéme de l'Ordonnance de 1680. du titre des droits sur le bétail à pieds fourché, ensemble les Arrêts du Conseil, ceux de la Cour des Aydes, & les Ordonnances de Police des huit Mars 1712, 16 Septembre 1716, 16 Juin 1717. & 27 Octobre 1719. seroient exécutés selon leur forme & teneur, ce faisant défenses ont été faites aux Chaircuitiers-Forains d'apporter à la Halle de Paris des porcs qui ne soient coupés en quatre quartiers, avant d'entrer aux barrières, à la seconde côte au-dessus du roignon, d'y en faire porter de plus grands morceaux, d'en vendre aux Chaircuitiers directement ni indirectement, & à tous Chaircuitiers Privilégiés du Sieur Grand Prévôt, & autres d'y en acheter par quartiers ou en morceaux, sous leur nom ou sous celui des bourgeois, auxquels Sa Majesté fait expressément défenses de le porter, le tout à peine de cinq cens livres d'amende pour chaque contravention, de décheance de maîtrise & de privilége, & autre plus grande peine, s'il y échoit. Enjoint Sa Majesté aux commis des barrières de saisir les porcs appartenans aux Chaircuitiers Forains, qui ne seroient point coupés en la maniere susdite, & leur défend d'en laisser entrer d'autres pour le compte desdits Forains, ordonne au surplus Sa Majesté que les Statuts, Arrêts, Sentences & Réglemens de Police seront exécutés selon leur forme & teneur, avec injonction au Sieur Lieutenant Général de Police de tenir la main à l'exécution dudit Arrêt qui seroit imprimé, lû, partout où besoin seroit.

Voyez cet Arrêt au Recueil des Réglemens de la Communauté, Chapitre des Chaircuitiers Forains, tom. 1.

Par Sentence contradictoirement rendue en la Chambre de Police le 4 Janvier 1732. au profit de la Communauté des Maîtres Chaircuitiers contre François Jamin, Jean & Catherine Sizaine & Georges Plainchamp débitans de porc frais, demeurants à Nanterre, la saisie sur eux faite de marchandises de porcs, non coupés de la maniere prescrite par l'Arrêt du Conseil ci-dessus rapporté, a été déclarée bonne & valable, avec défenses de plus à l'avenir en apporter à la Halle; qui ne soit coupée ainsi qu'il est prescrit par les Réglemens, & d'en vendre aux Maîtres Chaircuitiers & Chaircuitiers Privilégiés, à peine d'interdiction pour toujours de la faculté de vendre aucune marchandise à la Halle, & autres Marchés de cette Ville; & pour la contravention par eux commise, ils ont été condamnés chacun en vingt livres d'amende & aux dépens, même au coût de l'impression & affiche de ladite Sentence, partout où besoin seroit, notamment aux Halles, Marchés & barrière de cette Ville.

Différens particuliers de Nanterre, & autres lieux circonvoifins débitans de porc-frais à la Halle, ont été faifis, & les faifies fur-eux faites des marchandifes de porcs-frais qu'ils apportoient à la Halle, fans être coupées, ainfi qu'il eft ordonné par le fufdit Arrêt du Confeil, ont été déclarées bonnes & valables par différentes Sentences de Police, avec confifcation, dommages intérêts, amende & dépens, même publication & affiche d'aucune defdites Sentences, & défenfes à l'avenir d'en apporter de pareilles fous plus grande peine.

La premiere du 22 Février 1732. contre Pierre Chantepy.

La feconde du premier Février 1737. contre Maurice Carthery & fa femme.

La troifiéme du 31 Janvier 1738. contre Pierre Mony.

La quatriéme du 9 Février 1742. contre Michel le Comte.

La cinquiéme du 23 Novembre audit an contre Mathieu Rouffe

La fixiéme du 15 Novembre 1743. contre Nicolas Plain-champ.

La feptiéme du 21 Août 1744. contre le nommé le Roux.

La huitiéme du 20 Novembre audit an contre le nommé Rouffe

La neuviéme du 19 Mars 1745. contre Louis de Rancy.

La dixiéme du 12 Août 1746. contre Jacques Giroux.

La onziéme du 2 Septembre audit an contre le nommé Dugue

La douziéme du 3 Mars 1747. contre le nommé Vigner.

La treiziéme du 9 Juin audit an contre Antoine Plain-champ.

La quatorziéme du même jour contre Nicolas Plain-champ.

La quinziéme du 15 Décembre audit an contre Simon & Jérôn Giroux, Antoine Belayre & Claude le Roux.

La feiziéme du 14 Novembre 1749. contre Georges Plain-champ fa femme.

La dix-feptiéme du trente Janvier 1750. contre Nicolas - Georges Plain-champ.

Et la dix-huitiéme du 2 Juillet 1751. contre le nommé Vigner & fa femme.

> *Voyez toutes ces Sentences tant en l'Inventaire général des ti-tres de la Communauté, Chapitre des Chaircuitiers Forains, qu'au Recueil des Réglemens d'icelle, même Chapitre, tom. 1.*

Indépendamment de toutes ces Sentences contradictoires, il y en a un grand nombre d'autres par défaut concernant le même objet & portant les mêmes défenfes, mais que l'on n'a pas crû devoir rapor-ter ici pour éviter la prolixité. Au furplus voyez toutes ces Sentence par défaut tant en l'Inventaire général des titres de la Communauté, au Chapitre des Chaircuitiers-Forains qu'au Recueil des Réglemens d'i-celle, même Chapitre, tom. 1.

Par autre Arrêt du Confeil du 25 Décembre 1742, Sa Majefté a entre autre chofe ordonné l'exécution de l'Ordonnance du mois de Juin 1680. & de l'Arrêt du Confeil de 1728, en conféquence il a été fait défenfes aux Chaircuitiers Forains de faire entrer à Paris des marchandifes de porc-frais hors les jours de marché, & avant l'heure prefcrite par l'Ordonnance, Sa Majefté veut que lefdites marchandi-fes de porc foient coupées en quatre quartiers à la feconde côte au-deffus du roignon, les poitrines y tenantes, le tout à peine de confif-cation & de cinq cens livres d'amende, avec permiffion auxdits Fo-rains de faire entrer pareille marchandife & de la même maniere les jours de Foires de Long-jumeau, Saint Ouën & Saint Laurent, & in-jonction aux Commis des barrieres de faifir & arrêter les marchan-difes defdits Forains qui feroient en contravention, & au Sieur Lieu-tenant Général de Police de tenir la main à l'exécution dudit Arrêt qui feroit imprimé, lû, publié & affiché par-tout ou befoin feroit.

> *Voyez cet Arrêt au Recueil des Réglements de la Communauté, Chapitre des Chaircuitiers-Forains, tom. 1.*

Quant au fecond objet, il paroît que le Réglement porté en icelui n'a été fait que pour affurer la vifite des marchandifes fur le carreau de la Halle, avant qu'elles puiffent être expofées en vente. Et il n'y a fur ce fecond objet d'autres autorités que celles ci-devant rapportées fur les différens Articles du titre quatorziéme de ces préfents Statuts.

L

ARTICLE II.

DÉFENSES aufdits Forains d'apporter ni expoſer en vente aucuns jambons ni lard ſalés,
cervelats, boudins, ſauciſſes, andouilles, langues
& autres marchandiſes de porcs cuites ni ſalées &
crues, ainſi qu'il a été ordonné par les Sentences
& Réglemens de Police des trente Janvier & douze Décembre mil ſept cent trente-trois & , treize
Avril mil ſept cent quarante-deux, à peine de ſaiſie, confiſcation, & de trois cens Livres d'amende
applicables comme deſſus.

AUTORITEZ.

Par Sentence de Police rendue par défaut le 30 Janvier 1733. au
profit de la Communauté contre Nicolas Remon & ſa femme, & Jacques le Doux débitants de porc-frais demeurants à Nanterre, la ſaiſie
de boudin ſur eux faire a été déclarée bonne & valable, avec confiſcation & défenſes ainſi qu'à tous autres débitans de porc-frais, d'apporter & expoſer en vente dans les Marchés & autres endroits de cette Ville aucunes marchandiſes de boudins, cervelats ſauciſſes cuites
& autres marchandiſes du métier de Chaircuitier, ſoit les jours de
Marché ou autres, à peine de ſaiſie & de confiſcation, même d'ê-
tre exclus deſdites Halles & Marchés, & ſous telle autre peine
qu'il appartiendroit, & pour la contravention par eux commiſe ils
ont été condamnés chacun en trente livres de dommages & intérêts, vingt livres d'amende & aux dépens, même de l'impreſſion, publication & affiche de ladite Sentence.

Par deux Sentences rendues en la Chambre de Police, l'une par
défaut le vingt-trois Novembre 1736. & l'autre contradictoirement le
premier Février 1737. contre Maurice Carthery & ſa femme, il leur
a été fait défenſes, ainſi qu'à tous autres débitans de porc-frais, d'apporter & expoſer en vente ſur le carreau de la Halle & autres endroits de cette Ville des boudins, ſauciſſes, andouilles & autres viandes cuites du métier de Chaircuitier, & pour la contravention commiſe par la femme dudit Carthery, elle a été condamné en quinze livres
de dommages & intérêts, ledit Carthery perſonnellement mis hors de
Cour, & il a été ordonnée que leſdites Sentences ſeroient imprimées,

lues publiées & affichées par-tout où befoin feroit.

Par autre Sentence de Police du 13 Décembre 1737. rendue fur la Requête des Syndic, Jurés & Communauté des Maîtres Chaircuitiers & les conclufions des Gens du Roy, l'exécution des Statuts, Sentences & Arrêts concernant ladite Communauté a été ordonnée & notamment des Sentences de Police des 23 Novembre 1736 & 1 Février 1737, en conféquence il a été fait défenfes à tous particuliers & particulieres de colporter, vendre & débiter dans la Ville & Fauxbourgs de Paris des boudins, cervelats, faucilles, andouilles & autres marchandifes cuites de la profeffion de Chaircuitier, à peine de cinquante livres d'amende contre chacun des contrevenants, faifie & confifcation des Marchandifes, que les Jurés pourront même faire jetter à l'eau dans le cas de défectuofité comme indignes d'entrer dans le corps humain, dont il feroit fait mention dans les Procès-verbaux de faifie, avec permiffion auxdits Syndic & Jurés, dans le cas de rébellion de la part defdits colporteurs & colporteufes, de les faire emprifonner, & à cet effet de fe faire accompagner d'un Commiffaire au Châtelet, & affifter d'un Huiffier & autres Officiers de Juftice, auxquels il eft enjoint de tenir la main à l'exécution de ladite Sentence qui feroit à la diligence defdits Syndic & Jurés imprimée, lue, publiée & affichée dans les Halles & dans tous les endroits ordinaires & accoûtumés de cette Ville & par-tout où befoin feroit.

Par autre Sentence de Police contradictoirement rendue le 13 Avril 1742. au profit de la Communauté contre le nommé Vigner débitant de porc-frais demeurant au Roulle, la faifie fur lui faite d'un jambon qu'il vendoit en contravention, a été déclarée bonne & valable, & néanmoins, par grace & fans tirer à conféquence, il a été ordonné que ledit jambon lui feroit rendu, avec défenfes audit Vigner & à tous autres débitans de porc-frais, de vendre des jambons & lards falés aux Halles & Marchés de cette Ville, & pour la contravention par lui commife, il a été condamné en dix livres de dommages & intérêts, trois livres d'amende & aux dépens, même de l'impreffion, publication & affiche de ladite Sentence.

Voyez ces Sentences au Recueil des Réglemens de la Communauté ;
Chapitre des Chaircuitiers-Forains , tom. 1.

Par l'Arrêt du Parlement du 4 Septembre 1752, rendu fur l'enregiftrement de ces nouveaux Statuts, le Marché du Parvis Notre-Dame eft excepté des défenfes portées tant par cet Article que par les différentes Sentences ci-deffus en ces termes : Sans, que fous le prétexte de l'Article quarante-deuxiéme , les Chaircuitiers puiffent empêcher les Marchands Forains d'apporter, expofer en vente au Marché du Parvis Notre-Dame les jambons, lards & autres marchandifes falées qu'ils ont coûtume d'y apporter.

Voyez le prononcé de cet Arrêt à la fin de ce Recueil, enfuite de ces nouveaux Statuts à fa date.

ARTICLE III.

ARTICLE XLIII. des nouveaux Statuts.

SI lefdits Forains n'ont point vendus dans la matinée toute la marchandife de porc-frais par eux apportée, ils ne pourront mettre & laiffer dans les maifons voifines de la Halle ce qui leur fera refté, ni le donner aux Regratiers : mais pourront le laiffer en vente jufqu'à trois ou quatre heures de relevée, après lequel tems la marchandife de porc-frais qui n'aura pas été vendue, ne poura être emportée ni ferrée, pour être expofée aux jours de Marchés fubféquents; mais fera mife au rabais, & défenfes font faites auxdits Forains de hauffer du matin à l'après-dîner le prix de ladite Marchandife, le tout à peine de confifcation & de cent livres d'amende tant contre lefdits Forains, que contre lefdits particuliers qui auront reçû ou ferré ladite marchandife reftante.

AUTORITEZ.

Par Sentence rendue par défaut en la Chambre de Police le 13 Décembre 1743. au profit de la Communauté des Maîtres Chaircuitiers contre Pierre Maury débitant de porc frais fur lui faite, a été déclarée bonne & valable, avec confifcation & défenfes audit Maury & à tous autres débitans de porc frais de remporter de la Halle de cette ville les marchandifes de porc frais qu'ils y auroient amenées pour être vendues, ni de les refferrer pour être expofées au marché fuivant, à peine de cinquante livres d'amende, & pour l'avoir fait, il a été envers ladite Communauté condamné en vingt livres de dommage & intérêts &

aux dépens, même au coût de l'impreffion & affiche de ladite Sentence
par-tout où befoin feroit.

Voyez cette Sentence en l'Inventaire général des titres de la Communauté. Chapitre des Chaircuitiers-Forains.

Quant aux deux derniers objets de Police contenus dans le préfent
Article, le premier, qui ordonne que les marchandifes de porc frais
qui auront été apportées à la Halle par les habitans des villages circonvoifins de Paris, & qui n'auront pu y être vendues avant les quatre
ou cinq heures du foir, feront mifes aux rabais, & le fecond, qui fait
défenfes auxdits habitans des villages circonvoifins de Paris, de hauffer le prix de leurs marchandifes l'après midi, au-delà de ce qu'ils les
auront vendues le matin, il n'y a jufqu'à préfent aucun autorité; & fi
ces deux objets de Réglement ont eu lieu, ce n'a été que dans la vûe de
procurer l'abondance defdites marchandifes dans cette ville, & par
une conféquence néceffaire, d'en diminuer le prix en faveur du
Public.

ARTICLE IV.

DÉFENSES aux Forains débitans du porc-
frais d'en vendre de gâté & prohibé, à peine de confifcation, de cinq cens livres d'amende,
même de punition corporelle, s'il y échoit.

ARTICLE
XLV. *les
nouveaux
Statuts.*

AUTORITEZ.

Par Sentence de Police rendue par défaut le 25 Janvier 1726. au
profit de la Communauté des Maîtres Châircuitiers, contre Jean Baptifte
Muffard débitant de porc frais à Nanterre, la faifie fur lui faite de
marchandifes de porcs ladres & défectueux par lui expofée en vente a été
déclarée bonne & valable, en conféquence les graiffes diftraites defdites
marchandifes ont été déclarées acquifes & confifquées au profit de la
Communauté, avec défenfes audit Muffard & à tous autres d'apporter
à l'avenir dans cette ville de Paris ni d'expofer en vente à la Halle &
autres lieux, des marchandifes de porcs ladres, défectueufes & indignes
d'entrer dans le corps humain, & pour par ledit Muffard l'avoir fait,
il a été envers la Communauté condamné en quarante livres de dommages & intérêts, & aux dépens.

Par autre Sentence auffi rendue par défaut en la Chambre de Police
le 8 Mars audit an au profit de la Communauté des Maîtres Châircuitiers, contre Antoine fe Noble débitant de porc frais à Nanterre,
la faifie fur lui faite à la Halle de deux quartiers de devant de porc

ladre & furfemé, a été déclarée bonne valable, les graiffes qui ont été diftraites des chofes faifies, acquifes & confifquées au profit des Jurés de la Communauté, avec défenfes audit le Noble de plus récidiver, & pour la contravention par lui commife, il a été condamné en dix livres de dommages & intérêts, dix livres d'amende & aux dépens.

Voyez ces Sentences en l'Inventaire général des Titres de la Communauté. Chapitre des Chaircuitiers-Forains.

Par l'Arrêt du Parlement du quatre Septembre 1752. rendu fur l'en-tegiftrement de ces nouveaux Statuts, le droit de vifite des Syndic & Jurés Chaircuitiers, défenfes & facultés exprimées ès Articles 26. 27. 28. 29. 30. 31. 32. 34. 35. 40. 41. 42. 43. 44. 45. & qua-rante-fixiéme de ces nouveaux Statuts, relativement aux Infpecteurs Controlleurs, Vifiteurs & Langayeurs de porcs, ont été reftraints & il a été dit que ces vifites ne pourroient nuire ni préjudicier auxdit Infpecteurs, auxquels la vifite exclufive des porcs, lards, chairs & graiffes de porcs appartient, fçavoir, à la Halle fur les marchandifes de porcs qui s'y vendent par les débitans de porc frais, & au marche du parvis Norre-Dame, & dans tous les endroits publics où fe vendent ordinairement lefdits porcs ou marchandifes de porc, où font ex pofés en vente.

Voyez le prononcé de cet Arrêt à la fin de ce Recueil enfui te de ces nouveaux Statuts à fa date.

ARTICLE V.

ARTICLE XLVI. *des nou- veaux Sta- tuts.*

LES Forains ou leurs domeftiques vendron en perfonne, fans pouvoir fe fervir du Minif tere de facteurs ou factrices réfidants à Paris, n aux Marchés, à peine de cent livres d'amende tan contre les Marchands, que contre les Facteurs o Factrices.

AUTORITEZ.

Il eft du carreau de la Halle, par rapport aux débitans de porc fra de Nanterre & autres villages circonvoifins, comme ileft du Carrea de la Vallée à l'égard du Marchand forain de volailles & gibier. Ju qu'à préfent il n'y a eu aucunes autorités fur lefquelles le préfent A ticle foit fondé, eft s'il a eu lieu pour la bonne Police de la Ville c Paris, ce ne peut être qu'à l'inftar de l'Article vingt trois des Statu de la Communauté des Maîtres Rotiffeurs du mois de Juin 1744. R giftré en Parlement le 10 Janvier 1747, par lequel il eft défendu

tous les Marchands Forains de volailles & gibier, aux termes du Réglement de Police du 7 Mai 1647, de fe fervir d'aucuns facteurs ou
factrices pour vendre lefdites marchandifes, avec injonction de les vendre eux-même fur le carreau de la Vallée, & non ailleurs, fans pouvoir employer à cet effet Facteurs ni Entremetteurs, ni cacher, ou dé-
tourner aucune de leurs marchandifes à peine de deux cens livres d'a-
mende applicables moitie au profit du Roy & le furplus aux Jurés.

TITRE VINGT-QUATRIEME·

DES MARCHANDS FORAINS DE PORCS

ARTICLE I.

DÉFENSES à tous Marchands Forains &
autres particuliers d'acheter dans les Foires
ou Marchés qui fe tiendront à vingt-lieues à la
ronde aucuns porcs pour les regrater & revendre
dans les mêmes Marchés, ni fur les routes ; & à
tous Maîtres Chaircuitiers de faire le commerce de
porcs en vi·, ni en vendre dans les Marchés, à
peine de confifcation, cinq cens livres d'amende,
& déchéance de Maîtrife.

ARTICLE
XLVII.
*des non-
veaux Sta-
tuts.*

AUTORITEZ.

Le premier ob·et de Réglement de cet Article concerne les Marchands forains de porcs.

Il a été, par Arrêt du Confeil du 4. Juin 1704, fait très-expreffes
inhibitions & défenfes à toutes perfonnes d'aller au devant des Marchands
Forains de porcs fur les chemins pour acheter leurs marchandifes, à
peine de confifcation & de cent livres d'amende pour chacune contravention, avec injonction aux Intendans & Commiffaires départis dans
les Provinces, de tenir la main à l'exécution dudit Arrêt, qui feroit
exécuté nonobftant toutes oppofitions, dont fi aucunes intervenoient,
Sa Majefté s'eft réfervé la connoiffance, l'interdifant à toutes fes Cours
& Juges.

Par autre Arrêt du Conseil du 12 Mars 1709, Sa Majesté entre autres choses a ordonné que l'Arrêt de son Conseil du 27 Décembre 1707, seroit éxécuté selon sa forme & teneur, en conséquence à enjoint aux Marchands Forains de conduire leurs porcs aux marchés de Paris, Sceaux & Poissy, sans les pouvoir conduire ailleurs, & aux Chaircuitiers de la Ville & Fauxbourg de Paris, Versailles, Nanterre, Argenteuil, Châtillon, Clamart & autres lieuxs des environs de Paris, de faire leurs achats dans lesdits marchés de Sceaux, Poissy & Paris, à peine de cinq cens livres d'amende, au payement de laquelle chacun seroit contraint par corps, avec injonction au *Sieur* Lieutenant Général Police de tenir la main à l'éxécution dudit Arrêt.

Par autre Arrêt du Conseil du vingt-neuf Novembre 1710, rendu sur la Requête de Charles Ysambert chargé de la regie des Fermes unies de France, Sa Majesté l'a reçû opposant à l'Arrêt de son Conseil du dix Septembre 1709, faisant droit sur son opposition, a ordonné que l'Article dix du titre des droits sur le bétail à pied fourché de l'Ordonnance des Aydes & entrées du mois de Juin 1680. sera éxecuté, en conséquence défenses sont faites aux Chaircuitiers de la Ville & Fauxbourgs de Paris de faire leurs achats de porcs dans l'étendue des vingt lieues ailleurs que dans les marchés de Paris, Poissy &, Sceaux & aux Foires de saint Ouen & Longjumeau, à peine de confiscation & de cinquante livres d'amende.

Par Ordonnance de Monsieur l'Intendant de la Généralité de Paris du 2 Juillet 1711. rendüe sur la Requête des Officiers Inspecteurs & Controlleurs de porcs de la Ville de Paris, l'éxecution de l'Edit du mois d'Avril & des Déclarations du 24 Juillet & 19 Décembre 1708. a été ordonnée, ainsi que de l'Article quinziéme du titre des droits sur le bétail à pied-fourché de l'Ordonnance du mois de Juin 1680, en conséquence il a été entre autres choses fait défenses à tous Marchands Forains, Chaircuitiers & autres faisant commerce ou nourritures de porcs, d'en acheter ni d'en vendre, donner en payement, troquer ou échanger aucuns sous quelque prétexte que ce puisse être, que dans les lieux & les jours où il y a Foires ou Marchés, à peine de confiscation & de cent livres d'amende, il a été aussi fait défenses, sous les mêmes peines, à toutes sortes de personnes d'aller sur les chemins au-devant des Marchands pour acheter leurs porcs, avec injonction au subdélégués dudit Sieur Intendant de tenir la main à l'éxécution de la dite Ordonnance, qui seroit imprimée & affichée partout où besoin seroit.

Voyez ces Arrêts du Conseil & cette Ordonnance au Recueil des Réglemens de la Communauté, Chapitre des Marchands Forains, Tom. 1.

Pa

Par Sentence contradictoirement rendue en la Chambre de Police le fept Juillet 1724. au profit des Jurés & Communauté des Maîtres Chaircuitiers, contre Jean le Priouſt Marchand Foraïn de pòrcs, l'exécution des Ordonnances, Arrêt de la Cour, & ordonnance de Police, a été ordonnée; en conféquence il a été fait défenfes audit Priouſt & à tous autres Marchands Forains d'acheter des porcs dans les Marchés établis & autres lieux de l'étendue de vingt lieues de cette Ville de Paris, & pour la contravention par lui commife, il a été condamné aux dépens, pour tous dommages & intérêts & dix livres d'amende, avec impreſſion de ladite Sentence par-tout ou befoin feroit.

Voye{ cette Sentence en l'Inventaire général des Titres de la Communauté, Chapitre des Marchands Forains, Tom. I.

Par autre Sentence rendue en la Chambre de Police fur la requête des Syndic, Jurés & Communauté des Maîtres Chaircuitiers & les conclufions du Procureur du Roy, le 25 Avril 1739, l'exécution des Ordonnances, Arrêts de la Cour, Sentences & Réglements de Police concernant ladite Communauté, a été ordonnée, en conféquence il a été fait défenfes à tous Marchands Forains amenans des porcs aux Marchés de Sceaux & de faint Germain-en-Laye, de les vendre dans la route, & à tous particuliers de les acheter ailleurs que dans lefdits Marchés, à peine de confifcation de leurs marchandife, de tels dommages & intérêts qu'il appartiendroit, & de cent livres d'amendes contre chacun des contrevenants, défenfes ont pareillement été faites fous les mêmes peines auxdits particuliers d'amener & expofer en vente dans le Marché de cette Ville, les porcs qu'ils auroient achetés dans lefdits Marchés de Saint Germain-en-Laye & de Sceaux ; & il a été ordonné que ladite Sentence feroit imprimée, lue, publiée, & affichée dans lefdits marchés de faint Germain-en-Laye & Sceaux, dans les Halles & marchés, & dans tous les endroits accoutumés de cette Ville de Paris & par-tout où befoin fera.

Par autre auſſi contradictoirement rendue au profit de la Communauté le 9 Juin 1741. contre Jacques Poutrel, dit Grizelle, Marchand Foraïn de porcs, la faifie fur lui faite de deux porcs qu'il avoit achetés au marché de Saint Germain-en-Laye & qu'il revendoit en regrat fur le marché de Paris à la veuve Bernard Chaircuitiere, a été déclarée bonne & valable, & néanmoins par grace & fans tirer à conféquence, il a été ordonné que le prix provenant de la vente defdits porcs feroit rendu audit Poutrel, à la déduction de vingt livres qui demeureroient à la Communauté par forme de dommages & intérêts, au furplus il a été fait défenfes audit Poutrel & à tous autres Marchands Forains de porcs, d'acheter aucune marchandife de porc dans les Marchés de Saint Germain-en-Laye & Sceaux, ni dans l'étendue de vingt lieues de cette

M

Ville, pour revendre fur le Marché de Paris, à peine de faifie & de
confifcation, dommages & intérêts & amende, & pour la contravention par lui commife il a été condamné en cinq livres d'amende & aux
dépens, même au coût de l'impreffion & affiche de ladite Sentence
ès marchés fus énoncés, & par-tout ailleurs où befoin feroit.

Le 24 Novembre 1741. il a encore été rendu une Sentence contradictoire
au profit de la Communauté contre Nicolas-Pierre Quefnel, Gabriel
Marin, & Marie-Anne Bernard veuve Dangoiffe, tous Maîtres Chaircuitiers à Paris, qui déclare bonne & valable la faifie faite fur ledit Quefnel
de cinq porcs qu'il avoit achetés au marché de S. Germain-en-Laye, &
revendus en regrat fur le marché de Paris auxdits St. Marin & veuve Dangoiffe, & ordonne néanmoins, pour cette fois feulement, par grace & fans
tirer à conféquence, que le prix provenu de la vente defdits cinq porcs
fera rendu audit Quefnel, auquel il a été fait défenfes, ainfi qu'à
tous autres Maîtres Chaircuitiers d'acheter aucunes marchandifes de
porcs dans les marchés de Saint Germain-en-Laye & autres, ni en route
dans l'étendue des vingt lieues de cette ville de Paris, pour revendre
fur le marché d'icelle, à peine de faifie, confifcation, dommages & intérêts & amende, & pour la contravention par lui commife, il a été
condamné aux dépens.

Par autre Sentence rendue par défaut en la Chambre de Police le
douze Décembre 1742. au profit de la Communauté des Maîtres Chaircuitiers de Paris contre le nommé Bouilly Marchand Forain de porcs, &
Pierre Duret Maître Chaircuitier à Paris, la faifie faite fur ledit Bouilly
de Marchandifes de porcs, qu'il avoit achetées & qu'il revendoit en
regrat fur le Marché de cette Ville, a été déclarée bonne & valable, &
néanmoins par grace & fans tirer à conféquence, il a été ordonné
que le prix defdits porcs feroit remis par ledit Duret audit Bouilly, auquel il a été fait défenfes de récidiver, & de plus à l'avenir acheter des
porcs dans l'étendue des vingt lieues de cette Ville, pour les revendre
dans les marchés de la même étendue, & pour la contravention par lui
commife, il a été condamné en vingt livres de dommages & intérêts &
aux dépens.

Voyez ces Sentences tant en l'Inventaire général des Titres de
la Communauté, Chapitre des Marchands Forains, qu'au
Recueil des Réglemens d'icelle, même Chapitre, tom. I.

Le fecond objet de Réglement, contenu en cet Article, concerne les
Maîtres de la Communauté à qui on avoit deffein d'interdire la faculté
de faire le commerce de porcs en vie, quoiqu'elle leur foit permife par
l'Article unique du titre vingt & uniéme de ces nouveaux Statuts, & que
par les Lettres Patentes du Roi Louis XII. données au bois de Vincennes le 18. Juillet 1513. enregiftrées au Châtelet de Paris le 14 Août

1572. & par les Lettres de confirmation des Priviléges de la Communauté, accordées par les Rois Succeſſeurs, il ait été permis aux Maîtres Chaircuitiers & à leurs ſucceſſeurs audit métier d'acheter & enlever
dorénavant tant ès marchés de la Ville de Paris que dans les autres Villes du Royaume, où bon leur ſembleroit, les porcs qui leur étoient néceſſaires pour l'état & exercice de leur dit métier, & de les vendre en
gros & en détail aux lieux à ce ordonnés, & ainſi qu'ils avoient accoutumés faire, le Roi dérogeant à ces Articles 8 & 14. des premiers Statuts de la Communauté, & les ayant en tant que de beſoin rejettés &
annullés.

Auſſi la contradiction manifeſte qui ſe trouve entre ledit Article &
celui-ci ont-ils déterminé le Parlement à réformer en ce point ces nouveaux Status, par ſon Arrêt du 4 Septembre 1752, où il eſt dit, ſans
que, ſous le prétexte du préſent Article, l'on puiſſe empêcher les Maîtres Chaircuitiers d'avoir la faculté de faire le Commerce de porcs en
vie, en les achetant au-delà de vingt lieues, à la charge par eux de
mener le tiers deſdits porcs au marché pour y être vendus.

*Voyez ces Lettres Patentes, Lettres de confirmation de Priviléges
ainſi que le diſpoſitif de l'Arrêt du Parlement ci-deſſus rapporté à la fin de ce Recueil enſuite de ces nouveaux Statuts à
leurs dates.*

ARTICLE II.

AUCUN Marchand ne pourra faire renvoy de
ſa marchandiſe, qu'il n'ait au moins au préalable fait deux Marchés, & au troiſiéme ſeulement
ſe retirer en ſon pays : & en ce cas il ſera tenu de
prendre renvoi des Syndic & Jurés, à peine de
cent livres d'amende.

Aʀᴛɪᴄʟᴇ XLII. *des nou-
veaux Sta-
tuts.*

AUTORITEZ.

Par Ordonnance de Police rendue ſur le requiſitoire du Procureur du
Roi le 22 Novembre 1727, il a été entre autres choſes ordonné que
les porcs qui n'auroient point été vendus & reſtans ſur le Marché, ſeroient conduits & renfermés dans les étables, pour être vendus au
jour du Marché ſuivant, auquel effet les Marchands Forains, leurs
Facteurs & Commiſſionnaires ſeroient tenus de déclarer aux Officiers
Inſpecteurs & Langayeurs de porcs, par un état certifié d'eux, le
nombre des porcs conduits au Marché, qui n'y auroient pas été vendus,

afin d'en pouvoir connoître le renvoi à peine de confiscation & de trois cens livres d'amende qui demeureroit encourue à la premiere contravention, avec injonction auxdits Officiers de se transporter dans les hotelleries & étables, pour constater & vérifier le renvoi des porcs qui leur auront été déclarés, de tenir la main à l'éxecution de ladite Ordonnance, & de dresser Procès-Verbaux des contraventions, si aucunes y sont faites, pour lesdit Procès-Verbaux rapportés, être ensuite par ledit Sieur Lieutenant Général de Police ordonné ce qu'il appartiendroit, à peine d'interdiction, & de révocation desdits Officiers, si le cas y échoit ; il a été en outre ordonné que ladite Sentence seroit imprimée, lue, publiée & affichée par-tout où besoin seroit.

Voyez cette Sentence au Recueil des Réglemens de la Communauté, Chapitre des Marchands-Forains. Tom. 1.

Par Sentence de Police du 15 Novembre 1743. contradictoirement rendue au profit de la Communauté des Maitres Chaircuitiers de Paris contre le Sieur Fromar Marchand-Forain de Porcs, l'execution des Statuts, Arrêts & Réglemens de Police, & notamment de l'Ordonnance ci-dessus rapportée, a été ordonné ; en conséquence il a été dit que les porcs exposés au marché de Paris restans à vendre seroient conduits & renfermés dans les étables, pour être vendus au jour de marché suivant, & à cet effet que les Marchands-Forains, leurs Facteurs & Commissionnaires seront tenus de déclarer, par un état certifié d'eux tant aux Officiers-Inspecteurs des porcs, qu'aux Syndic & Jurés Chaircuitiers, le nombre des Porcs conduits au Marché, qui n'y auroient pas été vendus, afin d'en pouvoir connoître le renvoi, à peine de saisie, confiscation & de trois cens livres d'amende, & pour la contravention commise par ledit Fromart, il a été pour cette fois, par grace & sans tirer à conséquence, envers la Communauté, condamné en dix livres de dommage & intérêts cinq livres d'amende & aux dépens.

Voyez cette Sentence en l'Inventaire général des Titres de la Communauté, Chapitre des Marchands-Forains.

Par l'Arrêt du Parlement du 4 Septembre 1752. il est dit que sous le prétexte du présent Article, le Marchand-forain ne pourra être forcé de retirer sa marchandise, pour la conduire dans son Pays, à moins que par l'examen des Inspecteurs, Visiteurs & Langayeurs, à qui le droit exclusif de l'examen & renvoi appartient, ils ne le jugent convenable.

Voyez le dispositif de cet Arrêt à la fin de ce Recueil ensuite de ces nouveaux Statuts à sa date.

TITRE VINGT-CINQUIEME

DU PRIVILEGE GENERAL ACCORDE'
à tous les Marchands & Maîtres des Corps & Communautés
de la Ville & Fauxbourgs de Paris.

ARTICLE UNIQUE,

VOULONS que conformément au Réglement des Arts & Métiers du mois de Décembre quinze cens quatre-vingt-un , il foit loifible à
tous Maître de ladite Communauté de s'établir dans
quelques Villes , Bourgs & lieux que bon leur femblera de notre Royaume , pour y exercer librement leur profeffion , & notamment dans les Villes
de Lyon , Rouën , Caën , Bourdeaux , Tours & Orléans , & autres , fans être pour ce tenus faire nouveau ferment efdites Ville , mais feulement faire apparoir de l'acte de leur réception à ladite maîtrife
dans la Ville de Paris , & faire enregiftrer ledit acte
au Greffe de la Juftice ordinaire où ils iront demeurer, foit Royale , foit fubalterne.

ARTICLE XLIX.
nouveaux Statuts.

AUTORITEZ.

Par l'Article fixiéme de l'Edit du Roi Henri III. donné à Paris au
mois de Décembre 1581 , Regiftré en Parlement , le Roi y féant , le
7 Mars 1583 , Sa Majefté a ordonné que tous artifans qui auront été
reçûs Maîtres en fa bonne Ville de Paris, pourront aller demeurer & exercer leur métier en toutes les Villes , Fauxbourgs , Bourgs , bourgades
& autres lieux de fon Royaume , fans être pour ce tenus faire nouveau
ferment efdites Villes & lieux , mais feulement faire apparoir de l'acte
de leur réception à ladite maîtrife , & faire enregiftrer ledit Acte au
Greffe de la juftice ordinaire du lieu , où ils iront demeurer , foit Royale
ou fubalterne.

Par Arrêt du Conseil d'Etat du Roi du 23 Janvier 1742, Sa Majesté a ordonné l'éxecution de l'Edit ci-dessus, & d'un autre Arrêt du Conseil du 28 Août 1719, en conséquence il a permis & autorisé les Marchands & Maîtres des Corps & Communautés de la Ville de Paris d'aller, en vertu de leurs Lettres de Maîtrise, s'établir dans telles Villes & Bourgs du Royaume qu'ils voudront. choisir, excepté la Ville de Rouën, sans être tenus de faire chef-d'œuvre, & de payer aucun droit de réception, avec défenses à toutes personnes de les troubler dans l'exercice de leur art & métier, à peine de trois cens livres d'amende, & de tous dépens dommages & intérêts.

Voyez cet Arrêt au Recueil des Réglemens de la Communauté ; Chapitre des Réglemens, tom. 2.

TITRE VINGT-SIXIEME·
DES DIFFERENTS REGLEMENS OBMIS
dans ces nouveaux Statuts.

ARTICLE UNIQUE.

SERONT au surplus les anciens Statuts & Réglemens de ladite Communauté éxecutés, en ce qui ne sera pas contraire au présent Réglement.

AUTORITEZ.

Il n'y a sur cet Article aucune autorité particuliere : mais indépendamment de tous les titres qui ont été rapportés par extrait eu ce recueil, & qui font la baze des quarante-neuf Articles précédents, il est encore beaucoup de Réglemens particuliers & utiles à la Communauté des Maîtres Chaircuitiers, dont les présens Statuts ne font aucune mention, & qui font néanmoins si intéressans, qu'on a cru devoir indiquer les matieres sur lesquelles portent ces mêmes Réglemens, en suivant l'ordre alphabétique qui a été gardé en composant l'inventaire général des Titres de la Communauté, & les deux gros volumes, in-4°. concernant le Recueil des Réglemens.

AMIDONNIERS.

Premierement par le Chapitre concernant les Maîtres Amidonniers & autres nourriſſeurs de porcs.

CRÉATIONS ET SUPPRESSION D'OFFICES.

1°. Par celui concernant les Créations & Suppreſſions d'Offices.

DOYENNÉ.

3°. La qualité de Doyen.

ENTREPÔT.

4°. L'Entrepôt des marchandiſes de porc.

FINANCE.

5°. Les Finances payées par la Communauté pour acquiſition & réu-nion d'Offices.

GAGES.

6°. Les Gages dûs à la Communauté.

PIED FOURCHÉ.

7°. Les droits ſur le bétail à pied Fourché.

POLICE DES MARCHÉS

8°. La police des Marchés.

REGLEMENTS.

9°. Les différens Réglemens généraux & particuliers de la Commu-nauté.

RÉUNION D'OFFICES.

10°. La réunion des Offices à la Communauté.

SAUMURE A SEL.

11°. Les Sels & Saumures.

Chacun des Chapitres ci-deſſus tant dans l'inventaire que dans les deux volumes de Recueils, eſt compoſé de différens Titres qui ſe ſuivent par ordre de date, & que l'on peut voir auxdits inventaire & recueils.

Quant aux Anciens Statuts de la Communauté dont l'éxecution eſt ordonnée par le préſent Article; ils ſont imprimés à la fin de ce recueil à la ſuite de ceux-ci, & chacun pourra y avoir recours toutefois & quantes beſoin ſera.

PREMIERS.

PREMIERS STATUTS
DE LA COMMUNAUTÉ
DES MAITRES CHAIRCUITIERS

DE LA VILLE ET FAUXBOURGS DE PARIS,

Donnés par le Sieur Garde de la Prévôté de Paris, Commiſ-
faire en cette partie, le 17 Janvier 1475.

A TOUS CEUX QUI CES PRESENTES
Lettres veront ou oiront, Robert d'Eſtouteville Chevalier Seigneur de Beine, Baron d'Ivry & de Saint
Andry en la Marche, Conſeiller-Chambellan du
Roy notre Sire, Garde de la Prévôté de Paris, Commiſſaire
en cette partie : comme à nous, pour le Roy notredit Seigneur, à cauſe de notre Office & par priviléges Royaux, appartient le gouvernement de la Police & décoration de cette
bonne Ville de Paris, & pour mettre régle & avoir la connoiſſance, garde & réformation dans tous les métiers, denrées
& marchandiſes quelconques, qui ſont faites & conduites,
vendues & demeurent en icelle Ville, qui eſt excellente &
Capitale, & qui doit être miroir & exemple ſur toutes Villes
& cités de ce Royaume, en bonne Police & Gouvernement,
& en toutes œuvres, métiers & marchandiſes quelconques,
ayant été, touchant le fait de pluſieurs métiers & marchandiſes, faits & ordonnés pluſieurs & notables Conſtitutions,
Statuts, Regiſtres & Ordonnances anciennes pour le bien &
utilité de la choſe publique, obſervés & gardés, pour obvier
aux fraudes, inconvéniens, & malices qui ſe pourroient commettre eſdits métiers, marchandiſes & ouvrages faits en icelle Ville ;

N

& il foit ainfi que puis n'a guéres & de nouvel, Oudin Bonnard, la Veuve de feu Michel Gartie, Yvonnet Alot, Laurent le Grand, Jean Mabonne, Guillaume Alot, Geoffroy
Auger, Thomas Bonnard & Jean Chappon, tous Saulciffeurs
& Chaircuitiers demeurans & tenans ouvroir en cette Ville,
faifans & repréfentans la plus grande & faine partie des autres
ouvriers dudit métier, nous ayant fait remontrer & expofer
que par cy-devant n'avions fait dudit métier aucuns Statuts
& Ordonnances en forme, felon laquelle eux & leurs prédéceffeurs ayent fçu eux conduire ne gouverner, par quoi plufieurs ont toujous exercé ledit métier fans ordre & police, faifant
chacun à fon plaifir & volonté, & fans qu'aucune vifitation ait
été faite fur les faulciffes & chairs cuites qu'ils ont vendues &
diftribuées, parquoi eft à douter que plufieurs fautes & inconvéniens peuvent être avenus, & pourroient encore advenir en
la chofe publique tant efdites chairs qu'en plufieurs autres ma-
nieres au très-grand préjudice, intérêt & dommage de la chofe publique, dont nous font advenues plufieurs plaintes, re-
querans que fur ce leur vouluffions bailler régle & ordre utile
& profitable, comme aux autres métiers de ladite Ville de
Paris, felon laquelle ils fe puiffent dorefnavant mieux conduire
au fait dudit métier, & punir & corriger les fautes, fraudes & malices qui fe feront dorefnavant audit métier & marchandife.

Sçavoir faifons, que oüie ladite requête, voulant pourvoir
au bien dudit métier, & icelui être régi & maintenu en bonne police, utile à la chofe publique, & obvier aux fraudes &
abus qui fe pourroient commettre au fait dudit métier, nous à la
requête des deffus nommés, avons par l'avis, caufes & délibérations des Avocats & Procureur du Roy, notre Sire, au
Châtelet, du Receveur du Domaine d'icelui Seigneur, & de
plufieurs autres, fait, touchant icelui métier de Saulciffeurs
& Chaircuitiers, les Statuts & Ordonnances qui enfuivent.

ARTICLE PREMIER.

PREMIEREMENT que tous les Chaircuitiers & Saulciffeurs deffus nommés, tant hommes que femmes veuves qui
tiennent & exercent de préfent ledit métier & tiennent ouvroir
en cette Ville de Paris ci-deffus nommés demeureront, fe-

ront le ferment & feront paffés Maîtres en icelui métier, c'eft-à-fçavoir, iceux hommes Maîtres fans faire aucun chef-d'œuvre, en payant au Roy douze fols parifis, & les femmes, defquelles les maris auroient exercé lefdits métiers, jouiroient d'icelui ; comme fi elles euffent été ou feroient veuves, depuis l'édition de ces Préfentes ; & au regard des autres qui fe font ingérés eux entremettre dudit métier qui ne font y nommés, & qui n'auront point fait de ferment, ne payé lefdits droits, que défenfes leur foient faites non plus eux entremettre dorefnavant dudit métier, fur peine de foixante fols parifis d'amende & de confifcation des chairs qu'ils feront trouvé vendans, & des Saulciffes qu'ils feront trouvés faifans &vendans.

ARTICLE II.

Item, que chacun Maître dudit métier ne pourra avoir qu'un apprentif, & à quatre ans de fervice, fur peine de vingt fols parifis d'amende, & payera chacun apprentif pour fon entrée deux fols parifis, c'eft-à-fçavoir douze deniers au Roi, & douze deniers à la Confrairie dudit métier.

ARTICLE III.

Item, que dorefnavant nul homme ne pourra être Maître Saulciffeur & Chaircuitier, cuire chair & faire faulciffes, ne tenir ouvroir, ne feneftre ouverte à Paris, s'il n'a été quatre ans apprentif à Maître dudit métier à Paris, & fait chef-d'œuvre, ou s'il n'eft expert audit métier, & tel rapporté par les Jurés, & fait chef-d'œuvre comme deffus, & que pour fon entrée de Maîtres, il n'ait payé vingt fols parifis, c'eft-à-fçavoir, dix fols au Roi, cinq fols à la Confrairie dudit métier ; & cinq fols aux Jurés, excepté les fils de Maître nés & procréés en loyal mariage, qui feront reçus à être Maîtres audit métier, fans faire aucun chef-d'œuvre, ni avoir été apprentifs, en payant feulement vingt fols parifis à appliquer comme deffus.

ARTICLE IV.

Item, que toutes les femmes defdits Maîtres Saulciffeurs & Chaircuitiers qui demeureront veuves, pourront jouir & ufer

dudit métier & icelui exercer, tout ainſi que ſi leurs maris vivoient, excepté que durant leur veuvage, elles ne pourront
prendre aucun apprentif, ni en tenir aucun, s'il n'a été alloué & pris audit métier auparavant le trépas de ſon dit mari,
ſur peine de vingt ſols pariſis d'amende & à appliquer comme
deſſus.

ARTICLE V.

Item, que nul dudit métier ne s'ingera doreſnavant vendre
aucun fruit, choux, poirées, verdures, navets, beurres,
fromage & autres choſes, excepté ſaulciſſes, chair cuite,
ſeing-doux, & autres chairs & denrées de boucherie, qu'ils
ont accoutumé vendre, ſur peine de confiſcation deſdits
fruits, choux, poirée, verdure, navets, beurre, fromage &
autres qui ſont de la marchandiſe des Eſgruns & de vingt ſols
pariſis d'amende à appliquer comme deſſus.

ARTICLE VI.

Item, que nuls ne nulles dudit métier ne vendront harangs
ne marée, pour ce que les jours que l'on vend ladite marée
& harangs, ce ſont les jours que l'on fait leſdites ſaulciſſes,
& que l'on hache & appareille la chair dont l'on fait icelles,
parquoi leſdites ſaulciſſes pourroient ſentir les goûts de ladite
marée & harangs qu'ils auroient manié, & ce ſur peine de per-
dition deſdites marées & harangs, & de vingt ſols pariſis d'a-
mende à appliquer comme deſſus.

ARTICLE VII.

Item, que nul ne nulle ne vende ou mette en ſaulciſſes
chairs de porcs nourris en maladrerie, chez Barbiers ne huil-
liers, ſur peine de confiſcation des chairs & ſaulciſſes, & d'ê-
tre arſes devant les hôtels des délinquants, & de ſoixante ſols
pariſis d'amende, à appliquer moitié au Roi, le quart à la confrairie, & l'autre quart aux Jurés dudit métier.

ARTICLE VIII.

Item, que doreſnavant aucun dudit métier ne vende ou

faſſe vendre chair cuite, ſoit qu'elle ſoit en ſauciſſes ou autrement, qui ſoit puante ou infecte, & non digne d'entrer au corps humain, ſur peine d'amende arbitraire & de priſon, & d'être autrement plus griévement puni ſelon l'éxigence du cas.

ARTICLE IX.

Item, que nul n'achetera chairs pour cuire ne mettre en ſaulciſſes ſinon de boucherie Jurée de cette Ville, & qu'elles ayent loy, & ſoient trouvées, fraîches, loyalles & marchandes, ſur peine de confiſcation deſdites chairs, d'être arſes devant les hôtels des délinquants, & de vingt ſols pariſis d'amende à appliquer comme deſſus.

ARTICLE X.

Item, que nul ne faſſe ſaulciſſes, ſinon de chair de porc frais hachée bien menu, à ce que la chair prenne mieux le ſel, que ladite chair ſoit bien ſalée de menu ſel, & que en icelles ne ſoit mis avec ladite chair & ſel, ſinon du fenoüil qui ſoit bien net & bien élû, & qui ne ſente le vieil, le moite, ne autre goût, & que leſdites ſaulciſſes ne ſoient couvertes, ſinon de mêmes boyaux de porcs, bons & dignes d'uſer au corps humain, ſans y appliquer autres boyaux, ſur peine de quarante ſols pariſis d'amende, à appliquer moitié au Roi, le quart aux Jurés, & l'autre quart à ladite Confrairie.

ARTICLE XI.

Item, que nul ne baille cotte de nouveaux boyaux auxdites ſaulciſſes, & les mette réchauffer au fourneau, depuis qu'elles auront paſſé un jour, ſur peine de quarante ſols pariſis d'amende à appliquer comme dit eſt en l'Article ci-devant.

ARTICLE XII.

Item, que nul ne pourra faire ne vendre ſaulciſſes à Paris, ſinon depuis le quinziéme jour de Septembre, juſqu'au jour de Carême prenant, ſur peine de vingt ſols pariſis d'amende à appliquer comme ci-deſſus & de confiſcation deſdites ſaulciſſes.

ARTICLE XIII.

Item, que nul dudit métier ne réchauffe la chair depuis qu'elle aura été cuite, fur peine de vingt fols parifis d'amende à appliquer comme deffus ou d'autre amende arbitraire.

ARTICLE XIV.

Irem, que chacun Chaircuitier cuife les chairs ; qu'il aura en vaiffeaux nets & bien écurés ; & qu'il couvre lefdites chairs, quand elles feront cuites de nappes & linge blanc qui n'ait à rien fervi depuis qu'il aura été blanchi, fur peine de vingt fols parifis d'amende à appliquer comme deffus.

ARTICLE XV.

Item, que nul dudit métier n'achette, ne tue, ne faffe acheter ne tuer aucune chair crûe pour vendre ne débiter en leurs hôtels ne ailleurs, & ne vendront aucune chair crûe en leurs hôtels excepté lard ; fur peine de confifcation defdites chairs & de vingt fols parifis d'amende.

ARTICLE XVI.

Item, que nul Maître dudit métier ne vende feings en pot, s'il n'eft bon, net, loyal & marchand, & de nouvelle fonte, au moins de trois femaines de fonte, fur peine de confifcation dudit feing, & de vingt fols parifis d'amende à appliquer comme deffus.

ARTICLE XVII.

Item, & que pour la garde dudit métier y aura deux Jurés qui fe feront & éliront par les prud'hommes du commun dudit métier ; de chacun an au jour de faint Remi, en feront changés un ou deux, & en feront élûs d'autres par lefdits prud'hommes, laquelle élection fe fera par ceux dudit métier audit Châtelet de Paris ; par devant ledit Procureur du Roi, & jureront lefdits Jurés bien & loyalement garder lefdits Statuts & Ordonnances, rapporter les fautes qu'ils trouveront en la Chambre du Procureur du Roi; & outre, feront tenus lefdits Jurés par chacun an, de rendre audit métier, les amendes & autres chofes qu'ils auront reçues pour ledit métier, touchant ladite Confrairie ci-deffus mentionnée, & toutes & chacunes les chofes contenuës en chacun article d'icelles Ordonnances que nous avons ordonné & ordonnons à tous qu'il appartiendra, être obfervées, tenues & gardées fans fraude, de point en point, felon leur forme & teneur, fauf de réferver à nous & à nos Succeffeurs Prevôts de Paris, d'icelles Ordonnances muer, corriger, & interpréter, & à icelles ajouter, diminuer toutefois que métier fera, & que nous verrons qu'il fera befoin & expédient de faire pour le bien & utilité du Roi notre Sire, & de la chofe publique.

En témoin de ce, nous avons fait mettre à ces préfentes le Scel de la Prevôté de Paris. Ce fut fait & donné le Mercredi dix-feptiéme jour du mois de Janvier, l'an de grace mil quatre cens foixante-quinze.

SENTENCE

RENDUE par le Sieur Garde de la Prevôté de Paris , sur les oppositions formées aux premiers Statuts de la Communauté , par les sieurs Prevôt des Marchands & Echevins de cette Ville , & par quelques particuliers qui n'avoient pas été compris dans lesdits Statuts , & confirmative desdits premiers Statuts.

Du 25 Septembre 1477.

A TOUS ceux qui ces présentes Lettres verront , ROBERT D'ESTOUTEVILLE , Chevalier Seigneur de Beyne , Baron d'Ivry & de saint Andry en la Marche , Conseiller & Chambellan du Roi notre Sire , & Garde de la Prevôté de Paris : Salut. Comme procès fut mû & pendant en Jugement devant nous au Châtelet de Paris , entre Oudin Bonnart , Yvonnet Alot , Laurent Legrand , Jean Chappon , Thomas Bonnart & Jean Mabonne , Maîtres Saulcissiers & Chaircuitiers de la Ville de Paris , conforts en cette partie , & le Procureur du Roi notredit Seigneur audit Châtelet , pour & au nom dudit Seigneur Adjoint avec eux demandeurs , & soutenant la publication de certaines Ordonnances n'aguerre & de nouvel faittes sur le fait , état & métier desdits Saulcissiers & Chaircuitiers d'une part ; & les Prevôt des Marchands & Echevins de la Ville de Paris , Jean Aynart & sa femme , & Jean Paignart défendeurs d'autre part. Sur ce que lesdits demandeurs disoient & maintenoient que à nous & à nos Lieutenans , tant à cause de notre Office , comme aussi par priviléges Royaux & commission expresse du Roi notredit Seigneur , & de ses Prédécesseurs , comptoit & appartenoit le gouvernement & entretennement de la Police & des métiers de la Ville de Paris , capitale de ce Royaume de France & Ville jurée , en laquelle avoit & a loi & ordonnance visitation & police sur tous les métiers d'icelle , au moins sur la plûpart , & ce supposé disoient outre iceux Demandeurs

que

que puis peu de tems en ça, étoit venu à la connoissance
de nous & du Conseil du Roi notredit Seigneur audit Châtelet que plusieurs abus, fautes & mesavantures se faisoient
de jour en jour sur le fait dudit métier de Saulcissier & Chaircuitier en la Ville de Paris ; & que plusieurs personnes de
divers états vendoient chacun jour plusieurs Saulcisses & chair
cuites, mauvaises & infectées, corrompuës & non dignes de
manger ou user à corps humain ; lesquelles se trouvoient ez
hôtels d'aucunes pauvres gens qui s'efforçoient de les vendre
ou faire vendre, parce qu'ils n'avoient & n'ont pas puissance ou faculté d'acheter bonnes chairs ez Boucheries jurées &
visitées de cette Ville de Paris, ni sel pour les saler suffisam-
ment, ainsi qu'il appartenoient de faire, & avec ça que plusieurs personnes & en grand nombre se mêloient & vouloient
mêler de faire & vendre lesdites Saulcisses & chairs cuites ;
combien qu'ils ne se y cognussent & ne seussent ou sçachent
discerner, lesquelles étoient & sont bonnes, & lesquelles mauvaises, ou quand ils se y connoîtroient néanmoins, ils ache-
toient pauvre & méchante chair à bon marché & aux Boucheries non jurées ne visitées, à l'occasion desquelles choses
plusieurs grands inconvéniens & irreparables étoient venus au
peuple de ladite Ville de Paris, & à la chose publique, parce
que plusieurs personnes en étoient mortes, tant de pestilence
comme de plusieurs autres maladies, & les autres en avoient
été grièvement malades & en danger de mort : Et à cette
cause pour remédier ausdits inconvéniens & à ceux qui en
eussent pû & pourroient advenir, & pour mettre loix & régle au temps advenir sur le fait dudit métier de Saulcissier,
nous ou nosdits Lieutenans pour nous & en notre absence appellés avec eux ; les gens du Roi & autres Officiers d'icelui
Seigneur audit Châtelet, auroient fait & statué & ordonné
certains Statuts & Ordonnances qui étoient par écrit & signés
du Greffier de notredite Cour du Châtelet, lesquels avoient
été faits & passés le Mercredi dix-septiéme jour de Janvier
mil quatre cens soixante-quinze, lesquels Statuts & Ordonnances, ainsi fait que dit est, & à ce que chacun les sçût &
n'en pût dès-lors en avant prétendre juste cause d'ignorance,
auroit par l'Ordonnance de nous ou de nosdits Lieutenans été

O

lûes & publiées en l'Auditoire Civil dudit Châtelet à certain
jour plaidoyable, pour après ladite publication être enregiftrée
ez regiftres dudit Châtelet en la maniére accoutumée ; à laquelle lecture & publication, & à ce que lefdits Statuts &
Ordonnances ne fuffent enregiftrées ez dits regiftres dudit
Châtelet, Pierre Befon comme foit difant Procureur defdits
Prevôt des Marchands & Echevins de ladite Ville de Paris,
& femblablement lefdits Jean Aynart & fa femme, &
Jean Paignart défendeurs ou leur Procureur pour eux s'étoient
oppofés, & pour dire & déclarer les caufes de leurs dittes oppofitions, leur avoit par nous ou notre Lieutenant été donné
& affigné jour certain, & compétant pardevant nous audit
Châtelet, auquel jour ou autre dépendant d'icelui ; lefdits
Demandeurs & Adjoint avoient pour les moyens de leur demandes, Requêtes & Conclufions, dit & propofés ou fait dire
propofer, maintenir & alléguer par leur confeil les chofes deffus dites avec plufieurs autres faits & raifons, fervant à leur intention, tendant & concluant par iceux Demandeurs & Adjoint à l'encontre defdits Défendeurs, afin que par nous, notre Sentence, Jugement & par droit fut dit & déclaré lefdites
Ordonnances de nouvel faites fur ledit état & métier de Saulciffier & Chaircuitier en ladite Ville de Paris, avoir été &
être bien & duement faite & pour l'utilité de la chofe publique, & comme telle voulufsent, tenfifsent & fortifsent leur
effet, & que à bonne & jufte caufe, elles avoient & ont été
lûes & publiées audit auditoire Civil dudit Châtelet, & fuffent & demeurafsent pour publiées, & comme telles fufsent
& demeurafsent enregiftrées ez dits papiers & regiftres dudit
Châtelet où étoient & où l'en avoit & a accoutume enregiftrer les Ordonnances des autres métiers de ladite Ville de
Paris, nonobftant l'oppofition faite & donnée au contraire par
lefdits Défendeurs & un chacun d'eux ; laquelle oppofition
fut déclarée non recevable, annullée & mife au néant, ne autre chofe par eux propofée & foutenue au contraire dont ils
fufsent déboutés & condamnés ez dépens, dommages & intérêts defdits Demandeurs & Adjoint, & au contraire difoient
& maintenoient iceux Défendeurs que à bonne & jufte caufe, ils s'étoient, oppofés & étoient leurs intentions très-bien

fondées. Comme de raifon, une chofe qui touche un chacun
doit être par un chacun approuvée, & doivent être appellés
ceux qui font bleffés ou qui ont intérêt en aucune conftitution
ou Ordonnance, faifant & ce qui eft fait fans leur confentement eft nul; or, difoient iceux Défendeurs qu'ils étoient
Ouvriers dudit métier de Saulciffiers, & plufieurs autres
plus experts & ufités à faire Saulciffes & cuire chair que
n'étoient lefdits Demandeurs, & néanmoins ils n'avoient &
n'ont été convoqués ni appellés à faire lefdites prétendues
Ordonnances, & n'y avoient confenti; mais deffenti, comme encore deffentoient & contredifoient par exprès, & fi n'a-
voient rien fçû de la Requête baillée par iceux Demandeurs
au moyen de laquelle on difoit lefdites prétendues Ordonnances avoir été faites audit métier de Saulciffier & Chaircuitier,
pourquoi étoient icelles prétendues Ordonnances nulles & n'é-
toient à garder, & mêmement que par le premier article d'i-
celle étoit & eft permis feulement à iceux Demandeurs joïr
dudit métier, & être Maître Saulciffiers & Chaircuitiers, &
outre étoit & eft expreffêment interdit, prohibé & défendu
que lefdits Défendeurs & autres dudit métier n'en joïffent
plus, & que défenfe leur fut & foit faite de non eux plus
mêler ne entremettre dudit métier, fur peine de foixante fols
parifis d'amende, & de confifcation des chairs & Saulciffes qui
feroient & feront trouvées faifant & vendant, que c'étoit fruf-
trer lefdits Défendeurs de gagner leurs vies fans les oyr ne ap-
peller ne fans aucune caufe; car premiérement ladite interdiction & défenfe concernoit l'utilité & profit particulier & privé defdits Demandeurs nommés ez dites prétendues Ordonnances, & le détriment & dommage de la chofe publique
comme apparoît évidemment: car fi lefdits Demandeurs qui
n'étoient que quatre ou cinq, demeuroient feuls audit métier, ainfi que ledit premier article le contenoit; ils ven-
droient plus cher leur denrées & à leur plaifir, & faudroit
paffer par leurs mains bon gré, mal gré; & où iceux Défendeurs & autres qui n'étoient dénommés ez dites Ordonnances qui étoient plus de cinquante en nombre, joïroient dudit métier, lefdites faulciffes & chairs cuites feroient toujours à
marché compétant; ainfi lefdites prétendues Ordonnances n'é-

toient à obferver , mais à abolir & non à garder ; car le
bien public doit être préferé au privé ; & fecondement lefdits
Demandeurs dénommés ez dites prétendues Ordonnances
qui n'étoient que fix en nombre , ne faifoient & ne repréfen-
toient la plus grande & feine partie dudit métier ; car en cette
Ville de Paris y avoit plus de quatre-vingt ; que hommes que
fémmes Ouvriers d'icelui métier , & ainfi ladite Requête d'i-
ceux Demandeurs fur laquelle étoient fourées lefdites prétendues
Ordonnances étoit tout claitement obreptice & incivile , &
n'étoit faite par la plus grande & feine partie defdits Ouvriers
d'icelui métier ; mais par lefdits Demandeurs feulement, qui
n'avoient pû & ne pouvoient lyer ne obliger les autres dudit
métier , & tiercement de raifon ; toute conftitution & ordonnance doit être jufte & commune avec chacun , & toutefois
lefdites prétendues Ordonnances n'étoient communes à tous
Ouvriers qui étoient dudit métier de Saulciffier & Chaircuitier , mais en feroient & étoient forclos tous les autres Maîtres ; fors lefdits Demandeurs lefquels ne fçavoient fournir à
tous les quartiers de cette dite Ville de Paris ; car tous lefdits
Défendeurs qui étoient demeurants au quartier de la porte
Baudoyer, & plufieurs autres, y pouvoient à grand peine fournir
aux pauvres gens & furvenants audit quartier, parquoi & par plus
forte raifon ne feroit poffible auxdits Demandeurs fournir à
toute cette dite Ville de Paris , & par conféquent lefdites prétendues Ordonnances contenoient iniquité & impoffibilité, tendant & concluant pour les caufes & par les moyens deffus
dit , & autres dont mention eft faite audit Procès par lefdits
Défendeurs à l'encontre defdits Demandeurs & Adjoint , afin
que par nous notre Sentence , Jugement & par droit , il fut
dit & déclaré lefdits Demandeurs & Adjoint non être recevables & qu'ils ne feroient à oyr ne à recevoir a avoir fait lefdites Demandes , Requêtes & Conclufions qu'ils s'étoient
efforcés faire & foutenir à l'encontre defdits Défendeurs & où
iceux Demandeurs feroient recevables que non , & droit à cette
fin. Premierement & par ordre qu'ils avoient tort & mauvaife
caufe ; & defdites Demandes , Requête & Conclufions fuffent
iceux Défendeurs chacun pour tant que celui pouvoit toucher
par nous abfou à pur & à plein , & fe métier étoit fuffent lefdites

prétendues Ordonnances, la publication d'icelles & les Commandemens que s'étoient efforcés de faire foutenir & requérir iceux Demandeurs & Adjoint qu'ils difoient être faites touchant ledit métier & état de Saulciffier & Chaircuitier en cette dite Ville de Paris, par nous dites & déclarées avoir été & être non recevables moins que fuffifants & tels que par iceux lefdits Demandeurs n'étoient aucunement tenus ne liés de eux abftenir dorefnavant dudit fait & état & métier de Saulciffier & Chaircuitier, à tout le moins que lefdites prétendues Ordonnances ne devoient demeurer & ne demeuraffent en la forme & maniére qu'elles giffoient & avoient été publiées, & nonobftant icelles fût permis aufdits Défendeurs de pouvoir exercer ledit état & métier, tout ainfi qu'ils faifoient paravant la publication defdites prétendues Ordonnances, fans que à eux ne aucun d'eux fut prohibé, interdit ou défendu l'exercice, façon & vente de faulciffes & chair cuite, & fut dit que à bonne & jufte caufes lefdits Défendeurs s'étoient oppofés auxdites prétendues Ordonnances & publication d'icelles & aux Commandemens à eux faits par vertu d'icelles, & fut leur dite oppofition dite & déclarée bonne & valable & au moyen d'icelle fut permis à iceux Défendeurs de pouvoir uzer de leur dit métier, & en ce faifant expofer en vente publique faulciffes & chair cuite dorefnavant fans aucuns contredit, & outre fut certaine offre faite par iceux Défendeurs dont audit Procès eft à plein fait mention, par nous dite & déclarée bonne & valable & telle que lefdits Demandeurs y duffent avoir acquiefcé ou que telle autre Demande, Requête & Conclufions fuffent par nous faites & adjugées auxdits Défendeurs que de raifon, nonobftant chofe propofée ou maintenue au contraire par iceux Demandeurs & Adjoint dont ils fuffent déboutés & condamnés ez dépens, dommages & intérêts defdits Défendeurs oïes lefquelles parties en tout ce qu'elles euffent voulu dire propofer, maintenir & alléguer l'une à l'encontre de l'autre, nous icelles euffions appointées à être de nous déliberé de leur faire droit, ou autrement les appointer comme de raifon, feroit fur le plaidoyé fait entr'elles, qu'elles bailleroient par écrit à court & par maniére de motif dedans certains tems à plein contenu au mémorial ou appointement

fur ce fait, duquel la teneur eft telle. Jour eft affigné au pre-
mier jour que Sentences feront par nous données & prononcées au Châtelet de Paris, à Jourdain Durand, Procureur
d'Oudin Bonnart, Yvonnet. Alot, Laurent Legrand, Jean
Chappon, Thomas Bonnart & Jean Mabonne, Saulcifliers
& Chaircuitiers en la Ville de Paris, & conforts, & le Procureur du Roi notre Sire, pour & au nom dudit Seigneur Adjoint avec eux contre Pierre Beyon, Procureur des Prevôt des
Marchands & Echevins de la Ville de Paris ; Roger Larmier
Procureur, Jean Aynart & fa femme, & Jean Danes Procureur, Jean Paignart, ainfi & chacun pourtant comme à lui
touche & peut toucher à être de nous déliberé de faire droit
aux parties, ou autrement les appointer comme de raifon fera fur le plaidoyer fait entr'elles, qu'elles bailleroient dedans
trois femaines par maniére de motifs, avec tout ce dont-elle
voudront fe aider l'une à l'encontre de l'autre, en demandant,
dudit Durand audit nom, & en défendant des deffufdits Beyon,
Larmier & Danes, & foutenant leur oppofition & à aller
avant &c. Fait l'an mil quatre cens foixante-quinze, le Lundi quatriéme jour de Mars ; ainfi figné Ibit, en fourniffant auquel appointement lefdites Parties & chacunes d'elles euffent
mis & baillé leur dit plaidoyer par écrit, à court, & par maniére de motifs avec tout ce que bon leur ait femblé, & ce fait
ledit jour d'être de nous déliberé, euft après plufieurs procédures & délais été continués tant de notre office que autrement jufqu'à aujourd'hui datte de ces préfentes ; que lefdites
Parties ou leur Procureur pour elles nous euffent requis droit
par nous leur être fait, fur ledit Procès. Sçavoir faifons, que
vû de nous icelui Procès & plaidoyé baillé par écrit à court
par chacune defdites Parties, leurs lettres, actes, & offres, exploits & enfeignemens ; lefdites Ordonnances dont eft queftion avec ledit appointement à être déliberé ci-deffus tranfcrit ; & tout vû & confideré, ce qui faifoit avoir & confidérer eft fur ce confeil de Sages : Nous difons que lefdites Ordonnances feront lûes, publiées & enregiftrées ez regiftres
dudit Châtelet, comme font les Ordonnances des autres métiers de ladite Ville de Paris, en la forme & maniére qu
s'enfuit.

ARTICLE PREMIER.

PREMIEREMENT que tous les Chaircuitiers & Saulciffiers tant hommes que femmes qui ont accoutumé tenir &
exercer, & qui tiennent & exercent de préfent ledit métier
en cette Ville de Paris, demeureront, feront le ferment &
feront paffés Maîtres & Maîtreffes dudit métier, fans faire
aucun chef-d'œuvre, pourvû qu'ils viendront faire le ferment
tel qu'il appartient dedans deux mois, après la publication
defdites Ordonnances, pour être enregiftrés avec les autres,
en payant chacun la fomme de dix fols parifis, à appliquer
moitié au Roi & moitié à la Confrairie dudit métier, & s'ils
laiffent paffer lefdits deux mois, ils n'y feront plus reçus s'ils
ne font chef-d'œuvre.

ARTICLE II.

Item, que chacun Maître dudit métier ne pourra avoir ni
tenir enfemble que deux Apprentifs & à trois ans de fervice,
fur peine de vingt fols parifis d'amende, & payera chacun
Apprentif pour fon entrée deux fols parifis à appliquer comme deffus.

ARTICLE III.

Item, que dorefnavant aucun homme ou femme ne pourra être Maître Saulciffier ou Chaircuitier, cuire chair, faire
faulciffes & de ce tenir ouvroir & fenêtre ouvertes à Paris, s'il
n'a été trois ans Apprentif, à Maître ou Maîtreffe dudit métier à Paris, ou s'il n'eft Expert audit métier, & tel rapporté par les Jurés, & que pour fon entrée de maitrife il ait
payé vingt fols parifis à appliquer, c'eft à favoir dix fols parifis au Roi, cinq fols parifis à la Confrairie, & cinq fols parifis aux Jurés dudit métier, excepté les fils de Maîtres nez
& procréez en loyal Mariage, qui feront reçus à être Maîtres
fans faire aucun chef-d'œuvre, pourvû qu'ils foient rapportés fuffifant par les Jurés ou Maîtres dudit métier, & en
payant vingt-fols parifis à appliquer comme deffus.

ARTICLE IV.

Item, que toutes les femmes defdits Maîtres Saulcifﬁers &
Chaircuitiers qui font demeurées ou demeureront Veuves pour
ront jouir & uzer dudit métier, & icelui exercer tout ainſi qu
leurs Maris vivoient, nonobftant qu'elles foient mariées o
fe remarient à un autre homme que dudit métier, pourv
que lefdites femmes fçachent faire & exercer ledit métier, &
que leurs Maris auxquels elles feront remariées ne foient de m
tier, à ce répugnant & dérogeant.

ARTICLE V.

Item, qu'aucun ni aucune dudit métier ne vendent hareng
ne marée ſi ce n'eft durant le tems de Carême, pour ce qu
ez jours qu'on vend ladite marée & harengs; on fait lefdit
faulciffes & que on hache & appareille la chair dont elles fo
faites; parquoi lefdites faulciffes pourroient fentir le goût
ladite marée & harengs qu'auroient manié lefdits Saulcifﬁer
& ce fur peine de dix fols parifis d'amende à appliquer m
tlé au Roi, un quart aux Jurés, & l'autre quart à la Confra
rie dudit métier.

ARTICLE VI.

Item, qu'aucun ou aucune n'achette & ne vende ou m
te en faulciffes chair de porc furfemé, chair de porc nou
par maladrerie en l'hôtel de Barbier ne Huillier, fur pei
de confifcation des chairs & faulciffes, & d'être arfes deva
les hôtels des Delinquans, & de foixante fols parifis d'ame
de à appliquer comme deffus.

ARTICLE VII.

Item, que dorefnavant aucun dudit métier ne vende ou f
fe vendre chair cuite, foit quelle foit en faulciffes ou autr
ment qui foient puantes ou infectées & non dignes de ma
ger à corps humain; fur peine d'amende arbitraire, &
prifon & d'être autrement plus griévement punis fel
l'exigence du cas.   ARTIC

ARTICLE VIII.

Item, que chacun n'achette chair pour cuire né mettré en faulciffes que ez Boucheries Jurées de cette Ville de Paris, & qu'elles ayent loi & foient bonnes, fraîches, loyalles & marchandes, fur peine de confifcation defdites chairs, d'être arfes devant les hôtels des Delinquans, & de vingt fols parifis d'amende à appliquer comme deffus.

ARTICLE IX.

Item, que chacuns ne faffe faire faulciffes d'autre chair que de chair de porc-frais ou d'autre chair bonne & convenable, hachée bien menuë à ce qu'elle prenne mieux fel & que ladite chair foit bien fallée de menu fel, & qu'en icelle faulciffes ne foit mis avec ladite chair & fel que du fenoüil ou autres bonnes épices, & que ledit fenoüil foit bon, net & bien élû, & qu'il ne fente le vieil, le moifi, ne autre mauvais goût, & que lefdites faulciffes ne foient couvertes que de menus boyaux de porc bons & digne d'ufer à corps humain, fans y appliquer autres boyaux, fur peine de vingt fols parifis d'amende à appliquer comme deffus.

ARTICLE X.

Item, que aucun ne baille couverte de nouveaux boyaux auxdites faulciffes, ne les mette réchauffer au fourneau ne ailleurs depuis qu'elles auront paffé un jour, fur peine de quarante fols parifis d'amende à appliquer comme ez articles précédens.

ARTICLE XI.

Item, que aucun ne pourra faire vendre faulciffes à Paris, que depuis le quinziéme jour de Septembre jufqu'au jour de Carême-prenant, fur peine de dix fols parifis d'amende, à appliquer comme deffus.

ARTICLE XII.

Item, qu'aucun dudit métier ne réchauffe la chàir depuis

P

ce qu'elle aura été cuite, fur peine de vingt fols parifis d'a-
mende à appliquer comme dit eft, ou d'autre amende arbitraire.

ARTICLE XIII.

Item, que chacun Chaircuitier cuife les chairs que il cui-
ra en vaiffeaux nets & bien écurés, & fi couvre lefdites chairs
quand ells feronr cuites de nappes & linge blanc, qui n'ait
fervi à aucune chofe depuis qu'il aura été blanchi, fur peine de dix fols parifis d'amende à appliquer comme deffus.

ARTICLE XIV.

Item, que aucun dudit métier n'achette, ne tue, ne faffe
acheter ne tuer aucunes bêtes vives pour vendre ne débiter
en leurs hôtels ne ailleurs, & ne vende aucunes chairs cruës
en leurs hôtels, excepté lard, fur peine de confifcation defdites chairs,& de vingt fols d'amende à appliquer comme deffus.

ARTICLE XV.

Item, que aucun dudit métier ne vende faing en pots, s'il
n'eft bon, loyal & marchand & de nouvelle fonte, au moins
de trois femaines de fonte, fur peine de confifcation defdits-
faings, & de vingt fols parifis d'amende à appliquer comme
deffus.

ARTICLE XVI.

Item, & combien que aucun ne puiffe faire faulciffes ne
tenir ouvroir à Paris s'il n'eft Maître dudit métier comme
dit eft, toutefois ceux & celles qui ont accoutumés & autres qui voudront; pourront vendre à Paris lefdites faulciffes
publiquement & à fenêtre ouverte, combien qu'ils ne foient
Saulciffiers ne Maîtres dudit métier, pourvû toutefois que
lefdites faulciffes foient bonnes & qu'elles ayent été faites par
lefdits Saulciffiers & Maîtres dudit métier.

ARTICLE XVII.

Item, & pour la garde d'icelui métier, y aura deux

Jurés qui fe feront & éliront par les prud'hommes du commun dudit métier, & chacun an au jour de faint Remi, en feront changé un ou deux, & en feront élus d'autres par lefdits prud'hommes, laquelle élection fe fera par ceux dudit métier, audit Châtelet devant nous ou notre Lieutenant, & jureront les Jurés bien & loyalement garder lefdits Status & Ordonnances, & rapporter les fautes qu'ils trouveront en la Chambre dudit Procureur du Roi, & outre feront tenus lefdits Jurés par chacun an rendre compte audit métier des amendes & autres chofes qu'ils auront reçus pour ledit métier touchant ladite Contrairie, & fans depens de cette préfente caufe & procès, & pour caufe par notre Sentence, Jugement & par droit.

En témoins de ce, nous avons avons fait mettre à ces préfentes le Scel de ladite Prevôté de Paris. Ce fût fait & prononcé en Jugement audit Châtelet, en la préfence de Jourdin Durand, comme Procureur defdits Demandeurs, &dudit Procureur du Roi notre dit Seigneur d'une part; & de Pierre Beyon, comme Procureur defdits Prevôt des Marchands & Echevins de ladite Ville de Paris, Roger Lormier, comme Procureur defdits Jean Aynart & fa femme, & Jean Danes, comme Procureur dudit Jean Paignard, Défendeurs d'autre part, le Jeudi vingt-cinquiéme jour de Septembre, l'an de grace mil quatre cent foixante-dix-fept, *Signé* CORTÉE, avec paraphe.

LETTRES PATENTES

DONNE'ES par le Roi Louis XII, au Bois de Vincennes le 18 Juillet 1513. portant don, octroi, & permiffion d'acheter par les Chaircuitiers de Paris, des porcs aux marchés de cette Ville & autres lieux du Royaume.

LOUIS par la grace de Dieu, Roi de France. A tous ceux qui ces préfentes Lettres verront, falut: L'humble fupplication de nos chers & bien aimés les Chaircuitiers & Saul-

cissiers de notre bonne Ville de Paris, avons reçu: contenant
que comme lesdits suppliants ayent de tout tems & ancienneté
été ordonnés & députés par bonne & meure délibération pour
vendre & détailler chairs cuites par menues piéces tant fraî-
che que salées, aussi chairs de porc sallé en piéce & à la livre,
& autrement pour subvenir au pauvre menu peuple de cette
Ville & des Forains y affluent chacun jour, la plupart duquel
pauvre menu populaire n'ont, ne tiennent feu ne lieu, mais se
pourvoient chacun jour auxdits Chaircuitiers suppliants selon
leur petit pouvoir, faculté & puissance; aussi font lesdits suppliants en la faison saulcisses de veau & de porcs pour les
Bourgeois de ladite Ville & autres bonnes Maisons, & aussi
pour ledit pauvre menu populaire, qui est le grand bien, profit & utilité de la chose publique de ladite Ville & au soulla-
gement dudit pauvre menu peuple d'icelle, & pour ce faire ont
lesdits suppliants été toujours & font encore Jurés, & si font
par ci-devant acquittés au mieux que possible leur a été à si
petit profit que possible ne leur feroit à présent continuer,
obstant que par deux Articles contenus en certains Statuts de
leur dit métier, qui sont les huitiéme & quatorziéme Articles
d'iceux, lesquels Statuts ne sont par nous conceddez & oc-
troyez, iceux suppliants tenus par lesdits deux Articles prendre
& acheter lesdites chairs en détail ez boucheries de notre Ville
& Cité de Paris & par les mains des Bouchers d'icelle, lesquels Bouchers au moyen de ce les leur survendent, & vendent
à leur mot & plaisir & à si haut prix, qu'ils ne se sauroient sau-
ver; & le plus souvent lesdits Bouchers n'ont chair de porc à
demi pour la fourniture desdits suppliants dont le dit pauvre
menu peuple est grandement foulé, tant pour la faute de fournir
par lesdits Bouchers lesdits suppliants, que aussi à cause du
gros profit qu'ils prennent sur eux. Après lequel faut que au détail desdites chairs iceux suppliants qui servent la chose publique & pauvre menu peuple, y ayent & pratiquent autre petit
profit tant pour la cuisson que pour leur peine & menu détail
qui est double charge en notre dit menu peuple, ce qui ne
se feroit si iceux suppliants avoient loi, congé, permission &
licence de Nous icelles chairs de porcs, prendre, enlever &
acheter en gros & en vie aux marchés de notre dite Ville & ail-

leurs en autres lieux loingtains ou bon leur fembleroit, ainfi
que font lefdits Bouchers par les mains defquels lefdits fuppliants fe fourniffent ; & feroit notre dite Ville de Paris par iceux
fuppliants plus amplement fournie, mieux pourvue defdites
chairs de porcs & beaucoup à meilleur marché, car pour la
provifion d'icelle ils fe pourroient ttanfporter chacun où fur les
lieux où la paiffon & glan auroit rencontré, & illec faire leur
provifion des porcs vifs dont le dit menu peuple feroit grandement foulagé ainfi que les fuppliants Nous ont fait expofer,
en nous humblement requérants attendu ce que dit eft, & que
le bien de la chofe publique eft à préférer au bien particulier,
ainfi que de préfent il leur a été enjoint de par nous par notre
Prevoft de Paris & Prevoft & Echevins de ladite Ville, mener
& conduire des chairs de porcs & autres chairs en notre pays
de Picardie pour l'avitaillement de notre armée dont ils font
petitement pourvus pour les caufes deffufdites, néanmoins ils
font délibérés obéir & nous y fervir à leur pouvoir, notre plaifir foit tenu donner & octroyer congé, permiffion & licence de
pouvoir prendre, acheter & enlever dorefnavant ès marchés
de notre dite Ville de Paris ou ailleurs en notre Royaume
ou bon leur femblera, leur provifion de porcs en vie, iceux faire voir, vifiter & languayer par ceux à ce ordonnés & qui ont
accoutumés de ce faire. Les faire tuer par les Bouchers ès lieux
ordonnés pour ce faire & où l'on a accoutumé tuer les bêtes
qui fe vendent chacun jour par les mains defdits Bouchers.
Pourquoi nous qui voulons le bien de la chofe publique être
entrenu, obfervé & gardé, & notre menu peuple vivre en bonne police & à la moindre charge que poffible nous fera, & afin
que notre dite Ville foit & demeure toujours oppullemment
fournie & garnie de vivre mêmement de chairs de porcs fal-
lées, & afin que par fauté de ces inconvéniants n'en advien-
nent, & autres caufes & confidérations, à ce nous mouvants
auxdits fuppliants de grace fpécialle, pleine puiffance & autorité royalle, avons permis & octroyé, permettons & octroyons,
& leur avons donné & donnons congé, permiffion & licence
qu'ils & leurs fucceffeurs dudit état de Chaircuitiers Saulciffiers puiffent & leur foit loifible & autres ferviteurs & députés,
par eux, prendre acheter, & enlever dorefnavant ès marchez de

notre dite Ville de Paris & ailleurs en notre Royaume où bon
leur semblera, les porcs en vie qui leurs feront néceffaires pour
l'état & exercice de leur dit métier, iceux vendre en gros &
détail auxdits lieux à ce ordonnés & ainfi qu'ils ont de coutume
faire, nonobftant que par lefdit huitiéme & quatorziéme Arti-
ticles de leurs Statuts, il foit expreffément dit qu'ils feront tenus prendre & acheter lefdites chairs de porcs en nofdites
boucheries & par les mains defdits Bouchers dont nous avons
relevé & relevons lefdits fuppliants, & iceux deux Articles en
tant que befoin feroit, avons d'iceux Statuts rejettés & annullés, rejettons & annullons par cefdites préfentes, pourveu
qu'ils payeront nos droits & impofitions ordinaires & accoutumées, & que lefdits porcs qui ainfi feront par eux achetez,
feront vûs, vifitez & languayés par ceux qu'il appartiendra, &
qui ont de coutume de ce faire, tuez par ceux à ce députés &
ès lieux accoutemés. Si donnons en mandement par cefdites
préfentes au Prévôt de Paris ou fon Lieutenant & à tous nos
autres Jufticiers & Officiers, ou à leurs Lieutenants & à chacun
d'eux comme à lui appartiendra, que de nos préfens octroi,
congé, permiffion & licence, & de tout le contenu en cefdites préfentes, ils faffent, fouffrent & laiffent dorefnavant lefdits fuppliants & leur dits fucceffeurs jouir & ufer, plainement
& paifiblement, que en ce leur faire mettre ou donner, ne
fouffrir être fait mis, ou donné aucun deftourbier ou empêchement, & à ce faire fouffrir contraignent, fuffent contraindre tous
ceux qu'il appartiendra, & qui pour ce feront à contraindre no
nobftant, oppofitions ou appellations quelconques. Car tel ef
notre plaifir. En témoin de ce nous avons fait mettre notre fce
à cefdites préfentes, donné au Bois de Vincennes le dix huitié
me jour de Juillet l'an de grace mil cinq cent treize, & de no
tre Régne le feiziéme. Ainfi figné fur le repli, par le Roi, Mef
fire Picot la Bervade, Chevalier Maître des Requêtes ordinair
de l'Hôtel, & autres préfens, ainfi, figné Guyot, & Scéll
fur double queue de cire jaune.

LETTRES

De Confirmation des Priviléges des Chaircuitiers de Paris,
données par le Roi Charles IX à Paris
au mois de Juillet 1572.

CHARLES, par la grace de Dieu Roi de France : A
tous ceux qui ces préfentes Lettres verront SALUT, favoir
faifons ; Nous avons reçû l'humble Supplication de nos chers &
bien-Amés les Maîtres Jurés Chaircuitiers Saulciffiers de notre
bonne Ville & Cité de Paris, contenant que feu de bonne mé-
moire notre très-honoré Seigneur & Bizayeul le Roi Louis
Douziéme que Dieu abfolve, dès le dix-huitiéme jour de Juillet
mil cinq cens treize, par fes Lettres-Patentes en forme de
Chartres & Priviléges ci-fous le contre-Scel de notre Chancellerie, attachées pour bonne caufe & confidérations qui l'auroient
mû, leur auroit donné, concédé & octroyé plufieurs priviléges
y contenus, defquels ils ont toujours bien & dûment joui &
ufé, jouiffent & ufent encore de préfent ; mais au moyen qu'ils
n'ont obtenu confirmation de nos Prédéceffeurs Rois, ils dou-
tent qu'on les voulût empêcher en la jouiffance d'iceux priviléges & conceffions, s'ils n'avoient fur ce nos Lettres de confirmation, vouloir & intention à ce néceffaires, humblement
nous requérant leur pourvoir fur ce. Pourquoi ces chofes confi-
dérées, après avoir fait voir ledit privilége ci comme dit eft atta-
ché fous le contre-Scel de notredite Chancellerie, & defirant
bien & favorablement traiter lefdits Expofans & leurs Succeffeurs, & les conferver, maintenir & entretenir en la poffeffion
& jouiffance de leurfdits priviléges, ufages, coutumes, exemptions & franchifes contenues icelles, leur avoir continuées &
confirmées, & de notre certaine fcience, grace fpéciale,
pleine puiffance & Autorité Royale, continuons & confirmons, approuvons, & efmologons, voulons & nous plaît que
d'iceux priviléges & chofes deffufdites, ils & leurs Succeffeurs
jouiffent & ufent pleinement & paifiblement & perpetuelle-

ment, tout ainfi par la forme & maniere qu'ils & leurs Prédéceffeurs en ont ci-devant bien & dûment joui & ufé, jouiffent
& ufent encore de préfent, & tout ainfi que s'ils euffent eu
confirmation de nos Prédéceffeurs Rois, dont & du laps de
tems Nous les avons relevés & relevons de notre puiffance &
autorité que deffus par ces Préfentes ; par lefquelles DONNONS
EN MANDEMENT à nos Amés & Féaux les Gens de notrédite
Cour de Parlement de Paris, Prévôt dudit lieu, ou fon Lieutenant, & à tous nos autres Jufticiers & Officiers qu'il appartiendra, & à chacun d'eux en droit foi, que de nos préfens confirmation & contenu ci-deffus, ils faffent, fouffrent & laiffent
lefdits Supplians & leurs Succeffeurs jouir & ufer pleinement
& paifiblement, fans en ce leur faire mettre, ou donner ne
fouffrir être fait, mis ou donné ores ne à l'avenir, aucuns troubles, deftourbier ou empêchemenr au contraire ; lequel fi fait
mis ou donné leur avoit été ou étoit, l'ôtent & mettent, ou
faffent ôter & mettre incontinent & fans délai à pleine & entiere
délivrance & au premier état & dûs ; Car tel eft notre plaifir
Et afin que ce foit chofe ferme & ftable à toujours, nous avons
fait mettre notre Scel à cefdites préfentes, fauf en autres chofes
notre droit, & l'autrui en toutes. Donné à Paris, au mois de
Juillet l'an de grace mil cinq cens foixante-douze, & de notre
Regne le douziéme. Ainfi figné fur le repli, par le Roi en
fon Confeil, DENIS. Scellé fur double queuë de cire jaune.

ENREGISTREMENT

Defdites Lettres au Châtelet de Paris, le 14 Août 1572.

A Tous ceux qui ces préfentes Lettres verront, ANTOIN
DUPRAT, Chevalier de l'Ordre du Roi, Seigneur d
Nantoillet, Prefy, Rozay & de Formieres, Baron de Thiert
Thoury & Viteaux, Confeiller de Sa Majefté, fon Chambella
Ordinaire & Garde de la Prévôté de Paris, SALUT ; favoir fai
fons que, vû les Lettres-Patentes du Roi, données à Paris a
mois de Juillet l'an mil cinq cens foixante-douze, fignées fu

le repli, par le Roi en fon Confeil, Denis, & fcellées fur double
queuë de cire jaune, obtenues par les Maîtres Jurés Chaircuitiers Saulciffiers de cette Ville & Cité de Paris, par lefquelles
le Roi notredit Seigneur auroit confervé & maintenu lefdits
Jurés & Maîtres dudit état en la jouiffance de leurs priviléges,
ufages, coutumes, exemptions & franchifes contenues en leurs
Lettres de Chartres & Priviléges, defquelles il auroit continué,
confirmé, approuvé & homologué, & à nous mandé les faire jouir
& ufer d'icelles & leurs Succeffeurs pleinement & paifiblement,
fans leur être donné aucun empêchement. Nous, en enfuivant
lefdites Lettres, avons, en la préfence & du confentement du
Procureur du Roi, ordonné & ordonnons que lefdites Lettres
en forme de Chartes, feront regiftrées ès Regiftres ordinaires
du Châtelet de Paris; que lefdits Impétrans jouiront des droits,
priviléges, uzages coutumes, exemptions & franchifes y contenues, avec défenfes à toutes perfonnes de les troubler ne empêcher
en quelque forte & maniere que ce foit, felon le vouloir du
Roi, porté par lefdites Lettres. En témoin de ce, Nous
avons fait mettre à ces Préfentes le Scel de la Prévôté de Paris.
Ce fut fait par noble Homme & fage Meffire Pierre Seguier,
Confeiller du Roi notre Sire, Lieutenant Civil de la Prévôté &
Vicomté de Paris, le Jeudi quatorziéme jour d'Août l'an mil
cinq cens foixante-douze. *Signé* DROUART.

AUTRES LETTRES

*De Confirmation, données à Paris par le Roi Henry IV:
au mois de Mai* 1604.

HENRY, par la grace de Dieu Roi de France & de
Navarre: A tous préfens & à venir, SALUT. Nos chers
& bien-amés les Maîtres Chaircuitiers Saulciffiers de notre Ville
de Paris Nous ont fait remontrer que nos Prédéceffeurs Rois
leur auroient ci-devant concédé plufieurs Statuts, Priviléges,
Ordonnances & Reglemens pour la police & entretenement
de leur Art & Métier, defquels ils auroient joui, comme ils

Q

font encore à préfent ; qu'ils defireroient avoir nos Lettres de
Confirmation , lefquelles ils Nous ont très-humblement fupplié
& requis leur octroyer. Savoir faifons que , Nous inclinant
libéralement à leur fupplication & Requête , à iceux avons
continué & confirmé , & de nos grace fpéciale , pleine puiffance & autorité Royale , continuons & confirmons par ces
Préfentes leurfdits Priviléges , Statuts & Ordonnance fur le
fait de leurdit Art & Métier , ci-attachez fous le contre-fcel de
notre Chancellerie , voulons & nous plaît qu'ils en jouiffent &
leurs Succeffeurs , tout ainfi & en la forme & maniere que
leurs Prédéceffeurs & eux en ont ci-devant bien & dùment
joui & ufé , jouiffent & ufent encore de préfent. Si donnons
en mandement à nos amés & féaux les Gens tenans notre
Cour de Parlement à Paris , Prevôt dudit Paris ou fon Lieutenant , & à tous nos autres Jufticiers & Officiers qu'il appartiendra , que de nos préfentes grace, continuation, confirmation & contenu ci-deffus , ils faffent , fouffrent & laiffent lefd.
Maîtres Chaircuitiers & Saulciffiers de notredite Ville de Paris
& leurfdits Succeffeurs , jouir & ufer pleinement & paifiblement , fans leur faire ou donner ne fouffrir leur être fait , mis
ou donné aucun trouble ou empêchement au contraire ; Car tel
eft notre plaifir : Et afin que ce foit chofe ferme & ftable à toujours , Nous avons fait mettre notre Scel à cefdites Préfentes ,
fauf en autre chofe notre droit , & l'autrui en toutes. Donné
à Paris , au mois de Mai l'an de grace mil fix cens quatre , &
de notre Regne le quinziéme. Signé fur le repli , par le Roi
en fon Confeil, DEVERTON; & à côté *Vifa contentor*, LANGLOYS;
& fcellées en lacs de foye verte & rouge du grand Sceau de
cire verte ; & fur icelui repli eft écrit ce qui enfuit : Regiftré
oüi le Procureur du Roi , pour jouir par les Impétrans de
l'effet & contenu. A Paris en Parlement , le feptiéme Mars mil
fix cens cinq. *Signé* , DUTILLET.

ENREGISTREMENT

Defdites Lettres au Châtelet de Paris, le 22 Janvier 1605.

A Tous ceux qui ces préfentes Lettres verront, JACQUES D'AULMONT, Chevalier, Baron de Chappes, Seigneur de Dun le Palleteau, Confeiller du Roi, Gentilhomme Ordinaire de fa Chambre, & Garde de la Prévôté de Paris, SALUT; fçavoir faifons que, vû les Lettres-Patentes du Roi en forme de Confirmation, données à Paris au mois de Mai mil fix cens quatre, fignées fur le repli, par le Roi en fon Confeil, Deverton; & à côté, *Vifa contentor* Langloys, fcellées du grand Sceau de cire verte en lacs de foye rouge & verte, obtenuës & impétrées par les Maîtres Chaircuitiers Saulciffiers de cette Ville de Paris, par lefquelles & pour les caufes y contenuës, Sa majefté inclinant libéralement la fupplication & Requête defdits Chaircuitiers, à ce que leurs Priviléges, Statuts, Ordonnances & Reglemens de la police & contenement de leur Art & Métier, defquels ils auroient joui, comme ils font encore à préfent, à eux concédés & octroyés par les Prédéceffeurs Rois, Sadite Majefté auroit continué & confirmé leurfdits Priviléges, Statuts & Ordonnances, pour en jouir & ufer pleinement & paifiblement, tout ainfi que leurs Prédéceffeurs & eux en ont bien & dûment joui, & jouiffent encore de préfent; la Requête à Nous préfentée tendante à ce qu'il nous plût leur enterriner lefdites Lettres. Nous, après avoir oüi le Procureur du Roi au Châtelet de Paris, auquel de notre Ordonnance lefdites Lettres ont été montrées & communiquées, & de fon confentement avons ordonné & ordonnons que lefdites Lettres en forme de Confirmation, feront enterrinées, & icelles enterrinons pour jouir par lefdits Impétrans de l'effet & contenu d'icelles, fans qu'il leur foit fait ou donné aucun trouble en leurs Chartres, ou empêchement en quelque chofe & maniere que ce foit, fuivant & conformément auxdites Lettres; En témoin de ce, nous avons fait mettre à

Q ij

ces Préfentes le Scel de la Prévôté & Vicomté de Paris. Ce
fut fait par François Miron, Seigneur du Tremblay, Lignieres
& Bonnes, Conſeiller du Roi en ſes Conſeils d'Etat & Privé,
Prévôt des Marchands de cette Ville de Paris, & Lieutenant-
Civil de la Prévôté & Vicomté de Paris, le Samedi vingt-
deuxiéme jour de Janvier mil ſix cens cinq. *Signé* BAUDRESSON,
& DROUART.

ENREGISTREMENT

Des mêmes Lettres au Parlement, le 7 Mars 1605.

EXTRAIT DES REGISTRES DE PARLEMENT.

VU par la Cour, les Lettres-Patentes du Roi, données à
Paris au mois de Mai dernier, ſignées par le Roi en ſon
Conſeil Deverton, & ſcellées du grand Sceau de cire verte en
lacs de ſoye rouge & verte, par leſquelles pour les cauſes y
contenuës, ledit Seigneur inclinant à la ſupplication à lui faite
par les Jurés Chaircuitiers de la Ville de Paris, continue &
confirme leurs Priviléges, Statuts & Ordonnances ſur le fait
de leur Art & Métier, à eux concédés par ſes Prédéceſſeurs
Rois, veut & lui plaît qu'eux & leurs Succeſſeurs en jouiſſent
tout ainſi que leurs Prédéceſſeurs & eux en ont ci-devant
joui & uſé, comme plus amplement le contiennent leſdites
Lettres; Requêtes préſentées à ladite Cour par leſdits Jurés
Chaircuitiers, & tendant à fin de vérification deſdites Lettres;
les Lettres & Piéces attachées ſous le Contre-ſcel d'icelles,
Concluſions du Procureur Général du Roi; & tout conſidéré,
ladite Cour a arrêté & ordonné que leſdites Lettres ſeront regiſ-
trées ez Regiſtres d'icelle. Oüi le Procureur Général du Roi,
pour jouir par les Impétrans de l'effet & contenu en icelles,
comme ils en ont ci-devant bien & dûment joui & uſé,
jouiſſent & uſent encore à préſent. Fait en Parlement, le
ſeptiéme Mars l'an mil ſix cens cinq. Ainſi *Signé*, DU TILLET.

AUTRES LETTRES

De Confirmation, données à Paris par le Roi Louis XIII.
le 26 Mai 1611.

LOUIS, par la grace de Dieu, Roi de France & de Navarre; A tous préfens & à venir, SALUT. Nos chers & bien-amés les Maîtres Chaircuitiers & Saulciffiers de notre Ville de Paris, nous ont fait remontrer que nos Prédéceffeurs Rois leur auroient ci-devant concédé plufieurs Statuts, Priviléges, Ordonnances & Reglemens pour la police & entretenement de leur Art & Métier, defquels ils auroient joui comme ils font encore à préfent, qu'ils defireroient avoir nos Lettres de Provifion, lefquelles ils nous ont très-humblement fupplié & requis leur octroyer; favoir faifons que, Nous inclinant libéralement à leur Supplication & Requête, à iceux avons continué & confirmé, & de nos grace fpéciale, pleine puiffance & autorité Royale, continuons & confirmons par ces Préfentes leurfdits Priviléges, Statuts & Ordonnances fur le fait de leurdit Art & Métier ci-attachés fous le Contre-fcel de notre Chancellerie, Voulons & nous plaît qu'ils en jouiffent & leurs Succeffeurs, tout ainfi & en la forme & maniere que leurs Prédéceffeurs & eux en ont ci-devant bien & dûment joui & ufé, jouiffent & ufent encore de préfent. Si donnons en mandement à nos Amés & Féaux les Gens tenans notre Cour de Parlement à Paris, Prevôt dudit Paris ou fon Lieutenant, & à tous nos autres Jufticiers & Officiers qu'il appartiendra, que nos préfentes graces, continuation, confirmation & contenu ci-deffus, ils faffent, fouffrent & laiffent lefdits Maîtres Chaircuitiers & Saulciffiers de notredite Ville de Paris & leurfdits Succeffeurs, jouir & ufer pleinement & paifiblement, fans leur mettre, ou donner ne fouffrir leur être fait, mis ou donné aucun trouble ou empêchement au contraire. Car tel eft notre plaifir: Et afin que ce foit chofe ferme & ftable à toujours, Nous avons fait mettre notre Scel à cefdites

Préfentes, fauf en autres chofes notre droit, & l'autrui en toutes, donné à Paris, le vingt-fixiéme jour de Mai, l'an de grace mil fix cens onze, & de notre règne le deuxiéme. Ainfi *figné*, LOUIS; Et fur le repli, par le Roi, la Reine Régente fa Mere préfente, POTIER; & fcellé fur double queuë en lacs de foye bleuë & incarnat de cire verte; & fur ledit repli eft écrit ce qui enfuit : Regiftrées oüi le Procureur Général du Roi, pour jouir par les Impétrans du contenu, ainfi que ci-devant en ont bien dûment joui & ufé, jouiffent & ufent. A Paris en Parlement, le quatorziéme Juillet mil fix cens onze. *Signé* DU TILLET. Et au dos eft encore écrit ce qui enfuit : Regiftré au Regiftre appellé le Livre Vieil, étant en la Chambre du Procureur du Roi, où font regiftrées les Statuts & Ordonnances des Métiers, ce vingt fixiéme Juillet mil fix cens onze. Et plus bas, LÉGRA. *Avec Paraphe.*

ENREGISTREMENT

Defdites Lettres au Parlement, le 14 *Juillet* 1611.

EXTRAIT DES REGISTRES DE PARLEMENT.

VU par la Cour les Lettres-Patentes du vingt-fixiéme jour de Mai dernier, fignées LOUIS, & fur le repli, par le Roi la Reine Regente fa Mere préfente, POTIER, fcellées du grand Scel de cire verte, de confirmation aux Maîtres Chaircuitiers de Paris, des Statuts & priviléges auxdits Maîtres Chaircuitiers de Paris, à eux octroyés par les défunts Rois, Requête par eux préfentée à fin d'enterrinement d'icelles, Conclufions du Procureur Général du Roi; tout confideré, ladite Cour a ordonné & ordonne que lefdites Lettres feront regiftrées en icelle, oüi le Procureur Général du Roi, pour jouir par les Impétrans du contenu en icelles, ainfi que ci-devant en ont bien & dûment joui & ufé, jouiffent & ufent. Fait en Parlement, le quatorziéme jour de Juillet mil fix cens onze.

Signé VOISIN.

ENREGISTREMENT

Des mêmes Lettres en la Chambre du Procureur du Roi,
le 26 Juillet 1611.

A Tous ceux qui ces préfentes Lettres verront : JACQUES
D'AULMONT, Chevalier, Baron de Chappes, Sieur de
Dun le Palleteau, Confeiller du Roi, Gentilhomme Ordinaire
de fa Chambre, & Garde de la Prevôté de Paris, SALUT;
favoir faifons que, vû les Lettres-Patentes du Roi données à
Paris le vingt-fixiéme jour de Mai mil fix cens onze dernier,
fignées LOUIS; & fur le repli, par le Roi, la Reine Regente
fa Mere préfente, POTIER, & fcellées du grand Scel en lacs
de foye de cire verte, obtenues & impétrées par les Maîtres
Chaircuitiers Saulciffiers de cette Ville de Paris, par lefquelles
pour les caufes y contenuës, appert à Sa Majefté leur avoir continué & confirmé leurs Statuts & Ordonnances pour en jouïr
& leurs Succeffeurs, tout ainfi & en la forme & maniere que
leurs Prédéceffeurs en ont ci-devant joui & ufé, joüiffent &
ufent encore de préfent; l'Arrêt de la Cour de Parlement du
quatorziéme du préfent mois de Juillet, figné Voifin, portant
la vérification & enterrinement defdites Lettres; la Requête à
Nous par eux préfentée, tendant à ce qu'il nous plût leur enterriner & vérifier icelles : Nous, en fuivant lefdites Lettres, avons
en la préfence & confentement du Procureur du Roi au Châtelet de Paris, auquel de notre Ordonnance le tout a été montré
& communiqué, enterriné & enterrinons auxdits Impétrans
lefdites Lettres, pour par eux leurs Succeffeurs jouïr de l'effet
& contenu defdites Lettres felon leur forme & teneur, lefquelles
Lettres feront régiftrées ès Regiftres des Bannieres dudit Châtelet, pour y avoir recours quand befoin fera : En témoin de ce,
nous avons fait mettre à ces Préfentes le Scel de la Prevôté de
Paris. Ce fut fait par Meffire NICOLAS LE BAY, Seigneur de la
Maifon Rouge & de Teilly, Confeiller du Roi en fes Confeils
d'Etat & Privé, & Lieutenant Civil d'icelle, Prevôté & Vicomté, le Vendredi vingt-neuviéme jour de Juillet mil fix cens
onze. Ainfi *Signé* BAUDRESSON & DROUART.

QUITTANCE

*De la Finance payée par la Communauté des Maîtres Chaircui-
tiers, pour droit de confirmation de fes Statuts
& priviléges du 16 Juin 1612.*

J'Ai reçû de Philippes Efverard, Jean Bourdon, Touffaints
Gafleau, & Olivier Jubain, Jurés Chaircuitiers à Paris, la
fomme de quatre-vingt livres à laquelle ils ont été taxés pour
le droit de confirmation de leurs priviléges deû à Sa Majefté, à fon avénement à la Couronne. Fait le feiziéme jour
de Juin mil fix cent douze, & plus bas eft écrit ; Quittance
du Tréforier des Parties Cafuelles, de la fomme de quatre-
vingt livres, figné A R D I E R ; Et au-deffous eft auffi écrit au
Rolle du quatorziéme dudit mois, mil fix cent douze, a été
payé quarante-huit fols pour les Commandemens & Vacations,
& au dos eft encore écrit enregiftrée au Controlle général des
Finances ; par moi foufigné Commis de Monfieur le Con-
trolleur général à Paris, le deuxiéme jour de Juillet mil fix
cent douze. *Signé* LHOSTE.

DECLARATION

DECLARATION DU ROI,

EN FORME

DE NOUVEAUX STATUTS,

POUR LES MAÎTRES CHAIRCUITIERS

DE LA VILLE ET FAUXBOURGS DE PARIS.

Du 24 Octobre 1705.

LOUIS par la grace de Dieu, Roi de France & de Navarre : A tous ceux qui ces presentes Lettres verront, Salut. Par notre Edit du mois d'Août mil sept cent un, Nous
avons ordonné que tous les Officiers de notre Royaume,
dont les Offices sont héréditaires ou en survivance, demeureroient maintenus & confirmez dans l'heredité, à la charge
de Nous payer par chacun d'eux les sommes pour lesquelles
ils seroient compris dans les Roles qui seroient arrrêtés à cet
effet, & les deux sols pour livre d'icelles qui leur tiendroient
lieu d'augmentation de finance : Et par Arrêt de notre Conseil du onze Juillet mil sept cent deux, Nous avons ordonné
que ledit Edit seroit exécuté à l'égard des Communautés &
Officiers tant de Judicature qu'autres qui ont fait réunir à leurs
Corps & Communautés des Offices, droits ou taxations herédi-
taires ; En conséquence desquels Edit & Arrêt, les Jurés &
Communauté des Maîtres Chaircuitiers de notre bonne Ville
de Paris, ont été employez, pour la somme de sept mille
trois cens trente-quatre livres, & les deux sols pour livre, à
cause des Offices de Sindics Jurés & d'Auditeurs des Comptes de leur Communauté créez ès années mil six cent quatre-vingt onze, & mil six cent quatre-vingt quatorze, dont
Nous leur avons ci-devant accordé la réunion. Et comme
par deux Edits du mois de Juillet mil sept cent deux, par

R

l'un defquels Nous avons créé par chaque Corps des Marchands
& Communautés d'Arts & Métiers de notre Royaume, un
Tréforier-Receveur & Payeurs de leurs deniers communs,
lefdits Jurés prenans occafion de ladite taxe de confirmation,
& confidérant qu'il ne pouvoit y avoir rien de plus avantageux
pour leur Communauté, que d'y réunir pareillement ledit Office de Tréforier avec les taxations & droits qui y font attachés,
& les gages tels qu'il Nous plairoit d'y attribuer, ils Nous auroient très-humblement fait fupplier de leur accorder ladite
réunion & celle de deux Offices de Courtiers-Vifiteurs de Chairs
de Porcs morts, Lards & Graiffes, dans ladite Ville, Fauxbourgs & Banlieue de Paris, créés par l'autre Edit du mois de
Juillet, aux droits, fonctions, priviléges & exemptions portées par ledit Edit, & de Nous contenter, fçavoir d'une fomme
de huit mille fix cens trente-fept livres de principal, & de
huit cens foixante-trois livres quatorze fols pour les deux fols
pour livre, tant pour la finance dudit Office de Tréforier,
que pour ladite taxe de confirmation d'heredité, & de celle de
trente mille livres d'une part pour la finance defdits deux
Offices de Courtiers-Vifiteurs defdites Chairs de Porcs morts,
Lards & Graiffes, & trente-deux mille livres d'autre part pour
la réunion de deux pareils anciens Offices de Courtiers-Vifiteurs; lefquelles propofitions & offres Nous avons bien voulu
accepter, & en conféquence avons ordonné par les Arrêts
de notre Confeil des douze Août & quatorze Octobre mil
fept cent deux, & quinze Mai mil fept cent trois, qu'en
payant par eux lefdites fommes dans certains termes, ils jouiroient tant du bénéfice de ladite confirmation d'heredité & dudit Office de Tréforier, que defdits quatre Offices de Courtiers-Vifiteurs de Chairs de Porcs morts, Lards & Graiffes,
qui demeureront unis & incorporés à leur Communauté, avec
les droits, priviléges & exemptions attribuez aufdits Offices,
& deux cens livres de gages actuels & effectifs par chacun an
pour ledit Office de Tréforier, à commencer du premier Janvier mil fept cent trois; même leur avons permis d'emprunter lefdites fommes en tout ou partie, & accordé aux prêteurs
le privilége & hypotéque fpéciale fur lefdits Offices, droits
& gages y attribuez; pour l'exécution defquels offres, & at-

tendu que lesdits Jurés ne font pas assurés de trouver à emprunter dans le public des deniers suffisans pour les remplir,
comme ils n'ont rien tant à cœur que de nous marquer leur zé-
le, & leur obéissance à nos volontés, ils croyent qu'ils seront
obligés de lever par forme de prêt sur eux-mêmes ce qui pourra leur manquer, laquelle levée ils ne peuvent faire sans notre
permission; d'ailleurs jugeant nécessaire de pourvoir à ce que
les arrérages des sommes qu'ils emprunteront du public, ou
qu'ils leveront par répartition, soient exactement payés, &
même qu'il puisse y avoir de tems à autre du revenant bon pour
l'employer à l'extinction du principal, ce qui ne se peut faire
qu'en imposant quelques droits nouveaux sur les Visites & sur
les Réceptions, & en se prescrivant entr'eux des Réglemens
qui les maintiennent dans une exacte discipline, & empêchent
les abus qui détruisent ordinairement les Communautés les
mieux établies, ils ont pris entr'eux sous notre bon plaisir le
quatorze Mai mil sept cent cinq, une Délibération contenant
plusieurs dispositions qu'ils désireroient qu'il Nous plût autoriser: Et voulant favorablement traiter ladite Communauté des
Maîtres Chaircuitiers de notre bonne Ville & Fauxbourgs de
Paris; leur donner des marques de la satisfaction que Nous avons
de leur obéissance, & leur faire ressentir les effets de notre
protection: A CES CAUSES & autres à ce Nous mouvans,
après avoir fait examiner en notre Conseil les Articles & Pro-
positions que lesdits Maîtres Chaircuitiers ont fait rédiger par
écrit, notre certaine science, pleine puissance & autorité
Royale, Nous avons par ces Présentes signées de notre main,
conformément à nos Edits des mois d'Août mil sept cent un,
Juillet mil sept cent deux, aux Arrêts de notre Conseil des douze Août & quatorze Octobre mil sept cent deux, & quinze Mai
mil sept cent trois, maintenu & confirmé, maintenons
& confirmons ladite Communauté des Maîtres Chaircuitiers
de notre bonne Ville & Fauxbourgs de Paris, dans l'heredité
de leurs Offices de Syndics & Jurés, & d'Auditeurs de leurs
Comptes, dont Nous leur avons ci-devant accordé la réunion;
& de la même autorité que dessus, avons uni & incorporé,
unissions & incorporons à ladite Communauté tant l'Office de
Trésorier-Receveur & Payeur de leurs deniers communs, créé

R ij

deux Offices de Courtiers-Vifiteurs de Chairs de Porcs morts, par notre Edit du mois de Juillet mil fept cent deux, que les Lards & Graiffes, créés par autre notre Edit du même mois pour ladite Ville, Fauxbourgs & Banlieue de Paris, & les deux anciens Offices de pareils Courtiers-Vifiteurs defdits Porcs morts, Lards & Graiffes, pour jouir par ladite Communauté des droits, priviléges & exemptions à cefdits Offices attribuez, & en outre de deux cens livres de gages actuels & effectifs par chacun an pour ledit Office de Tréforier, à commencer du premier Janvier mil fept cent trois, lefquels Gages leur feront payés par chacun an par le Receveur Général de nos Finances de notre Ville & Généralité de Paris en exercice, fans que pour raifon defdits Offices ladite Communauté foit obligée de prendre aucunes Lettres de Provifion pour le préfent, ni pour l'avenir, ni de payer aucuns droits de Réceptions que pour la premiere fois feulement, foit au Châtelet, en l'Hôtel de notre bonne Ville de Paris, ou autres Jurifdictions, dont Nous les avons difpenfés, difpenfons & déchargeons par ces Préfentes, ni que ladite Communauté foit ci-après tenue d'aucunes taxes de confirmation d'heredité defdits Offices, dont Nous les déclarons exempts, à la charge de Nous payer la fomme de huit mille fix cens trente-fept livres pour ladite confirmation d'heredité des Offices de Jurés & d'Auditeurs de leurs Comptes, & pour la finance de l'Office de Tréforier, fur les quittances du Receveur de nos Deniers cafuels, & en attendant l'expédition d'icelles, fur les récepiffés de Me Jean Garnier, que Nous avons chargé de ce Recouvrement, ou de fes Procureurs ou Commis; & celle de huit cens foixante & trois livres quatorze fols pour les deux fols pour livre, fur les quittances dudit Garnier, lefdites deux fommes faifant enfemble celle de neuf mille cinq cens livres quatorze fols, payables dans les termes portés par ledit Arrêt du quinze Mai mil fept cent trois; comme auffi en Nous payant la fomme de trente mille livres d'une part, & celle de trente-deux mille livres d'autre, pour la réunion defdits quatre Offices de Courtiers-Vifiteurs de Porcs morts, Lards & Graiffes, fuivant les Arrêts de notre Confeil des douze Août & quatorze Octobre mil fept cent deux, à l'effet de quoi permettons

aux Syndic & Jurés de ladite Communauté d'emprunter, si
fait n'a été, conformément ausdits Arrêts : VOULONS que
ceux qui prêteront leurs derniers ayent privilège & hypoteque
spéciale fur lefdits Offices, droits & gages y attribués, comme
auffi fur les deniers qui feront levés par augmentation en conféquence des Préfentes, & généralement fur tous les biens,
effets & revenus de ladite Communauté, & que les arrérages
leur en foient payés d'année en année à raifon du denier vingt ;
Et pour donner moyen à ladite Communauté, non feulement
de payer annuellement lefdits arrérages, mais encore d'acquitter de tems à autre quelque partie du principal, en forte qu'elle foit liberée le plus promptement qu'il fera poffible, comme auffi pour maintenir la difcipline qui doit être entre les
Maîtres de ladite Communauté, & empêcher les entreprifes
qui fe font fur leur profeffion, Nous avons par ces mêmes
Préfentes dit, ftatué & ordonné ; difons, ftatuons & ordonnons, voulons & Nous plaît ce qui enfuit.

ARTICLE PREMIER.

Les Jurés & Syndic feront élus à la pluralité des voix de
tous les Maîtres de ladite Communauté, le jour de Saint Remi
de chacune année, & ils feront leurs fonctions comme ayant
l'Edit du mois de Mars mil fix cent quatre-vingt-onze.

ARTICLE II.

Les deux derniers Jurés feront Adminiftrateurs de la Confrairie, pour avoir le foin de toutes les chofes qui la concerneront,
pour laquelle Confrairie chaque Maître ou Veuve payera vingt
fols par chacun an ; & les Jurés fe rendront tous les Vendredis
de chaque femaine à la Meffe qui fera dite en l'Eglife des grands
Auguftins, comme il s'eft pratiqué par le paffé, fans qu'ils en
puiffent être difpenfés, finon en cas de maladie, ou autres empêchemens légitimes, & tiendront un fidéle Regiftre de la ré-
cette & dépenfe qu'ils feront, dont ils rendront compte à la fin
defdites deux années à l'Affemblée qui fera convoquée defdits
Maîtres au Bureau de ladite Communauté.

ARTICLE III.

Les Jurés seront tenus de remplir les fonctions de Courtiers-Visiteurs de Porcs morts, Lards & Graisses, & en percevront les droits conformément à nos Edits & Arrêts de notre Conseil, & feront tous les jours de Marché, leurs Visites ès Halles, Places, Boutiques, Bureaux, Marchés, & autres lieux de ladite Ville, Fauxbourgs & Banlieue de Paris, où se vendent & débitent les Porcs morts, frais ou salés, par morceaux ou autrement, tant par les Maîtres Chaircuitiers que forains, ou autres vendans & débitans lesdites Marchandises, conformément à l'Edit de Création du mois de Juillet mil sept cent deux, & aux Arrêts de Réunion; & feront lesdits Jurés leurs rapports des contraventions & abus devant le Lieutenant Général de Police, ainsi que les anciens Jurés & les anciens Courtiers-Visiteurs étoient obligés de faire suivant les Statuts de ladite Communauté.

ARTICLE IV.

Il sera élu de deux en deux ans ledit jour de saint Remi, à la pluralité des voix, un Maître de ladite Profession pour faire les fonctions de Trésorier, conformément à l'Edit de Création du mois de Juillet mil sept cent deux, lequel Maître (dont la Communauté demeurera responsable) fera la recette de tous les droits généralement quelconques appartenans à ladite Communauté, & il sera tenu d'en rendre compte de six en six mois en présence de huit anciens, au moins de ceux qui auront été avertis à cet effet, lesquels parapheront les feuilles de chacun mois, dont il sera fait mention sur le registre de ladite Communauté.

ARTICLE V.

Feront lesdits Jurés quatre visites générales par chacun an dans les Boutiques des Maîtres de ladite Communauté, pour chacune desquelles il sera payé vingt sols ausdits Jurés par ceux desdits Maîtres qui n'auront pas exercé la Jurande, & ceux qui l'auront exercée seront exempts de ce droit, sans néanmoins être exempts desdites visites, conformément à notre Déclaration du quinze Mai mil six cent quatre-vingt onze, & aux Arrêts de notre Conseil des vingt-sept Mai & six Juin mil sept cent quatre.

ARTICLE VI.

A la fin de chacune année il fera convoqué une Assemblée générale, pour examiner l'état des affaires de la Communauté & les fonds qui feront ès mains du Tréforier, pour être employés au payement des rentes qui feront dûes, & au remboursement de partie des principaux s'il y a lieu, à commencer par ceux qui auront les premiers prêté leurs deniers; & en cas qu'il s'en trouve de pareille date, on commencera par ceux qui en auront le plus de befoin, fuivant qu'il fera arrêté par le Lieutenant Général de Police, pardevant lequel & notre Procureur au Châtelet, il fera rendu compte par ledit Tréforier un mois après la fin de chaque année, de la recette par lui faite defdits droits; conformément aufdits Edits, Déclarations & Arrêts; & de la dépenfe qu'il en aura pareillement faite, lefquels droits cefferont d'être perçus après que ladite Communauté fera entiérement acquittée des fommes par elle empruntées pour la réunion defdits Offices, tant en intérêts & principaux, qu'en frais faits au fujet defdits emprunts & recouvrement defdits droits, fans que le produit d'iceux puiffe être employé à d'autres ufages, ni au payement d'autres créances.

ARTICLE VII.

Nul à l'avenir ne pourra être reçû Maître de ladite Communauté, qu'il n'ait fon apprentiffage de quatre années complettes, & enfuite fervi cinq ans de Compagnon chés les Maître, pour fe parfaire audit Métier, ce que les Afpirans feront tenus de juftifier par leurs brevets d'apprentiffage, par les Certificats des Maîtres où ils l'auront fait, les Veuves ou Héritiers, & de ceux où ils auront fervi pendant ledit tems, comme auffi ne pourront lefdits Afpirans être reçûs Maîtres, qu'il n'ayent fait leur chef-d'œuvre, & qu'ils ne foient trouvés de bonne vie & mœurs, & de la Religion Catholique, Apoftolique & Romaine.

ARTICLE VIII.

Le Brevet d'Apprentiffage fera paffé pardevant Notaire, en préfence de deux defdits Jurés au moins, à peine de nullité

dudit Brevet, & payera ledit Apprentif, après ledit Brevet paſ-
fé, en entrant chez ſon Maître, douze livres au profit de la
Communauté, conformément à notredite Déclaration du quinze Mai mil ſix cent quatre-vingt-onze, & auſdits Arrêts de notre Conſeil, & ſera ledit Brevet enregiſtré ſur le Regiſtre de
ladite Communauté à la diligence du Maître, dans la quinzaine de la paſſation dudit Traité, à peine de trente livres d'amende, applicable moitié à l'Hôpital général, & l'autre moitié à la
Communauté, & ledit Maître ſera en outre tenu & reſponſable
de tous les dommages & intérêts de l'Apprentif.

ARTICLE IX.

Le prix du chef-d'œuvre ſera payé par l'Aſpirant, & il ſera
fait en préſence des Syndic & Jurés, des Anciens, & dix
Jeunes qui aſſiſteront tour à tour, & ce ſuivant l'ordre de leur
réception, auſquels pour tous droits il payera, ſçavoir à
chacun deſdits Syndic & quatre Jurés en charge deux livres;
à chacun des Anciens qui auront paſſé les Charges vingt ſols;
& aux dix Jeunes qui y aſſiſteront, chacun dix ſols, & huit
livres pour la boëte de la Confrairie; & outre ce, ledit Aſpirant payera avant que d'être reçu Maître, la ſomme de cinq
cens livres, au lieu de celle de quatre cens livres portée par
notredite Déclaration & leſdits Arrêts de notre Conſeil, pour
être employée aux affaires de la Communauté; & vingt-une
livres lorſqu'il ouvrira boutique. Seront néanmoins les Fils
de Maîtres exempts de faire chef-d'œuvre, & de tous les droits
ci-deſſus, à la réſerve de ceux des Syndic, des quatre Jurés
& des Anciens ſeulement.

ARTICLE X.

Les Apprentifs ſeront tenus de demeurer actuellement en la
maiſon & ſervice de leurs Maîtres, ſans pouvoir demeure
ailleurs, ni s'abſenter, ni quitter leurs Maîtres pendant le
quatre années de leur apprentiſſage, ſans cauſe légitime, &
jugée telle par le Lieutenant Général de Police, à peine d
cinquante livres d'amende, tant contre l'Apprentif que contr
le Maître qui le receyroit, d'être déchu de l'Etat & Métier (
l'égar

l'égard de l'Apprentif,) d'interdiction à l'égard des Maîtres pendant fix mois.

ARTICLE XI.

Chacun Maître dudit Etat & Métier ne pourra avoir, ni tenir enfemble que deux Apprentifs, dont le premier aura du moins trois ans de fervice, à peine contre ledit Maître de trente livres, dont quinze livres d'amende envers le Roi, & le furplus au profit de ladite Communauté.

ARTICLE. XII.

Nul Maître de ladite Communauté ne pourra prendre aucun Compagnon avant la mi-Carême de chacune année, ni aucun Compagnon fortir de chez fon Maître devant le Mercredi des Cendres de l'année fuivante, à peine de cinquante livres applicables comme deffus ; & les Compagnons qui fortiront de chez les Maîtres avant ledit temps, fans caufe légitime, ou un congé par écrit, ils ne pourront prétendre aucuns gages, & feront en outre condamnés en tels dommages & intérêts qu'il appartiendra.

ARTICLE XIII.

Les Veuves des Maîtres pourront tenir boutiques ouvertes ; faire le même commerce, & débiter la même Marchandife qu'auroient pû faire leurs maris, & ce pendant qu'elles demeureront en viduité feulement, fans pouvoir prendre aucun Apprentif : Pourront toutefois les Apprentifs de leurs défunts maris achever le temps de leurs apprentiffages en la maifon defdites Veuves.

ARTICLE XIV.

Ne pourront lefdits Maîtres ou leurs Veuves, tenir qu'une boutique ouverte fur rue en cette Ville & Fauxbourgs de Paris, leurs défendons de colporter ou faire colporter, vendre ni débiter aucunes Marchandifes dudit Etat & Métier par les rues, à peine de confifcation & de trois cens livres applica-

S

bles comme deſſus. Ne pourront auſſi leſdits Maîtres, ni leurs Veuves, prêter leur nom à quelque perſonne que ce ſoit pour faire ledit commerce, à peine, pour la premiére fois, de pareille ſomme de trois cens livres applicable comme deſſus; & en cas de récidive, d'être privés de la Maîtriſe à l'égard des Maîtres; & à l'égard des Veuves, d'être déchûes de leurs priviléges.

ARTICLE XV.

Les Syndic & Jurés ſeront tenus d'avoir un Regiſtre dans leur Bureau pour y tranſcrire toutes les affaires qui concerneront ladite Communauté, tant pour les Réceptions des Maîtres & Apprentifs, Elections des Jurés, Délibérations, que généralement pour tous autres Actes, lequel Regiſtre ſera mis ès mains de ceux qui ſuccéderont, pour y avoir recours quand il en ſera néceſſaire: & lorſque la Communauté ſera aſſemblée, tous les Maîtres qui auront été mandés ſeront tenus de s'y trouver, & de s'y comporter avec décence & reſpect, à peine de trois livres d'amende, ou telle autre peine qui ſera ordonnée par le Lieutenant Général de Police, ſur le rapport qui lui en ſera fait par le Syndic en charge.

ARTICLE XVI.

Défendons à tous particuliers de quelque Art & profeſſion que ce ſoit, d'entreprendre ſur le Métier & Commerce des Maîtres Chaircuitiers de ladite Communauté, & notamment à tous Marchands de Vin, de tuer ni faire tuer aucun Porc, en vendre, ni débiter aucunes Chairs dans leurs Maiſons & Tavernes, qu'ils ne les ayent achetés chez leſdits Chaircuitiers, conformément à l'Arrêt de notre Parlement de Paris du quatorze Mars mil ſept cent un. Permettons auſdits Chaircuitiers, en cas qu'ils ayent avis de quelque entrepriſe ſur leur Profeſſion, d'aller en viſite chez les contrevenans, en conſéquence des Permiſſions particulieres qui leur ſeront accordées par le Lieutenant Général de Police de notre bonne Ville & Fauxbourgs de Paris, & en préſence d'un des Commiſſaires du Châtelet qui ſera par lui commis; & chacun des contrevenans fera condamné en trois cens livres applicables comme deffus ; avec confifcation des Marchandifes & Uftanciles qui fe trou_ veront compris dans les faifies.

ARTICLE XVII.

Et d'autant qu'il eft du bien public que la Police de notre bonne Ville de Paris & des Fauxbourgs foit uniforme & ob- fervée également, permettons aux Syndic & Jurés de ladite Communauté de faire leurs Vifites dans les maifons des Chair⸗ cuitiers du Fauxbourgs Saint Antoine, dans l'enclos du Tem- ple, de Saint Jean de Latran, de Saint Denis de la Chartre, de l'Abbaye Saint Germain des Prez, dans la rue de Lourfi- ne, rues adjacentes, Colléges, & autres lieux privilégiés, ou prétendus tels ; comme auffi dans les maifons de ceux qui exer- cent la profeffion de Chaircuitiers à titre de Privilége du Pré- vôt de notre Hôtel, ou autrement : Et en cas qu'ils y trou- vent des Marchandifes défectueufes de leur Profeffion, ils fe pourvoiront pardevant le Lieutenant Général de Police en quelques lieux que les faifies ayent été faites, fans néanmoins que lefdits Syndic & Jurés puffent prétendre aucuns droits de Vifites defdits Chaircuitiers à titre de Privilége, ni de ceux qui exercent ladite Profeffion dans les lieux privilégiés, à moins que lefdits Chaircuitiers ne foient auffi Maîtres de ladite Com- munauté.

ARTICLE XVIII. ET DERNIER.

Voulons au furplus que les Statuts, Articles & Ordonnan- ces concernant ladite Communauté des Maîtres Chaircui- tiers, Saulciffeurs, Boudiniers, Courtiers-Vifiteurs de Porcs morts, Lards & Graiffes de notredite Ville, Fauxbourg & Banlieue de Paris, enfemble les Déclarations, Arrêts, Sen- tences & Réglemens de Police rendus en conféquence en fa- veur de ladite Communauté, lefquels Nous avons confirmés & confirmons, foient executés félon leur forme & teneur, en ce qu'ils ne font contraires à ces Préfentes, & défendons aux Maîtres de ladite Communauté d'y contrevenir, à peine de cinquante livres d'amende, applicables comme deffus. S I

S ij

D ONNONS en mandement à nos amés & feaux Confeillers les Gens tenans notre Cour de Parlement à Paris , que ces
Préfentes ils ayent à faire lire , publier & regiftrer , & du contenu en icelles faire jouir & ufer lefdits Maîtres Chaircuitiers
de notredite Ville & Fauxbourgs de Paris , felon leur forme &
teneur. CAR tel eft notre plaifir. E N TE'MOIN de quoi
Nous avons fait mettre nôtre Scel à cefdites Préfentes. Données à Fontainebleau le vingt-quatriéme jour d'Octobre l'an
de grace mil fept cent cinq , & de notre Regne le foixante-
troifiéme. *Signé* , L O U I S. Par le Roi , P H E L I P A U X. Vû
au Confeil , C H A M I L L A R T.

*Regiftrées , oui le Procureur Général du Roy , pour jouir par
ladite Communauté de l'effet & contenu en icelles , & être exécutées felon leur forme & teneur , fuivant & aux charges portées par
l'Arrêt de ce jour. A Paris en Parlement le* 12 *Mai* 1710. Signé , L O R N E.

Etrait des Regiftres de Parlement.

V U par la Cour les Lettres Patentes du Roi en forme
de Déclaration , données à Fontainebleau le vingt-quatriéme jour d'Octobre mil fept cent cinq , fignées , L O U I S ,
& plus bas: Par le Roi , P H E L I P E A U X , & fcellées du grand
Sceau de cire jaune , obtenues par Gabriel Tremblay , Jean
Coquard , Marcoul le Duc , & Marc Pinard , Jurés en char-
de de la Communauté des Maîtres Chaircuitiers de cette Ville
de Paris , par lefquelles , pour les caufes y contenues, le Seigneur Roi a maintenu & confirmé ladite Communauté dans
l'heredité des Offices de Sindic , Jurés & d'Auditeurs de leurs
Comptes , & a le Seigneur Roi réuni & incorporé à ladite
Communauté tant l'Office de Tréforier-Receveur & Payeur
de leurs Deniers communs , créé par Edit du mois de Juillet
mil fept cent deux , que les deux Offices de Courtiers-Vifiteurs de Chairs de Porcs mort , Lards & Graiffes , créés par
autre Edit du même mois de Juillet mil fept cens deux , &

· les deux Anciens Offices de pareils Courtiers-Vifiteurs defdits Porcs morts, Lards & Graiffes, pour jouir par ladite Communauté des droits, priviléges & exemptions attribués aufdits Offices, & en outre de deux cens livres de gages actuels & effectifs par chacun an pour ledit Tréforier, à commencer du premier Janvier 1703, à la charge par ladite Communauté de payer les fommes pour lefquelles elle a été taxée. Veut & lui plaît le Seigneur Roi, que la difcipline qui doit être entre les Maîtres de ladite Communauté, à empêcher les entreprifes qui fe font fur leur Communauté, enfemble des Réglemens & Statuts par eux rédigés, contenans dix-huit Articles, foient executez felon leur forme & teneur, & ainfi que plus au-long le contiennent lefdites Lettres en forme de Déclaration à la Cour adreffantes. Requête préfentée par les Impetrans à fin d'enregiftrement d'icelles. Conclufions du Procureur Général du Roi : Oui le Raport de Mᵉ François Robert Confeiller ; & tout confidéré, LA COUR avant procéder à l'enregiftrement defdites Lettres, ordonne qu'elles feront communiquées au Lieutenant Général de Police, au Subftitut du Procureur Général du Roi au Châtelet de Paris, pour y donner leurs Avis, pour ce fait, rapporté & communiqué au Procureur Général du Roi, être ordonné ce que de raifon. Fait au Parlement le deuxiéme Décembre mil fept cent cinq. *Signé,* DU TILLET. Collationné, *avec paraphe.*

Avis de Monfieur le Lieutenant Général de Police, & de Monfieur le Procureur du Roi.

VU PAR NOUS MARC RÉNÉ' DE VOYER PAULMY, Chevalier, Marquis D'ARGENSON, Confeiller d'Etat ordinaire, Lieutenant Général de Police de la Ville, Prévôté & Vicomté de Paris, & CLAUDE ROBERT, Confeiller du Roi en fes Confeils, Procureur de Sa Majefté au Châtelet de Paris, les Lettres Patentes du Roi en forme de Déclaration, données à Fontainebleau le vingt-quatriéme jour d'Octobre mil fept cent cinq, fignées LOUIS, & plus bas : par le Roi, PHE-

LIPEAUX, & fcellées du grand Sceau de cire jaune, obtenues
& impétrées par les Jurés & Communauté des Maîtres Chaircuitiers de cette Ville de Paris ; par lefquelles Lettres, & pour
les caufes y contenues, Sa Majefté auroit conformément aux
Edits des mois d'Août mil fept cent un, & Juillet mil fept
cent deux, & aux Arrêts du Confeil des douze Août & quatorze Octobre mil fept cent deux, & quinze Mai mil fept cent
trois, maintenu & confirmé ladite Communauté des Maîtres
Chaircuitiers de cette Ville & Fauxbourgs de Paris, dans l'heredité de leurs Offices de Syndic & Jurés, & d'Auditeurs
de leurs Comptes, dont Sa Majefté leur auroit ci-devant accordé la réunion, & auroit uni & incorporé à ladite Communauté tant l'Office de Tréforier-Receveur & Payeur de leurs
deniers communs, créé par Edit du mois de Juillet mil fept
cent deux, que les deux Offices de Courtiers-Vifiteurs de
Chairs de Porcs morts, Lards & Graiffes, créez par Edit du
même mois pour ladite Ville, Fauxbourgs & Banlieue de Paris, & les deux anciens Offices de pareils Courtiers-Vifiteurs
defdits Porcs morts, Lards & Graiffes, pour jouir par ladite
Communauté des droits, priviléges & exemptions aufdits Offices attribués, & en outre de deux cens livres de gages actuels & effectifs par chacun an pour ledit Office de Tréforier,
à commencer du premier Janvier mil fept cent trois, lefquels
gages leur feront payés par chacun an par le Receveur Général des Finances de cette Ville & Généralité de Paris en exercice, fans que pour raifon defdits Offices ladite Communauté
fût obligée de prendre aucunes Letres de Provifions pour lors,
ni pour l'avenir, ni de payer aucuns droits de Réceptions que
pour la premiere fois feulement, foit au Châtelet, en l'Hôtel
de cette Ville de Paris, ou autres Jurifdictions, dont Sa Majefté les auroit déchargez par lefdites Lettres, ni que ladite
Communauté fut ci-après tenue d'aucunes taxes de confirmation d'heredité defdits Offices, dont Sa Majefté les auroit déclarés exempts, à la charge de payer à Sa Majefté la fomme
de huit mille fix cens trente-fept livres pour ladite confitmation
d'heredité des Offices de Jurés & d'Auditeurs de leurs Comptes, & pour la finance de l'Office de Tréforier, fur les quittances du Receveur de fes Deniers cafuels, & en attendant l'ex-

pédition d'icelles, fur les récepiffés de Mᶜ Jean Garnier, que
Sa Majefté auroit chargé de ce recouvrement, ou de fes
Procureurs ou Commis; & celle de huit cens foixante-trois
livres quatorze fols pour les deux fols pour livre, fur les quittances dudit Garnier; lefdites deux fommes faifant enfemble celle
de neuf mille cinq cens livres quatorze fols, payable dans
les termes portés par ledit Arrêt du Confeil du quinze Mai
mil fept cent trois; comme auffi en payant à Sa Majefté la
fomme de trente mille livres d'une part, & celle de trente-
deux mille livres d'autre, par la réunion defdits quatre Offices de Courtiers-Vifiteurs de Porcs morts, Lards & Graiffes,
fuivant les Arrêts du Confeil des douze Août & quatorze Octobre mil fept cent deux; à l'effet de quoi permet Sa Majefté
aux Syndic & Jurés de ladite Communauté d'emprunter, fi
fait n'a été, conformément aufdits Arrêts. Veut Sa Majefté que
ceux qui préteront leurs deniers ayent privilége &hypoteque fpe-
ciale fur lefdits Offices, droits & gages y attribués, comme
auffi fur les deniers qui feront levés par augmentation en conféquence defdites Lettres, & généralement fur tous les biens,
effets & revenus de ladite Communauté, & que les arrerages
leur en foient payez d'année en année, à raifon du denier
vingt; & pour donner moien à ladite Communauté, non feulement de payer annuellement lefdits arrerages, mais encore
d'acquitter de temps à autre quelque partie du principal, en-
forte qu'elle foit liberée le plus promptement qu'il fera poffible,
comme auffi pour maintenir la difcipline qui doit être entre
les Maîtres de ladite Communauté, & empêcher les entreprifes qui fe font fur leur Profeffion, Sa Majefté auroit par lefdites Lettres, dit, ftatué & ordonné, en premier lieu, que les
Jurés & Syndic feront élus à la pluralité des voix de tous les
Maîtres de ladite Communauté, le jour de Saint Remi de
chacune année, & ils feront leurs fonctions comme avant l'E-
dit du mois de Mars mil fix cent quatre-vingt-onze. En fecond lieu, que les deux derniers Jurés feront Adminiftrateurs
de la Confrairïe, pour avoir le foin de toutes les chofes qui la concerneront, pour laquelle Confrairie chaque Maître ou Veuve
payera vingt fols par chacun an; & les Jurés fe rendront tous
les Vendredis de chaque femaine à la Meffe qui fera dite en

l'Eglife des grands Auguftins , comme il s'eft pratiqué par le
paffé , fans qu'ils en puiffent être difpenfés , finon en cas de
maladie , ou autres empêchemens légitimes , & tiendront un
fidéle Regiftre de la recette & dépenfe qu'ils feront, dont ils
rendront compte à la fin defdites deux années en l'Affemblée
qui fera convoquée defdits Maîtres au Bureau de ladite Communauté. Troifiémement , les Jurés feront tenus de remplir
les fonctions de Courtiers-Vifiteurs de Porcs morts , Lards &
Graiffes , & en percevront les droits conformément aux Edits
& Arrêts du Confeil, & feront tous les jours de Marché leurs
Vifites ès Halles , Places , Boutiques , Bureaux & Marchés , &
autres lieux de cette Ville , Fauxbourgs & Banlieue de Paris ,
où fe vendent & débitent les Porcs morts , frais ou falés , par
morceaux ou autrement , tant par les Maîtres Chaircuitiers que
forains , ou autres vendans & débitans lefdites Marchandifes ,
conformément à l'Edit de Création du mois de Juillet 1702.
& aux Arrêts de Réunion ; & feront lefdits Jurés leurs rapports
des contraventions & abus devant Nous Sieur d'Argenfon ;
ainfi que les anciens Jurés & les anciens Courtiers-Vifiteurs
étoient obligés de faire fuivant les Statuts de ladite Communauté. En quatriéme lieu , il fera élû de deux en deux ans ledit jour de Saint Remi , à la pluralité des voix , un Maître de
ladite Profeffion pour faire les fonctions de Tréforier , conformément à l'Edit de Création du mois de Juillet mil fept cent
deux, lequel Maître (dont la Communauté demeurera refponfable) fera la recette de tous les droits généralement quelconques appartenans à ladite Communauté , & il fera tenu d'en
rendre compte de fix en fix mois , en préfence de huit anciens ,
au moins de ceux qui auront été avertis à cet effet , lefquels
parapheront les feuilles de chacun mois, dont il fera fait mention fur le Regiftre de ladite Communauté. En cinquiéme
lieu , feront lefdits Jurés quatre Vifites générales par chacun
an dans les Boutiques des Maîtres de ladite Communauté ,
pour chacune defquelles il fera payé vingt fols auxdits Jurés
par ceux defdits Maîtres qui n'auront pas exercé la Jurande ,
& ceux qui l'auront exercée feront exempts de ce droits , fans
néanmoins être exempts defdites vifites , conformément à la
Déclaration du quinze Mai mil fix cent quatre vingt onze , &
aux

aux Arrefts du Confeil des vingt-fept Mai & fix Juin mil fept cent quatre. En fixiéme lieu, à la fin de chacune année il fera convoqué une Affemblée générale, pour examiner l'état des affaires de la Communauté & les fonds qui feront ès mains du Tréforier, pour être employés au payement des rentes qui feront dûes, & au rembourfement de partie des principaux, s'il y a lieu, à commencer par ceux qui auront les premiers prêté leurs deniers; & en cas qu'il s'en trouvât de pareille date, on commencera par ceux qui en auront le plus de befoin, fuivant qu'il fera arrêté par Nous Sieur d'Argenfon, pardevant lequel & le Procureur de Sa Majefté il fera rendu compte par le Tréforier, un mois après la fin de chacune année, de la recette par lui faite defdits droits, conformément aufdits Edits, Déclarations & Arrefts, & de la dépenfe qu'il en aura pareillement faite, lefquels droits cefferont d'être perçus après que ladite Communauté fera entiérement acquittée des fommes par elle empruntées pour la réunion defdits Offices, tant en intérefts, que principaux & frais faits au fujet defdits emprunts & recouvrement defdits droits, fans que le produit d'iceux puiffe être employé à d'autre ufages, ni au payement d'autres créances. En feptiéme lieu, nul à l'avenir ne pourra être reçû Maître de ladite Communauté, qu'il n'ait fait fon apprentiffage de quatre années complettes, & enfuite fervi cinq ans de Compagnon chez les Maîtres, pour fe parfaire audit Métier, ce que les Afpirans feront tenus de juftifier par leurs Brevets d'apprentiffage, par les Certifiats des Maîtres où ils l'auront fait, les Veuves ou Héritiers, & de ceux où ils auront fervi pendant ledit temps; comme auffi ne pourront lefdits Afpirans être reçûs Maîtres, qu'ils n'ayent fait leur chef-d'œuvre, & qu'ils ne foient trouvés de bonne vie & mœurs, & de la Religion Catolique, Apoftolique & Romaine. En huitiéme lieu, le Brevet d'Aprentiffage fera paffé pardevant Notaire, en préfence de deux defdits Jurés au moins, à peine de nullité dudit Brevet, & payera ledit Apprentif, après ledit Brevet paffé, en entrant chez fon Maître, douze livres au profit de ladite Communauté, conformément à la Déclaration du quinze Mai mil fix cent quatre-vingt-onze, & aufditsArrefts du Confeil, &

T

fera ledit Brevet enregiftré fur le Regiftre de ladite Communauté à la diligence du Maître, dans la quinzaine de la paffation dudit Traité, à peine de trente livres d'amende, applicable moitié à l'Hôpital général, l'autre moitié à la Communauté ; & ledit Maître fera en outre tenu & refponfable de tous les
dommages & intérefts de l'Apprentif. En neuviéme lieu, le
prix du chef-d'œuvre fera payé par l'Afpirant, & il fera
fait en préfence des Syndic & Jurés, des Anciens, & dix
Jeunes qui affifteront tour à tour, & ce fuivant l'ordre de leur
réception, aufquels pour tous droits il payera ; fçavoir à chacun defdits Syndic & quatre Jurés en charge, deux livres ;
à chacun des Anciens qui auront paffé les Charges, vingt fols,
& aux dix Jeunes qui y affifteront, à chacun dix fols, & huit
livres pour la boëte de la Confrairie, & outre ce ledit Afpirant
payera avant d'être reçu Maître, la fomme de cinq cens livres, au lieu de celle de quatre cens livres portée par ladite Déclaration & lefdits Arrefts du Confeil, pour être employée aux
affaïres de la Communauté ; & vingt livres lorfqu'il ouvrira
boutique. Seront néanmoins les Fils de Maîtres exempts de
faire chef-d'œuvre, & de tous les droits ci-deffus, à la réferve
de ceux du Syndic, des quatre Jurés, & des Anciens feulement. En dixiéme lieu, les Apprentifs feront tenus de demeurer actuellement en la Maifon & fervice de leurs Maîtres, fans
pouvoir demeurer ailleurs, ni s'abfenter, ni quitter leurs Maîtres pendant les quatre années de leur apprentiffage, fans caufe légitime, & jugée telle par Nous Sieur d'Argenfon, à peine
de cinquante livres d'amende, tant contre l'Apprentif que contre le Maître qui le recevroit, d'être déchu de l'Etat & Métier
(à l'égard de l'Apprentif,) & d'interdiction à l'égard des Maîtres pendant fix mois. En onziéme lieu, chacun Maître dudit
Etat & Métier ne pourra avoir, ni tenir enfemble que deux
Apprentifs, dont le premier aura du moins trois ans de fervice,
à peine contre le Maître de trente livres d'amende envers le
Roi, & le furplus au profit de ladite Communauté. En douziéme lieu, nul Maître de ladite Communauté ne pourra prendre aucun Compagnon avant la mi-Carême de chacune année, ni aucun Compagnon fortir de chez fon Maître devant

le Mecredi des Cendres de l'année fuivante, à peine de cinquante livres applicables comme deffus ; & les Compagnons
qui fortiront de chez les Maîtres avant ledit temps, fans caufe légitime, ou un congé par éctit, ne pourront prétendre
aucuns gages, & feront en outre condamnés en tels dommages & intérêts qu'il appartiendra: En treiziéme lieu, les Veuves des Maîtres pourront tenir boutiques ouvertes, faire le
même commerce, & débiter la même marchandife qu'auroient
pû faire leurs maris, & ce pendant qu'elles demeureront en
viduité feulement, fans pouvoir prendre aucun Apprentif: pourront toutefois les Apprentifs de leurs défunts maris achever le
temps de leurs apprentiffages en la maifon defdites Veuves.
En quatorziéme lieu, ne pourront lefdits Maîtres ou leurs
Veuves, tenir qu'une boutique ouverte fur rue en cette Ville
& Fauxbourgs de Paris ; leut défend Sa Majefté de colporter ou
faire colporter, vendre ni débiter aucunes Marchandifes dudit
Etat ou Métier par les rues, à peine de confifcation & de trois
cens livres applicables comme deffus. Ne pourront auffi lefdits Maîtres, ni leurs Veuves, prêter leur nom à quelque perfonne que ce foit pour faire ledit commerce, à peine pour la
premiére fois, de pareille fomme de trois cens livres applica-
cable comme deffus ; & en cas de récidive, d'être privés de
la Maîtrife à l'égard des Maîtres ; & à l'égard des Veuves, d'ê-
tre déchûes de leurs priviléges. En quinziéme lieu, les Syndic & Jurés feront tenus d'avoir un Regiftre dans leur Bureau,
pour y tranfcrire toutes les affaires qui concerneront ladite
Communauté, tant pour les Réceptions des Apprentifs, Elections des Jurés, Délibérations, que généralement pour tous
autres actes, lequel Regiftre fera mis ès mains de ceux qui
fuccéderont, pour y avoir recours quand il en fera néceffaire :
Et lorfque la Communauté fera affemblée, tous les Maîtres qui
auront été mandés feront tenus de s'y trouver, & de s'y comporter avec décence & refpect, à peine de trois livres d'amende, ou telle autre peine qui fera ordonnée par Noufdit Sieur
d'Argenfon, fur le raport qui Nous en fera fait par le Syndic
en charge. En feiziéme lieu, défend Sa Majefté à tous particuliers de quelque Art & Profeffion que ce foit, d'entreprendre fur le Métier & Commerce des Maîtres Chaircuitiers de

ladite Communauté, & notamment à tous Marchands de
Vin, de tuer ni faire tuer aucun Porc, en vendre, ni débiter
aucunes Chairs dans leurs Maisons & Tavernes, qu'ils ne les
ayent achetées chez lesdits Chaircuitiers, conformément à
l'Arrest de la Cour du quatorze Mars mil sept cent un. Permet
Sa Majesté ausdits Chaircuitiers, en cas qu'ils ayent avis de
quelque entreprise sur leur Profession, d'aller en visite chez les
contrevenans, en conséquence des Permissions particulieres qui
leur seront accordées par Nous Sieur d'Argenson, & en présence d'un des Commissaires du Châtelet qui sera par Nousdit
Sieur d'Argenson commis : & chacun des contrevenants sera
condamné en trois cens livres applicables comme dessus,
avec confiscation des Marchandises & Ustanciles qui se trouveront compris dans les saisies. En dix-septiéme lieu, & d'autant qu'il est du bien public que la Police de cette Ville & Fauxbourgs de Paris soit uniforme & observée également, permet
Sa Majesté aux Syndic & Jurés de ladite Communauté de
faire leurs Visites dans les maisons des Chaircuitiers du Fauxbourg Saint Antoine, dans l'Enclos du Temple, de Saint
Jean de Latran, & de Saint Denis de la Chartre, de l'Abbaye Saint Germain des Prez, dans la rue de Touraine, rues
adjacentes, Colléges & autres lieux Privilégiés, ou prétendus
tels ; comme aussi dans les maisons de ceux qui exercent la
profession de Chaircuitier à titre de Privilége du Prevôt de
l'Hôtel, ou autrement : Et en cas qu'ils y trouvent des Marchandises défectueuses de leur Profession, ils se pourvoiront
pardevant Nousdit Sieur d'Argenson, en quelques lieux que
les saisies ayent été faites, sans néanmois que lesdits Syndic
& Jurés puissent prétendre aucuns droits de Visites desdits
Chaircuitiers à titre de Privilége, ni de ceux qui exercent ladite Profession dans les lieux Privilégiés, à moins que lesdits
Chaircuitiers ne soient aussi Maîtres de ladite Communauté.
Voulant au surplus Sa Majesté que les Statuts, Articles &
Ordonnances concernant ladite Communauté des Maîtres
Chaircuitiers, Saulcisseurs, Boudiniers, Courtiers-Visiteurs
de Porcs morts, Lards & Graisses de cette Ville, Fauxbourgs
& Banlieue de Paris, ensemble les Déclaration, Arrêts, Sen-
tences & Réglemens de Police rendus en conséquence en fa-

veur de ladite Communauté, lesquels Sa Majesté a confirmés, soient executés selon leur forme & teneur; Et l'Arrêt de la Cour de Parlement du deuxiéme jour de Décembre mil sept cent cinq, par lequel Arrêt la Cour avant procéder à l'enre-gistrement desdites Lettres, a ordonné qu'elles Nous seroient communiquées, pour donner notre Avis sur icelles; pour ce fait, rapporté & communiqué à Monsieur le Procureur Géné-ral du Roi, être ordonné ce que de raison.

Nous croyons être obligés de représenter à la Cour, que comme depuis lesdites Lettres Patentes du vingt-quatre Octo-bre mil sept cent cinq, la réunion des Offices de Jurés Cour-tiers-Visiteurs de Lards & Graisses, qui avoit été faite par les-dites Lettres Patentes au profit de la Communauté des Maî-tres Chaircuitiers, a été de nouveau créés au nombre de qua-tre, toutes les Observations que Nous aurions estimé devoir faire à la Cour au sujet de la réunion desdits Offices à la Com-munauté, sont inutiles. Quant au surplus des Articles conte-nus dans lesdites Lettres, ils ne contiennent rien que de con-forme aux Régles Générales, aux anciens Statuts de la Com-munauté, & même aux Arrêts & Réglemens rendus pour leur execution; qu'ainsi la Cour peut en ordonner l'enregistre-ment sans aucune difficulté, à la charge que conformément aux anciens Statuts du Métier, Article dix-septiéme, il soit ordonné qu'à l'avenir, comme par le passé, les Jurés seront tenus de faire rapport en la Chambre du Procureur du Roi, des fautes & contraventions ausdits Statuts, qu'ils trouveront dans le cours de leurs Visites, & de toutes les saisies qui seront par eux faites, pour y donner des Avis, & en être ensuite poursuivi la confirmation ou réformation dans la Chambre de Police; Et que ledit Procureur du Roi sera conservé dans toutes les fonctions, même pour les Comptes des Jurés, en la maniére accoutumée, sans que les Articles troisiéme, sixiéme, dixiéme & quinziéme des Réglemens contenus dans lesdites Lettres Patentes, puissent attribuer aucun nouveau droit à cet égard au sieur Lieutenant Général de Police. Nous croyons encore devoir observer que l'Article onziéme desdites Lettres Patentes, doit être entendu de maniere, que suivant l'usage qui s'observe dans la Communauté des Chaircuitiers, & dans toutes les autres, les Maîtres Chaircuitiers ne puiſſent avoir qu'un Apprentif pendant les premieres années de ſon appren-tiſſage ſeulement ; mais que dans la derniere ils en peuvent prendre un ſecond. C'eſt en effet le ſens véritable de cet Ar-ticle, & la limitation qui eſt à la fin ne permet pas d'en dou-ter. Mais il eſt bon de prévenir toute équivoque , & les abus qu'on pourroit en faire au préjudice de la Juriſprudence géné-rale , qui s'eſt toujours obſervée dans la Communauté des Chaircuitiers , & dans tous les autres Métiers de Paris. F A I T ce vingt-neuviéme jour de Mars mil ſept cent dix. *Signé*, DE VOYER D'ARGENSON, & ROBERT en la minute.

GAUDION, *avec paraphe.*

EXTRAIT DES REGISTRES DE PARLEMENT.

VU par la Cour les Lettres Patentes du Roy , données à Fontainebleau le vingt-quatriéme jour d'Octobre mil ſept cent cinq, ſignées LOUIS, & plus bas : Par le Roi, PHELIPEAUX, & ſcellées du grand Sceau de cire jaune, obtenues par la Communauté des Maîtres Chaircuitiers de la Ville & Fauxbourgs de Paris, par leſquelles pour les cauſes y contenues, ledit Seigneur Roi les a confirmés dans l'hérédité de leurs Offices de Syndic & Jurés d'Auditeurs de leurs Comp-tes, & a uni à ladite Communauté tant de l'Office de Tréſo-rier-Receveur & Payeurs de leur Deniers communs, que les deux Offices de Courtiers-Viſiteurs de Chairs de Porcs morts, Lards & Graiſſes , créés par Edit du mois de Juillet mil ſept cent deux, que les deux anciens Offices de pareils Courtiers. Et pour maintenir la diſcipline qui doit être obſervée dans la-dite Communauté, ledit Seigneur Roi lui a accordé de nou-veaux Réglemens au nombre de dix-huit Articles contenus eſdi-tes Lettres , ainſi que plus au long eſt contenu eſdites Lettres , à ladite Cour adreſſantes. Vû auſſi l'Arreſt du deux Décembre mil ſept cent cinq, par lequel avant procéder à l'enregiſtre-

menr defdites Lettres, il a été ordonné qu'elles feroient communiquées au Lieutenant Général de Police, & au Subftitut du
Procureur Général du Roy au Châtelet, pour y donner leur avis :
l'Avis dudit Lieutenant Général de Police, & du Subftitut du
vingt-neuf Mars mil fept cent dix, & la Requête préfentée par
lefdits Impétrans à fin d'enregiftrement d'icelles, Conclufions
du Procureur Général du Roi : Oui le Rapport de Me François
Robert, Confeiller ; tout confidéré, la Cour ordonne que lefdites Lettres-Patentes feront enregiftrées au Greffe d'icelle,
pour jouir par ladite Communauté de l'effet & contenu en icelles, & être exécutées felon leur forme & teneur, à l'exception néanmoins de ce qui concerne la réunion des quatre Charges
de Jurés Courtiers-Vifiteurs de lards & graiffes, fupprimées par
l'Edit du mois d'Avril mil fept cens huit, regiftré en ladite
Cour le feize Mai enfuivant, & à la charge que les Jurés de lad.
Communauté rendront compte tous les ans de l'emploi defdits
deniers pardevant le Lieutenant-Général de Police, & le Subftitut du Procureur-Général du Roi au Châtelet de Paris, & que
les rapports des vifites qui feront faites par lefdits Jurés, & les
conteftations qui pourront furvenir en exécution des Statuts,
feront portées pardevant le Subftitut du Procureur-Général du
Roi audit Châtelet, pour y donner fon Avis en la maniere
accoutumée, & être enfuite procédé pardevant ledit Lieutenant-Général de Police, ainfi qu'il appartiendra, fans que les
Articles III. VI. X. & XV. des Reglemens contenus dans
lefdites Lettres-Patentes, puiffent attribuer aucun nouveau droit
à cet égard audit Lieutenant-Général de Police ; & encore
à la charge que chaque Maître Chaircuitier ne pourra avoir
qu'un feul Apprentif pendant les premieres années de fon apprentiffage, fauf à lui d'en prendre un fecond dans la derniere
année dudit apprentiffage, fi bon lui femble. Fait en Parlement le douziéme Mai mil fept cent dix. *Signé*, LORNE.
Collationné, *avec paraphe.*

*Les préfents Statuts tant anciens que nouveaux ont été déli-
vrés au Bureau de la Communauté des Maîtres Chaircuitiers
pour ce affemblés le Mardi dix-neuf Août mil fept cent dix.*

NOUVEAUX STATUTS

ET RÉGLEMENT,

Que la Communauté des Maîtres Chaircuitiers de la Ville &
Fauxbourgs de Paris suplient très-humblement Sa Majesté
de vouloir bien agréer & autoriser par Lettres Patentes ,
pour être suivis & exécutés par tous les Maîtres de la Com-
munauté.

ARTICLE PREMIER.

L A Communauté des Maîtres Chaircuitiers de Paris , sera
& demeurera composée des Syndic & Jurés en Charge , des anciens Syndics & Jurés , & généralement de tous
ceux qui ont été ou seront reçus Maîtres.

ARTICLE II.

Avant qu'aucun puisse parvenir à la Maîtrise de Chaircuitier ,
il sera tenu conformément à l'article 7. des anciens Statuts de
ladite Communauté , de faire apprentissage chez l'un des Maîtres d'icelle pendant quatre années consécutives , & de servir
ensuite pendant cinq autres années en qualité de Compagnon
chez lesdits Maîtres ou Veuve établis à Paris , afin de se pefec-
tionner au métier de Chaircuitier.

ARTICLE III.

Nul ne pourra être reçu Apprentif qu'il n'ait atteint l'âge de
quinze ans jusqu'à vingt ans , après lequel tems il ne pourra se
présenter pour être admis à l'apprentissage ; à l'effet de quoi il
sera tenu de le justifier aux Syndic & Jurés en charge par
son Extrait-Baptistaire duement l'égalisé ; le Brevet d'apprentissage sera passé devant Notaires , en présence de deux Jurés au
moins

moins à peine de nullité dudit Brevet, & payera ledit Apprentif après ledit Brevet paffé, douze livres au profit de la Communauté ; conformément à la Déclaration du 15 Mai 1691. payera en outre à chaque Juré vingt fols, pour leur droit de préfence, ledit Apprentif fera tenu de fournir dans la quinzaine du jour de la paffation dudit Brevet, une copie collationnée d'icelui, pour être enregiftrée fur le Regiftre de ladite Communauté, à la diligence du Maître où ledit Apprentif entrera, à peine de trente livres d'amende contre ledit Maître applicable, moitié à l'Hôpital général, & l'autre moitié à la Communauté & de demeurer refponfable des dommages & intérêts de l'Apprentif.

ARTICLE IV.

Les Apprentifs ne pourront quitter les Maîtres chez lefquels ils feront obligés, s'abfenter ni demeurer ailleurs pendant les quatre années de leur apprentiffage, fans caufe légitime & jugée telle par le fieur Lieutenant général de Police, à peine de cinquante livres d'amende, tant contre l'Apprentif que contre le Maître qui le recevroit ; même à l'égard de l'Apprentif d'être privé du droit d'afpirer à la Maîtrife, & d'interdiction pendant fix mois à l'égard du Maître ; & pour chaque tranfport de Brevet d'apprentiffage, il fera payé la fomme de dix livres, fçavoir, fix livres pour la Communauté & quatre livres pour les Jurés, qui feront tenus de l'enregiftrer fur le regiftre de la Communauté.

ARTICLE V.

Chacun des Maître Chaircuitiers ne pourra recevoir un fecond Apprentif, à moins que le premier n'ait au moins trois ans de fervice, à peine de trente livres d'amende contre ledit Maître, dont quinze livres envers le Roi, & le furplus au profit de ladite Communauté.

ARTICLE VI.

Si un Maître Chaircuitier au jour de fon décès, avoit un
V

Apprentif qui n'eût point accompli son tems de quatre années ; sa Veuve pourra le garder pour achever son tems, ou le faire passer à un autre Maître , en avertissant les Syndic & Jurés de la Communauté , afin d'en faire le transport du consentement des Parties, sans cependant que ladite Veuve puisse prendre aucun nouveau Apprentif.

ARTICLE VII.

Les Veuves de Maîtres restantes en viduité, pourront tenir Boutique ouverte & faire travailler pour leur compte; mais si elles venoient à se remarier à un autre qu'à un Maître Chaircuitier , elles seront tenues de fermer Boutique, & si elles avoient alors un Apprentif, elles seront obligées de remettre le Brevet dudit Apprentif entre les mains des Syndic & Jurés en Charge pour le donner à un autre Maître, afin d'achever son tems , & dans ce cas, le transport de Brevet sera fait aux dépens de la Veuve.

ARTICLE VIII.

Nul Maître de ladite Communauté ne pourra prendre aucuns Compagnons avant la mi-Carême de chacune année, ni aucun Compagnon sortir de chez son maître avant le Mercredi des Cendres de l'année suivante, à peine de cinquante livres d'amende applicable comme dessus ; & les Compagnons qui sortiront de chez les Maîtres avant ledit tems sans cause légitime , ou un congé par écrit, ne pourront prétendre aucuns gages, & seront en outre condamnés en tels dommages intérêts qu'il appartiendra , & en cas de contestations & différents entre les Maîtres & Compagnons; ils seront tenus de se retirer pardevant les Syndic & Jurés en Charge pour tâcher de les concilier, & s'ils ne peuvent le faire, lesdits Maîtres ou Compagnons se pourvoiront devant le sieur Lieutenant Général de Police.

ARTICLE IX.

Tous les Compagnons dudit métier ne pourront être reçus à travailler chés les Maîtres qu'après avoir donné leurs noms

aux Jurés en Charge, qui feront tenus de les entegiftrer &
de leur délivrer un certificat pour aller travailler chez les Maîtres de ladite Communauté qu'ils indiqueront, & ne pourront lefdits Maîtres recevoir chez eux aucuns Compagnons
fans le certificat defdits Jurés, à peine de cinquante livres
d'amende, tant contre le Maître, que contre le Compagnon.

ARTICLE X.

Toutes perfonnes de mauvaife vie notées & reprifes de Juftice, feront exclufes de la Maîtrife, même de fervir les Maîtres, à peine de trente livres d'amende contre lefdits Maîtres,
qui en ayant connoiffance, auroient pris lefdites perfonnes
à leur fervice.

ARTICLE XI.

Lorfqu'un Apprentif aura fini fon tems d'apprentiffage qui
eft de quatre années, & fervi les Maîtres en qualité de Compagnon pendant cinq années entiéres, ce qu'il fera tenu de
faire connoître par Brevet quitancé & par le certificat de fes
fervices, & qu'il voudra être admis à la Maîtrife de Chaircuitier, il fe retirera devers les Syndic & Jurés en Charge
qui le propoferont dans une affemblée pour être agréé & admis au chef-d'œuvre, lequel fera fait en préfence des Syndic
& Jurés en Charge & du Meneur, par l'Afpirant qui fera tenu de tuer un Porc & l'habiller, & le lendemain de le faire apporter dans le Bureau de la Communauté pour y être coupé
& depecé, en préfence defdits Syndic & Jurés, des Anciens, & des dix Modernes ou Jeunes, alternativement fuivant leur Réception.

ARTICLE XII.

Si l'Afpirant après le chef-d'œuvre fait, eft jugé capable,
il payera à la Communauté ès mains du Juré Comptable
avant d'être reçu Maître, la fomme de cinq cent livres, trente livres pour le droit Royal, & vingt-une livres pour l'ouverture de Boutique, conformément à l'article 9. de la Dé-

claration du mois d'Octobre 1705. non compris les droits qui fuivent; fçavoir à chacun des anciens Syndics, du Syndic, & quatre Jurés en Charge, quatre livres, aux anciens Jurés deux livres, & aux dix modernes & Jeunes qui y affifteront chacun une livre, douze livres pour la boëte de la Confrairie, trois livres pour le droit de l'Hôpital, enfemble les droits du Sieur Procureur du Roi au Châtelet, & les frais de la Lettre de maîtrife.

ARTICLE XIII.

Seront néanmoins les Fils de Maîtres admis à la Maîtrife fans être tenus de faire chef-d'œuvre, ni de rapporter aucun Brevet d'apprentiffage, pourvû néanmoins qu'ils ayent atteint l'âge de quinze ans accomplis, en payant feulement la fomme de vingt livres pour le droit Royal, & moitié des droits des Syndic, Jurés, & anciens Jurés, avec le droit de l'Hôpital, celui du Sieur Procureur du Roi au Châtelet, & les frais de la Lettre de Maîtrife.

ARTICLE XIV.

Toutes Lettres de Maîtrife qui feroient délivrées à l'avenir aux Fils de Maîtres avant l'âge de quinze ans, feront réputées nulles, finon dans le cas où les peres & les meres venant à décéder laifferoient un fils au-deffous de l'âge de quinze ans, lequel en ce cas pourra être admis à là Maîtrife, afin de lui conferver l'établiffement de fes pere & mere.

ARTICLE XV.

Les Fils nés avant la Maîtrife de leur pere, qui voudront être reçus Maîtres dudit métier, feront tenus de faire apprentiffage & de fervir les Maîtres de même que les étrangers qui feront reçus par chef-d'œuvre, & de payer la fomme de trois cent livres au lieu de celle de cinquante livres; enfemble tous les autres droits énoncés en l'article 12. après avoir néanmoins fait préalablement le chef-d'œuvre.

ARTICLE XVI.

Défenfes à tous Maîtres qui feront reçus par chef-d'œuvre de s'établir, ni tenir Boutique ouverte dans le quartier de la demeure du Maître d'où il fera forti qu'au bout de deux ans au moins, à peine de cinq cens livres d'amende, appliquable moitié à la Communauté, & l'autre aux pauvres Maîtres & Veuves, ne feront compris dans ces défenfes, ceux defdits Maîtres qui épouferoient foit des Veuves, foit des Filles de Maîtres dudit métier qui feroient décedés, ou qui viendroient à fe retirer, lefquels pourront en ce cas exploiter la Boutique du défunt ou de celui qui quitteroit.

ARTICLE XVII.

Ne pourront lefdits Maîtres ou leurs Veuves tenir qu'une Boutique ouverte fur rue en cette Ville & Fauxbourgs de Paris, leur défendons de colporter, vendre ni débiter aucunes Marchandifes dudit métier par les rues, à peine de confifcation & de trois cens livres d'amende aplicable comme deffus, ne pourront auffi lefdits Maîtres ni leurs Veuves prêter leurs noms à quelque perfonne que ce foit pour faire ledit commerce, à peine pour la première fois de pareille fomme de trois cens livres aplicable comme dit eft, & en cas de récidive d'être privé de la Maîtrife, à l'égard des Maîtres ; & à l'égard des Veuves d'être déchues de leurs priviléges.

ARTICLE XVIII.

Les Syndic & Jurés feront élus à la pluralité des voix des anciens Syndics & Jurés, de dix Modernes, & dix Jeunes Maîtres de la Communauté le jour de Saint Remi de chacune année, lefquels Modernes & Jeunes feront pris tour à tour fuivant l'ordre du Catalogue. Tous les mandés feront tenus de fe trouver en ladite affemblée, à peine de dix livres d'amende hors le cas d'un légitime empêchement, ladite amende aplicable, moitié aux pauvres Maîtres & Veuves, & l'autre moitié à ladite Communauté.

ARTICLE XIX.

Nul ne pourra être Juré qu'il n'ait au moins dix ans de Maîtrise avec Boutique ouverte, & n'ait atteint l'âge de vingt-huit ans.

ARTICLE XX.

Les deux derniers Jurés feront Adminiftrateurs de la Confrairie, & auront foin de tout ce qui la concerne, pour laquelle Confrairie chaque Maître ou Veuve payera trente fols par chacun an, & fournira un Cierge du poids d'une livre & demie au moins, & feront tenus lefdits Maîtres & Veuves, de rendre un Pain bénit les jours de fêtes de Vierge chacun à leur tour fuivant leur réception : tiendront lefdits Jurés un fidéle regiftre de la recette & dépenfe qu'ils feront, dont ils rendront compte à la fin de chaque année à l'Affemblée, qui fera convoquée à cet effet au Bureau de la Communauté.

ARTICLE XXI.

Les Syndic & Jurés feront tenus d'avoir trois Regiftres dans leur Bureau pour y tranfcrire fur l'un toutes les délibérations concernant les affaires de la Communauté & compte des Syndic & Jurés : l'autre pour enregiftrer les Apprentifs, les réception de Maîtres, élections des Jurés & Syndics, & le troifiéme pour inventorier & infcrire tous les Titres, Arrêts, Sentences & Réglemens qui concernent la Communauté pour y avoir recours quand il en fera befoin.

ARTICLE XXII.

Il fera tenu tous les premiers Jeudi de chaque mois une Affemblée, au Bureau de ladite Communauté pour délibérer fur les affaires d'icelle, à laquelle feront tenus de fe trouver les Syndics & Anciens Maîtres qui y feront mandés, à peine de trois livres d'amende applicable à la Confrairie.

ARTICLE XXIII.

Lorſqu'il s'agira de quelques affaires importantes à la Communauté , les Syndic & Jurés en Charge manderont au Bureau tous les Anciens ſortis de Charge , & alternativement ſelon l'ordre de réception , dix Modernes & dix Jeunes , & ce qui ſera par eux réſolu , ſera exécuté , par toute la Communauté.

ARTICLE. XXIV.

Dans toutes les Aſſemblées qui ſe feront au Bureau de la Communauté , les Maîtres qui auront été mandés ſeront tenus de s'y trouver à l'heure qui leur ſera indiquée par billets , à peine de ſix livres d'amende , & ſeront tenus de s'y comporter avec décence & reſpect , à peine de pareille amende au profit de la Confrairie ou telle autre peine qui ſera ordonnée par le ſieur Lieutenant Général de Police , ſur le rapport qui lui en ſera fait par les Syndic & Jurés en Charge.

ARTICLE XXV.

Les Syndic & Jurés feront la recette de tous les droits généralement quelconques appartenants à la Communauté , & & ils ſeront tenus d'en rendre compte de ſix mois en ſix mois en préſence de huit Anciens avertis à cet effet , leſquels parapheront les feuilles de chacun mois , dont il ſera fait mention ſur le Regiſtre de ladite Communauté.

ARTICLE XXVI.

Feront leſdits Syndic & Jurés quatre viſites générales par chacun an dans les Boutiques des Maîtres de ladite Communauté , pour chacune deſquelles il ſera payé vingt ſols auxdits Jurés par ceux des Maîtres qui n'auront paſſés la Jurande & ceux qui l'auront exercés ſeront exempts de ce droit , ſans néanmoins être exempts deſdites viſites , conformément à la Déclaration du quinze Mai mil ſix cent quatre-vingt-onze & Arrêts rendus en conſéquence. Enjoint aux Maîtres , à leurs Enfans & Domeſtiques , d'ouvrir leurs maiſons , magazins caves & autres lieux qu'ils occupent aux Jurés quand ils iront en visites, de les recevoir aussitôt qu'ils se présenteront, & de leur porter honneur & respect, à peine de cinquante livres d'amende au profit des Jurés.

ARTICLE XXVII.

Ne pourront lesdits Syndic & Jurés faire leurs visites dans les caves des Maîtres, Veuves ou Privilégiés des Marchandises de Lards & autres qui sont mises au sel, qu'au bout de quarante jours ; & lorsqu'ils feront leurs visites des Marchandises exposées en vente dans les Boutiques, Magazins & autres lieux, ils seront tenus après leurs visites d'apposer leur cachet sur les piéces qu'ils auront trouvées bonnes pour en éviter la perte totale par les fréquentes visites & les coups de sonde.

ARTICLE XXVIII.

Permettons aux Syndic & Jurés de ladite Communauté de faire leurs visites dans les maisons des Chaircuitiers du Fauxbourg Saint Antoine, dans l'enclos du Temple, de Saint Jean de Latran, de Saint Denis de la Chartre, de l'Abbaye Saint Germain-des-Prés, dans la rue de Lourfine & rues adjacentes, Colléges & autres lieux Privilégiés ou prétendus tels, comme aussi dans les Maisons de ceux qui exercent la profession de Chaircuitier à titre de privilége du Prévôt de notre Hôtel ou autrement, & en cas qu'ils y trouvent des Marchandises défectueuses, de leur profession ils se pourvoiront pardevant le sieur Lieutenant Général de Police, en quelques lieux que les saisies ayent été faites, pour en faire prononcer la confiscation avec amende, dépens, dommages & intérêts, sans néanmoins que lesdits Sindic & Jurés puissent prétendre aucuns droits de visites desdits Chaircuitiers à titre de privilége, ni de ceux qui exercent ladite profession dans les lieux privilégiés ou prétendus tels à moins que lesdits Chaircuitiers ne soient aussi Maîtres de ladite Communauté, conformément à l'Article dix-septiéme de la Déclaration du mois d'Octobre mil sept cent cinq.

ARTICLE

ARTICLE XXIX.

Seront tenus lefdits Syndic & Jurés en charge de fe tranfporter les jours de marchés aux Halles & marchés pour y vifiter
les quarante Places au lard, les faire fournir par les Maîtres &
Veuves à qui elles feront échues, faire tenir les étaux en bon
état, comme auffi de fe tranfporter dans les étables du marché aux porcs, pendant l'heure du marché pour faire fortir &
expofer en vente les marchandifes de porcs qui pourroient y être
renfermées, & veiller aux autres contraventions tant des Marchands Forains que des Maîtres, conformément à ce qui eft ordonné par les Réglemens de Police des vingt Novembre mil
fix cent quatre-vingt feize, vingt Novembre mil fix cent qua-
tre-vingt-dix-huit, & Arrêt du Confeil d'Etat du vingt-cinq
Décembre mil fept cent quarante-deux.

ARTICLE XXX.

Feront pareillement lefdits Jurés leurs vifites dans les maifons des Cabaretiers, Taverniers, Hôtelliers & Aubergiftes
vendans vins de la Ville & Fauxbourgs de Paris, pour y voir &
reconnoître s'ils ne vendent d'autres chairs de porcs que celles
par eux achetées chez les Maîtres Chaircuitiers ; & ne pourront
lefdits Cabaretiers, Taverniers, Hôtelliers vendans vins & Aubergiftes, vendre, ni débiter en leurs maifons, cabarets, hôtelleries & auberges, d'autres chairs de porcs que celles qu'ils auront achetées chez lefdits Maîtres Chaircuitiers, à peine de
confifcation, & de cinq cens livres d'amende.

ARTICLE XXXI.

Défenfes à tous Maîtres Patiffiers, Traiteurs, Rotiffeurs,
Marchands de vin, Epiciers, Aubergiftes & autres, d'entreprendre fur le métier & commerce des Chaircuitiers, ni de
faire aucuns étalages de la marchandife de porc, ni d'en donner
aucune indication fur leurs plat-fonds, écriteaux ou autrement, le
tout conformément aux Sentences, Arrêts & Reglemens de Police des quatorze Juin mil fix cent quatre-vingt dix-fept, quatorze Août mil fept cent onze, treize Mai & trente Juin mil fept

X

cent trente-cinq ; vingt Mars & dix-fept Juillet mil fept cent quarante-un , vingt-fept Avril & feize Novembre mil fept cent quarante-deux , dix-fept Janvier , trois & trente Juillet mil fept cent quarante-quatre ; à l'effet de quoi , permettons auxdits Syndic & Jurés Chaircuitiers , au cas qu'ils ayent avis de quelques entreprifes fur leur profeffion , d'aller en vifite chez les Contrevenans , en conféquence de commiffions particulieres qui leur feront accordées par le fieur Lieutenant-Général de Police , en fe faifant affifter d'un Commiffaire au Châtelet ; & chacun des Contrevenans fera condamné en trois cens livres d'amende avec confifcation des marchandifes & uftenfiles qui fe trouveront comprifes dans les faifies.

ARTICLE XXXII.

Ne pourront les Patiffiers , ni les Traiteurs , ni les Rotiffeurs employer dans les ouvrages de leur métier tels qu'ils foient , d'autres porcs frais & lards , que ceux qu'ils feront tenus d'achetter chez les Maîtres Chaircuitiers , & ne pourront vendreni débiter en gros ni en détail aucuns jambons ni lards frais & falés; permis aux Maîtres Chaircuitiers d'affaifonner tous les ouvrages de leur métier , tels qu'ils foient , de telles épiceries qu'ils jugeront convenables.

ARTICLE XXXIII.

Les Jurés pourront faire faifir & enlever les marchandifes de porcs frais , fauciffes , andouilles , boudins , jambons & autres que les Regratiers & Regratieres colporteront ou expoferont en vente dans les rues , ou aux portes des Eglifes , & partout ailleurs , pour être lefdites marchandifes confifquées ; & défenfes aux Fruitiers & autres d'expofer en vente aucuns lards frais & falés , ni viandes cuites , de telle nature qu'elles puiffent être , foit dans les boutiques , échoppes , halles , marchés , places & rues , à peine de confifcation , cinquante livres d'amende & d'emprifonnement au cas de rebellion de la part des Contrevenans : & feront tenus les Syndic & Jurés , de veiller à ce que cet article foit ponctuellement exécuté.

ARTICLE XXXIV.

Feront les Syndic & Jurés en charge leurs visites dans les tueries & échaudoirs, pour connoître s'il n'y a point de marchandise de porc défectueuse; & en cas qu'il s'en trouve, de la faire saisir & faire assigner les Contrevenans pardevant le Sieur Lieutenant-Général de Police.

ARTICLE XXXV.

Défenses aux Maîtres & Veuves, même aux Privilégiés du Grand Prevôt, ou autres qui font le commerce dans le Faux-bourg S. Antoine & autres prétendus lieux privilégiés, de tuer, ni faire tuer aucuns porcs, que dans les tueries & échaudoirs établis & autorisés par le Sieur Lieutenant-Général de Police, à peine de saisie, confiscation & amende.

ARTICLE XXXVI.

Défendons à tous les Maîtres & Veuves de la Communauté, de tenir leurs boutiques ouvertes, vendre ni débiter aucunes marchandises les quatre principales Fêtes de l'année, & les quatre Fêtes de Vierge seulement, à peine d'amende; & leur permettons de les tenir ouvertes, vendre & débiter les autres Dimanches & Fêtes de l'année, suivant les Arrêts du Parlement du vingt-deux Janvier mil cinq cent quatre-vingt-douze, & quinze Juin mil sept cent trente-trois.

ARTICLE XXXVII.

Permis aux Maîtres & Veuves d'achetter & employer les issuës & abbatis des bœufs, veaux & moutons, & les vendre & débiter.

ARTICLE XXXVIII.

Défendons aux Maîtres & Veuves & Privilégiés, d'achetter aucunes marchandises dudit métier aux environs de Paris, & dans l'étendue de vingt lieues; & aux Chaircuitiers des environs de Paris & Banlieue, d'en vendre ni débiter aux Maîtres & Veuves, ni d'en colporter dans Paris, à peine contre les Contrevenans de confiscation & de cinq cens livres d'amende, dont moitié applicable au profit de Sa Majesté, & l'autre moitié au profit de la Communauté.

ARTICLE XXXIX.

Défendons aux Maîtres & Veuves de faire courir des billets pour annoncer la vente de leursmarchandises, à peine de trois cens livres d'amende, applicable comme dessus.

ARTICLE XL.

Enjoignons aux Maîtres & Veuves de garnir les quarante places qui leur seront échues par le plan qui en sera tiré tous les trois mois devant le Commissaire des Halles, de lards, chairs de porcs frais & salés, & graisses, à proportion de ce qu'ils ont dans leurs boutiques, à peine d'interdiction de leur maîtrise ; comme aussi leur enjoignons de mettre des nappes blanches sur leurs étaux, & d'avoir des tabliers blancs autour d'eux ; seront tenus les Syndic & Jurés de faire leurs visites auxdites places, pour vérifier si elles sont garnies, & si la marchandise est loyale.

ARTICLE XLI.

Les Particuliers Forains vendans du porc frais à la Halle de cette Ville les Mercredis & Samedis, jours ordinaires de marchés, ne pourront apporter à Paris aucunes marchandises de porcs qui ne soient coupées par quartiers à la seconde côte au-dessus du rognon, avant d'entrer aux barrieres, à peine de confiscation & de cinq cens livres d'amende ; & ne pourront lesdits Forains exposer leur marchandise en vente, ni s'arrêter dans les rues de la Ville avec leurs charrettes, sous quelque prétexte que ce soit ; même celui de délivrer leur marchandise aux Bourgeois, & ils seront tenus de la vendre ,porter & exposer en vente sur le carreau de la Halle, à peine de confiscation & de cinq cens livres d'amende, applicable comme dessus,

ARTICLE XLII,

Défenses auxdits Forains d'apporter ni exposer en vente aucuns jambons ni lards falés, cervelats, boudins, faulciffes, andouilles, langues & autres marchandifes de porcs cuites, ni falées & crues, ainfi qu'il a été ordonné par les Sentences & Reglemens de Police des trente Janvier & douze Décembre mil fept cent trente-trois, & treize Avril mil fept.centquarantedeux, à peine de faifie, confifcation & trois cens livres d'amende, applicable comme deffus.

ARTICLE XLIII.

Si lefdits Forains n'ont point vendu dans la matinée toute la marchandife de porc frais par eux apportée, ils ne pourront mettre & laiffer dans les maifons voifines de la Halle ce qui leur fera refté, ni le donner aux Regratiers, mais pourront le laiffer en vente jufqu'à trois ou quatre heures de relevée; après lequel tems, la marchandife de porc frais qui n'aura pas été vendue, ne pourra être emportée ni ferrée, pour être expofée aux jours des marchés fubféquens, mais fera mife au rabais; & défenfes font faites auxdits Forains de hauffer du matin à l'après-diné le prix de ladite marchandife, le tout à peine de confifcation & de cent livres d'amende, tant contre lefdits Forains, que contre lefdits particuliers qui auront reçû ou ferré ladite marchandife reftante.

ARTICLE XLIV.

Ne pourront lefdits Forains donner aucune marchandife de porc frais pour colporter, revendre & regrater dans les halles, marchés, par les ruës ni ailleurs; & défenfes font faites à tous particuliers de revendre & regrater du porc frais dans les marchés ni dans quelques lieux de la Ville que ce puiffe être, à peine de confifcation & d'amende.

ARTICLE XLV.

Défenfes aux Forains débitans du porc frais, d'en vendre de gâté & prohibé, à peine de confifcation, de cinq cens livres d'amende, même de punition corporelle, s'il y écheoit.

ARTICLE XLVI.

Les Forains ou leurs Domeſtiques vendront en perſonne ; ſans pouvoir ſe ſervir du miniſtere de facteurs ou factrices réſidans à Paris, ni aux marchés, à peine de cent livres d'amende, tant contre les Marchands, que contre les facteurs ou factrices.

ARTICLE XLVII.

Défenſes à tous Marchands forains & autres particuliers ; d'achetter dans les foires ou marchés qui ſe tiendront à vingt lieues à la ronde, aucuns porcs pour les regratter & revendre dans les mêmes marchés ni ſur les routes ; & à tous Maîtres Chaircuitiers de faire le commerce de porcs en vie, ni en vendre dans les marchés, à peine de confiſcation, cinq cens livres d'amende, & déchéance de maîtriſe.

ARTICLE XLVIII.

Aucun Marchand ne pourra faire renvoi de ſa marchandiſe, qu'il n'ait au moins au préalable fait deux marchés, & au troiſiéme ſeulement ſe retirer en ſon pays ; & en ce cas, il ſera tenu de prendre renvoi des Syndic & Jurés, à peine de cent livres d'amende.

ARTICLE XLIX.

Voulons que conformément aux Reglemens des arts & métiers du mois de Décembre mil cinq cent quatre-vingt-un, il ſoit loiſible à tous Maîtres de ladite Communauté, de s'établir dans quelques Villes, Bourgs & Lieux que bon leur ſemblera de nôtre Royaume, pour y exercer librement leur profeſſion, & notamment dans les Villes de Lyon, Rouen, Caen, Bourdeaux, Tours, Orléans & autres, ſans être pour ce tenus faire nouveau ſerment eſdites Villes, mais ſeulement faire apparoir de l'Acte de leur réception à ladite Maîtriſe dans la ville de Paris, & faire enregiſtrer ledit Acte au Greffe de la Juſtice ordinaire du lieu où ils iront demeurer, ſoit Royale, ſoit ſubalterne.

ARTICLE L.

Seront au furplus les anciens Statuts & Reglemens de ladité Communauté exécutés, en ce qui ne fera pas contraire au préfent Reglement.

Regiftrés, ce confentant le Procureur-Général du Roi, pour jouir par les Impétrans & ceux qui leur fuccederont en ladite Communauté de leur effet & contenu, & être exécutés felon leur forme & teneur, aux charges, claufes & conditions portées par l'Arrêt de ce jour. A Paris en Parlement, le vingt-fix Novembre mil fept cent cinquante-quatre.

Signé, YSABEAU.

LETTRES PATENTES

ACCORDÉES PAR SA MAJESTÉ,

Le 28 Juillet 1745.

SUR les Nouveaux Statuts des Maîtres Chaircuitiers de Paris.

LOUIS, par la grace de Dieu Roi de France & de Navarre : A tous préfens & à venir, SALUT. La Communauté des Maîtres Chaircuitiers de notre bonne Ville & Fauxbourgs de Paris, Nous ont fait repréfenter que la plûpart des Articles de leurs anciens Statuts n'étant pas conçus en termes intelligibles, & étant d'ailleurs néceffaire d'en dreffer de nouveaux pour la bonne police & difcipline de leur Communauté, afin de remèdier aux abus qui s'y font introduits, ils auroient fait rédiger un projet de Statuts & Reglemens contenant cinquante Articles, qu'ils nous ont très-humblement fait fupplier de vouloir bien autorifer & confirmer, en leur accordant nos Lettres-Patentes fur ce néceffaires. A ces caufes, voulant favorablement traiter les Expofans, de l'avis de notre Confeil, qui a vû lefdits

Statuts rédigés en cinquante Articles ci attachés fous le Contre-
fcel denotre Chancellerie , Nous les avons agréés, approuvé,
confirmé & autorifé ; & de notre grace fpéciale , pleine puiffance & autorité Royale, agréons , approuvons, confirmons &
autorifons par ces Préfentes fignées de nôtre main , voulons &
nous plaît qu'ils foient exécutés felon leur forme & teneur par
ceux qui compofent ou compoferont la Communauté defdits
Maîtres Chaircuitiers , leurs Succeffeurs & tous autres, fans
qu'il y foit contrevenu en quelque forte & maniere que ce foit ,
fous les peines y portées, pourvû toutefois qu'au contenu defdits Statuts , il n'y ait rien de contraire aux us & coutumes des
lieux , ni préjudiciable à nos droits & à ceux d'autrui. Si donnons
en mandement à nos amés & féaux Confeillers , les Gens tenans notre Cour de Parlement à Paris , Prevôt de ladite Ville ,
ou fon Lieutenant-Général de Police, & à tous autres nos Officiers & Jufticiers qu'il appartiendra , que ces préfentes ils ayent
à faire regiftrer , & de leur contenu jouir & ufer les Expofans &
ceux qui leur fuccéderont en ladite Communauté pleinement,
paifiblement & perpetuellement , ceffant & faifant ceffer tous
troubles & empêchemens contraires ; Car tel eft notre plaifir.
Et afin que ce foit chofe ferme & ftable à toujours , Nous avons
fait mettre notre Scel à cefdites préfentes. Donné à Gand , le
vingt-huitiéme jour de Juillet l'an de grace mil fept cent quarante-cinq , & de notre regne le trentiéme. *Signé* , LOUIS. *Et*
fur le repli , par le Roi , PHELYPEAUX ; *Vifa* DAGUESSEAU , pour
confirmation de Statuts à la Communauté des Maîtres Chaircuitiers de Paris , & fcellées du grand Sceau de cire verte en
lacs de foye rouge & verte. Et au même repli eft encore écrit :

Regiftrées , ce confentant le Procureur-Général du Roi , pour
jouir par les Impétrans & ceux qui leur fuccéderont en ladite Com-
munauté de leur effet & contenu , & être exécutées felon leur forme
& teneur , aux charges , claufes & conditions portées par l'Arrêt
de ce jour. A Paris en Parlement , le vingt-fix Novembre mil
fept cent cinquante-quatre. Signé , YSABEAU.

ARRET

ARRÊT,

QUI ordonne que les Articles des Nouveaux Statuts de la Communauté des Maîtres Chaircuitiers , ensemble les Lettres Patentes expédiées fur iceux , feront communiqués tant aux Lieutenant-Général & Procureur du Roi au Châtelet pour donner leurs avis , qu'aux Corps & Communautés qu'ils pouvoient intéresser.

EXTRAIT DES REGISTRES DU PARLEMENT.

VU par la Cour les Lettres-Patentes du Roi données à Gand le vingt-huit Juillet mil sept cent quarante-cinq , signées LOUIS ; & fur le repli , par le Roi , PHELIPPEAUX , & scellées du grand Sceau de cire verte en lacs de soye rouge & verte , obtenues par la Communauté des Maîtres Chaircuitiers de la Ville & Fauxbourgs de Paris , par lesquelles pour les causes y contenues , le Seigneur Roi a approuvé & confirmé les Nouveaux Statuts au nombre de cinquante Articles , attachés fous le Contre-fcel desdites Lettres , pour maintenir la discipline & empêcher les abus qui s'introduisent dans ladite Communauté , ainsi que plus au long le contiennent lesdites Lettres , à la Cour adressantes ; & la Requête présentée à la Cour par les Syndic , Jurés en charge , Corps & Communauté des Maîtres Chaircuitiers de cette Ville , à fin d'enregistrement desdites Lettres & Statuts : Conclusions du Procureur-Général du Roi ; oüi le rapport de M.Elie Bochart Conseiller; tout consideré , LA COUR, avant faire droit , ordonne que lesdites Lettres Patentes & lefd. Statuts contenant cinquante Articles , attachés fous le Contre-fcel desdites Lettres , feront communiqués au Lieutenant-Général de Police & au Subftitut du Procureur Général du Roi au Châtelet , pour donner leur avis fur le contenu efdites Lettres Patentes & Statuts , qui feront aussi communiqués à tous les Maîtres Chaircuitiers de la Ville & Fauxbourgs de Paris , convoqués & assemblés en la maniere accoutumée , & aux Com-

Y

munautés des Maîtres Patiffiers, Traiteurs, Rotiffeurs, Marchands de vin & Epiciers, pour donner tous leur confentement à l'enregiftrement & exécution defdites Lettres Patentes, ou y dire autrement ce qu'ils aviferont bon être, pour le tout fait, rapporté & communiqué au Procureur-Général du Roi, être par lui prifes telles Conclufions que de raifon, & par la Cour ordonné ce qu'il appartiendra. Fait en Parlement, le fix Août mil fept cent quarante-cinq. Collationné, LE PELLETIER, avec paraphe. *Signé* DU FRANC.

AVIS

De Meffieurs les Lieutenant-Général de Police, & Procureur du Roi du Châtelet, fur les nouveaux Statuts, du 1 Septembre 1747.

VU par Nous NICOLAS-RENE' BERRYER, Chevalier, Confeiller du Roi en fes Confeils, Maître des Requêtes ordinaires de fon Hôtel, Lieutenant-Général de Police de la Ville, Prevôté & Vicomté de Paris; & FRANÇOIS MOREAU, Chevalier, Confeiller du Roi en fes Confeils d'Etat & Privé, Honoraire en fa Cour de Parlement & Grand'Chambre d'icelle, Procureur de Sa Majefté au Châtelet de Paris, l'Arrêt de la Cour de Parlement ci-après daté & piéces y jointes, pour fatisfaire à l'Arrêt de la Cour du fix Août mil fept cent quarante-cinq, par lequel elle nous ordonne de donner notre Avis fur les Lettres-Patentes du vingt-huit Juillet précédent, & les Statuts en cinquante Articles, obtenues par la Communauté des Maîtres Chaircuitiers de la Ville & Fauxbourgs de Paris; Nous avons l'honneur d'obferver à la Cour que les Statuts ne font à proprement parler, qu'un renouvellement des anciens Statuts de ladite Communauté, lefquels n'avoient pourvû qu'à une partie de ce qui concerne la police de cette profeffion; c'eft pourquoi il s'y étoit introduit plufieurs abus très-préjudiciables au bien public & à celui de cette Communauté : Nous avons, en conféquence des Ordres de la Cour, fait affembler les Communautés aux-

quelles elle a jugé à propos d'ordonner que ces nouveaux Statuts
& Lettres-Patentes feroient communiqués : Nous les avons entendus contradictoirement avec ladite Communauté des Chaircuitiers ; & par l'examen que Nous avons fait de leurs prétentions
refpectives, Nous avons crû pouvoir les concilier en propofant
à la Communauté des Chaircuitiers, de ne point comprendre
dans la prohibition portée par l'Article **XXXI.** de leurs Statuts,
les Maîtres Patilſiers, les Maîtres Traiteurs, les Maîtres Rotiffeurs, ni les Marchands de vin, & en reftreignant celle de l'Article **XXXII.** aux Maîtres Patilſiers & aux Maîtres Rotilſeurs,
par rapport aux porcs frais & lards falés. Ces **tempéramens** nous
ont paru convenir aux uns & aux autres ; & fi la Cour juge à
propos de les adopter, nous ne croyons plus qu'il fubfifte d'oppofition à l'enregiftrement des Statuts de la Communauté des
Chaircuitiers. Par ces confidérations, notre Avis eft, fous le
bon plaifir de la Cour, que lefdites Lettres-Patentes & Statuts,
dans l'état qu'ils font préfentés aujourd'hui, peuvent avec les
modifications que nous prenons la liberté de lui propofer, être
enregiftrés fans aucun inconvenient, pour être exécutés felon
leur forme & teneur, & qu'il foit enjoint aux Jurés de ladite
Communauté d'y tenir la main, & de Nous informer exactement des contraventions qui y feront faites, pour y être par
Nous pourvû ainfi qu'il appartiendra, fuivant l'exigence des cas.
Fait le premier Septembre mil fept cent quarante-fept.
Signé, *BERRYER*, & *MOREAU*, fur la minute.

*Délivré pour copie fur la Minute, étant ès mains de nous
Greffier des Chambre Civile & de Police du Châtelet de Paris
fouffigné, le neuf Septembre mil fept cent quarante-fept.*
Signé, *MENARD*, avec paraphe.

ARRÊT

DE LA COUR DE PARLEMENT,

RENDU le 4 Septembre 1752, au profit de la Communauté des Maîtres Chaircuitiers, contre les Officiers Langayeurs de Porcs, la Communauté des Maîtres Traiteurs, celle des Patiffiers & le Corps des Epiciers, au fujet des Visites & autres Droits d'Infpection des Syndic & Jurés Chaircuitiers.

NOTREDITE COUR ordonne que nos Edits, Déclarations, Arrêts & Reglemens de notredite Cour, feront exécutés felon leur forme & teneur ; en conféquence qu'il ne fera paffé outre à l'enregiftrement des Statuts & Lettres Patentes confirmatives d'iceux du 28 Juillet 1745, qu'à la charge que le droit de Vifite des Jurés Chaircuitiers, défenfes & facultés exprimées par les Articles 26. 27. 28. 29. 30. 31. 32. 34. 35. 40. 41. 42. 43. 44. 45. & 46. rélativement aux Infpecteurs, Langayeurs & Vifiteurs, ne pourront nuire ni préjudicier auxdits Infpecteurs, Langayeurs & Vifiteurs, à qui appartient la vifite exclufive de porcs, lards, chairs & graiffes de porcs ; fçavoir, à la Halle, fur les marchandifes de porcs qui s'y vendent par les Marchands forains, & au marché du Parvis de Notre-Dame, & dans tous les endroits publics où fe vendent ordinairement lefdits porcs & marchandifes de porcs, ou font expofés en vente ; & quant aux autres lieux, tels que les boutiques, arriere-boutiques des Maîtres, Veuves ou Privilégiés, les quarante places de la Halle, occupées par les Maîtres, tueries, échaudoirs, preffoirs ou mettages au fel, & généralement dans tous les autres lieux, magafins où fe tuent, façonnent & vendent lefdites marchandifes ; reçoit en tant que befoin notre Procureur Général tiers oppofant à l'Arrêt du premier Septembre mil fept cens quarante-neuf, en ce que par ledit Arrêt, les Officiers Infpecteurs de porcs font maintenus feuls & à l'exclufion des

Chaircuitiers , dans le droit de vifiter dans les maifons , boutiques , arriere-boutiques & autres endroits occupés par les Chaircuitiers , les chairs , lards & autres marchandifes de porcs , tant
frais , que falés & à faler , entamés ou non entamés , expofés
en vente ou non , même les marchandifes qui fe trouveront
dans leurs caves , ou mettages au fel & dans les féchoirs ; faifant
droit fur l'oppofition , ordonne que les vifites feront faites par
concurrence avec les Infpecteurs , Langayeurs , Vifiteurs &
Jurés Chaircuitiers , fans que fous ce prétexte , les Jurés Chaircuitiers puiffent s'arroger le droit de langueyer , qui appartient
feul auxdits Infpecteurs Langayeurs & Vifiteurs , comme celui
des cas de vifites exclufives ci-deffus exprimées ; & dans le cas
de contravention des Marchands forains , ou Débitans dans les
lieux dont la vifite exclufive appartient aux Infpecteurs , Langayeurs & Vifiteurs , les vifites & pourfuites ne pourront être
faites que par les Infpecteurs , Langayeurs & Vifiteurs , aufquels
appartiendra la confifcation & amendes prononcées par les Statuts , fans néanmoins auffi que fous le prétexte de l'Article 27.
des Statuts , les Chaircuitiers puiffent empêcher les Vifites attribuées aux Infpecteurs toutefois & quantes ils le jugeront néceffaire , conformément aux Arrêts & Reglemens de notredite
Cour , & notamment par les Arrêts des fept Septembre mil fept
cent trente , & premier Septembre mil fept cent quarante-neuf ,
qui feront au furplus exécutés , ni que fous le prétexte de l'Article 42 , les Chaircuitiers puiffent empêcher les Marchands
forains d'apporter , expofer en vente au marché du Parvis de
Notre-Dame , les Jambons , lards & autres marchandifes falées
qu'ils ont coutume d'y apporter , ni que fous le prétexte auffi
de l'Article 47. l'on puiffe empêcher les Maîtres Chaircuitiers
d'avoir la faculté de faire le commerce de porcs , en les achet-
tant au-delà des vingt lieues , & à la charge d'amener le tiers
au marché pour y être vendu ; ni que fous le prétexte auffi de
l'Article 48. le Marchand forain foit forcé de retirer fa marchandife pour la conduire dans fon pays , à moins que par l'examen des Infpecteurs , Langayeurs & Vifiteurs , à qui le droit
exclufif de l'examen & renvoi appartient , ils ne le jugent convenable ; déboute lefdits Infpecteurs & Vifiteurs de porcs de la
tierce oppofition par eux formée aux Arrêts des 19 Juillet 1745.

& 20 Mai 1748 , & de leur demande portée par Requête du vingt-deux Février dernier : ordonne que lesdits Arrêts feront exécutés selon leur forme & teneur , fauf auxdits Infpecteurs & Vifiteurs à veiller concurremment avec les Syndic & Jurés Chaircuitiers , à ce qu'il ne foit fait aucuns regrats de la marchandife de porcs ; & à l'égard des Traiteurs , à la charge auffi que les Chaircuitiers, fous prétexte des Articles 30. 31. & 32. defdits Statuts, ne puiffent les empêcher de vendre & étaler les efpéces de Chaircuiteries qu'ils ont la faculté de faire & employer dans leurs repas , conformément aux Arrêts des 30 Juin 1735. & 11 Juillet 1741 , ni les empêcher d'indiquer fur leurs plat-fonds, écriteaux ou autrement lefdites Marchandifes,& fans qu'ils puiffent faire les vifites portées par l'Article 30 des Statuts , qu'avec les formalités exprimées dans l'Article 31 , & fans que fous le prétexte de l'Article 37, les Chaircuitiers puiffent fe fervir des iffuës , abbatis de bœufs , veaux & moutons , pour en compofer des ragouts dont ils pourront fe fervir feulement pour les ouvrages de leur profeffion ; & fans auffi que fous le prétexte de l'Article 32. les Chaircuitiers puiffent empêcher les Maîtres Patiffiers d'achetter à la Halle du lard frais pour le faler & affaifonner à leur maniere , & l'employer en conformité des Arrêts des 14 Août 1711. & 8 Mai 1748 ; comme auffi à l'égard defdits Patiffiers - Traiteurs & des Epiciers , à la charge que fous le prétexte de l'Article 31. defdits Statuts , les Chaircuitiers ne puiffent les empêcher de mettre des enfeignes , tableaux fur les plat-fonds, écriteaux ou autrement qui indiquent au public toutes les marchandifes qui dépendent des deux profeffions de Patiffiers-Traiteurs & de celle des Epiciers ; au furplus maintient & garde lefdits Maîtres & Gardes des Epiciers dans le droit de vendre en gros les Jambons de Mayence , Bayonne , Bordeaux & autres Villes des environs feulement; enfemble les lards falés , cuiffes d'oyes & petits lards tirés des mêmes Villes , à la charge de les vendre , fçavoir ; les lards falés & petits-lards qu'en tonnes , caiffes ou barriques ; maintient pareillement lefdits Maîtres & Gardes Epiciers dans le droit de vendre les autres marchandifes de porcs venant de l'Etranger , telles que les faulciffons de Boulogne , mortadelles & autres , fans néanmoins les pouvoir vendre qu'en gros , comme les Jambons , & non pas par morceaux. Ordonne que le préfent Arrêt fera imprimé, publié & affiché partout où befoin fera, & infcrit fur les Regiftres des Parties ; fur le furplus des autres demandes, fins & conclufions des Parties, les a mis hors de Cour ; condamne lefdits Officiers Infpecteurs & Vifiteurs de porcs en l'amende de leur tierce oppofition, & en la moitié de tous les dépens faits à leur égard ; les Jurés & Communauté des Maîtres Traiteurs aufli en un quart des dépens envers les Jurés & Communauté des Maîtres Chaircuitiers ; le furplus de tous autres dépens entre toutes les autres Parties compenfés : Pouront lefdits Jurés Chaircuitiers employer les dépens à eux adjugés & compenfés, en frais de Jurande. Si MANDONS mettre le préfent Arrêt à duë, pleine & entiere exécution. De ce faire te donnons plein & entier pouvoir. Donné en Parlement le quatre Septembre, l'an de grace mil fept cent cinquante-deux, & de notre regne le trente huitiéme. Collationné, *figné* L A N G E L E' : figné par la Chambre, YSABEAU.

ARRÊT
DE LA COUR
DE PARLEMENT,

RENDU par forclusion contre les Chaircuitiers Privilégiés du Sieur Grand-Prévôt de l'Hôtel , opposans à l'enregistrement des Nouveaux Statuts, par lequel ils ont été déboutés de leur opposition.

Du 12 Avril 1753.

LOUIS par la grace de Dieu Roi de France & & de Navarre, au premier Huissier de notre Cour de Parlement, ou autre Huissier ou Sergent sur ce requis : Sçavoir faisons que vû par notredite Cour le défaut, faute de comparoir obtenu au Greffet des présentations d'icelle, par les Syndic, Jurés en Charge , Corps & Communauté des Maîtres Chaircuitiers de la Ville & Fauxbourgs de Paris, Demandeurs en vertu d'Ordonnance suivant les Requête & Exploit du sept Février mil sept cent cinquante deux , tendante à ce qu'il soit dit & ordonné que faute par les Défaillans ci-après nommés , d'avoir satisfait aux sommations qui leur ont été faites à la Requête desdits Demandeurs , par Exploits des quatre Janvier & trois Février mil sept cent cinquante deux , & suivant icelles de s'être expliqué précisément, s'ils ont des moyens valables d'opposition à l'enregistrement desdites Lettres Patentes & nouveaux Statuts , & à quels articles ils s'appliquent ; même d'avoir donné copie des Lettres Patentes qu'ils disent avoir été obtenues par les privilégiés le vingt-neuf Octobre mil sept cent vingt-cinq , & Arrêt d'enregistrement d'icelles : ensemble des Edits , Déclarations , Arrêts , & Réglemens

mens de Sa Majefté, qu'ils difent être confirmatifs de leurs
droits. Sans s'arrêter aux déclarations & proteftations defdits
Défaillants portées par leur Acte du vingt-quatre Janvier mil
fept cent cinquante deux, lefdites Lettres Patentes obtenues
par lefdits Demandeurs le vingt-huit Juillet mil fept cent
quarante-cinq, enfemble les cinquante articles de nouveaux
Statuts pour leur Communauté y attachés, & dont il s'agit,
feroient enregiftrés purement & fimplement pour être fuivis
& exécutés felon leur forme & teneur, avec dépens, que lefdits Demandeurs pourroient employer fi bon leur fembloit
dans leur compte de Jurande, comparants par Me. Pierre-
Charles Deligny leur Procureur, contre les Syndic & Marchands Chaircuitiers Privilégiés fuivant la Cour & Confeils
de Sa Majefté, Défendeurs & Défaillants à faute de comparoir, après que les délais portés par l'Ordonnance font expirés.
Vû auffi la demande & inventaire fur le profit dudit défaut;
Lettres Patentes, Statuts, Avis de la Police, Arrêts, Titres,
Piéces, Requêtes, Ordonnance, & Exploit fufdatés, &
ce qui a été mis pardevers notredite Cour. Conclufions de
notre Procureur Général. Tout confidéré, Notre dite COUR
a déclaré & déclare ledit défaut avoir été bien & duement
obtenu, & adjugeant le profit d'icelui faute par les Défaillans d'avoir fatisfait aux fommations qui leur ont été faites
à la requête des Syndic, Jurés & Communauté des Maîtres Chaircuitiers de Paris, par Exploits des quatre Janvier
& trois Février mil fept cent cinquante deux, & fuivant icelles de s'être expliqué précifément, s'ils ont des moyens valables d'oppofition à l'enregiftrement des Lettres Patentes &
nouveaux Statuts pour ladite Communauté du vingt-huit Juillet mil fept cent quarante-cinq, dont la communication a
été faite auxdits Défaillans & dont il s'agit, & à quels articles ils s'appliquent, ordonne que nonobftant les Déclarations & proteftations des Défaillans portées par leur Exploit
du vingt-quatre Janvier mil fept cent cinquante-deux, il fera paffé outre fi faire fe doit à l'enregiftrement defdites Lettres
Patentes & Nouveaux Statuts, purement & fimplement, en la
maniére accoutumée; condamne lefdits Défaillants aux dépens,
même en ceux de l'inftance dudit défaut & de ce qui a fuivi,

Z

lefquels les demandeurs pourront emploier fi bon leur femble
dans le compte de Jurande de la préfente année. Si MANDONS
mettre le préfent Arrêt à execution. De ce faire te donnons
pouvoir. Fait en Parlement le douziéme jour d'Avril l'an de
grace mil fept cent cinquante-trois, & de Notre Régne le tren-
te-huitiéme. Collationné *figné*, DE LA MOTTE. Par la
Chambre, *figné* DU FRANC.

L'an mil fept cent cinquante quatre, le dix-huitiéme jour
du mois d'Octobre : A la requête des Sindic, Jurés en Charge,
Corps & Communauté des Maîtres Chaircuitiers de la Ville
& Fauxbourgs de Paris, y demeurants, pour lefquels domicile
eft élû en leur Bureau fis à Paris, rue de la Coffonnerie, Paroiffe Saint Euftache, & encore en celle de Maître Pierre-
Charles Deligny Procureur au Parlement, & de ladite Communauté fife à Paris, rue du Monceau & Paroiffe de Saint Gervais : Nous Claude Genevoix Huiffier au Parlement, demeurant rue des Cordeliers Paroiffe Saint Côme, fouffigné avons
fignifié & baillé copie à tous les Chaircuitiers Privilégiés
fuivant la Cour, au domicile du Sr.   Berger l'un
d'eux, & Syndic de préfent en Charge defdits Chaircuitiers Privilégiés, demeurant à Paris rue Montmartre, vis-à-vis la rue
neûve faint Euftache, Paroiffe de Saint Euftache, en fon domicile parlant à un garçon qui n'a voulu dire font nom, de ce
fommé, de l'Arrêt de Noffeigneurs de la Cour du Parlement
obtenu par la Communauté defdits Maîtres Chaircuitiers le
douze Avril mil fept cent cinquante-trois par défaut faute de
comparoir, contre lefdits Chaircuitiers Privilégiés, étant en bonne forme. Collationné, *figné*, DE LA MOTTE. Par la Chambre, *figné*, DU FRANC, avec grille & paraphe, à ce que
du contenu ils n'ignorent ; leur déclarant que conformément
à icelui il fera inceffamment paffé outre fi faire fe doit à l'enregiftrement des Nouveaux Statuts pour ladite Communauté,
& Lettres Patentes fur iceux du vingt-huit Juillet mil fept
cent quarante cinq, dont il s'agit en la maniére accoutumée ;
fous la réferve de tous les droits & actions de ladite Communauté contre lefdits Chaircuitiers Privilégiés, auxquels audit domicile en parlant comme deffus, nous avons laiffé & baillé

copie tant dudit Arrêt que du préfent exploit , ainfi figné
Genevoix avec paraphe ; & plus bas eft écrit : Contrôlé à Paris le dix-huit Octobre mil fept cent cinquante quatre , *figné*
BRELUT.

L'an mil fept cent cinquante-cinq , le trente-uniéme jour
de Janvier: A la requête des Sindic & Jurés en Charge , Corps
& Communauté des Maîtres Chaircuitiers de la Ville &
Fauxbourgs de Paris , y demeurants pour lefquels domicile eft
élû en leur Bureau fis en cette Ville , rue de la Coffonnerie
près les Halles , Paroiffe de Saint Euftache ; & encore en la maifon de Maître Pierre-Charles Deligny Procureur au Parlement
& de ladite Communauté , fife à Paris rue du Monceau & Paroiffe Saint Gervais , Nous Jean Pierre Pefchot Huiffier au
Parlement, demeurant rue des Marmouzets Paroiffe Saint Pierre
aux Bœufs , fouffigné certifions avoir fignifié & baillé copie aux Sindic & Marchands Chaircuitiers Privilégiés fuivant
la Cour & Confeils de Sa Majefté , demeurants à Paris , en
la perfonne du Sr.   Berger l'un d'eux & Syndic de
préfent en Charge defdits Chaircuitiers Privilégiés , demeurant
à Paris rue Montmartre vis-à-vis la rue neuve Saint Euftache ,
Paroiffe de Saint Euftache, en fon domicile parlant à un garçon qui n'a voulu dire fon nom , de ce fommé , de l'Arrêt de
la Cour de Parlement du vingt-fix Novembre dernier obtenu
par les Syndic , Jurés & Communauté defdits Maîtres Chaircuitiers portant enregiftrement des Lettres Patentes &
Nouveaux Statuts du vingt-huit Juillet mil fept cent quarante-cinq , fans approbation d'autres Arrêts & Jugemens que
ceux de la Cour , d'autres Statuts qui n'auroient été enregiftrés en ladite Cour des lieux Privilégiés ni de Confrairie qui
ne feroient autorifés par Lettres Patentes bien & duement enregiftrées en icelle , lequel Arrêt enjoint aux Jurés de ladite
Communauté defdits Maîtres Chaircuitiers de tenir la main
à l'exécution defdits Statuts & Arrêts de la Cour, & d'informer
exactement le Lieutenant Général de Police & Subftitut de
Monfieur le Procureur Général du Roi au Châtelet des contraventions qui y feront faites , ledit Arrêt en date du
        Janvier préfent mois bien & duement en forme
                                Z ij

collationné, *signé* LE SEIGNEUR, & plus bas *signé*, DU FRANC, & scellé le vingt cinq de ce mois, signé Gaultier sur la commission ci-après, le tout avec paraphes ; comme aussi de la Commission de la Chancellerie du Palais à Paris obtenue sur ledit Arrêt pour l'entiére exécution d'icelui par lesdits Syndic, Jurés& Communauté desdits Maitres Chaircuitiers ledit jour vingt-cinq de ce mois, étant en bonne forme, Collationnée par le Conseil, signée Guitton, & scellée ledit jour, signé Gautier. Le tout avec paraphes ; à ce que desdits Arrêt & commission & du contenu, lesdits Syndic & Marchands Chaircuitiers Privilégiés n'en ignorent, & ayent chacun en droit soit à y obéir, & leur ayent la personne de leur dit Syndic surnommé en son dit domicile, & parlant comme dessus baillé & laissé copie tant desdits Arrêt & Commission que de mon présent exploit, ainsi *signé*, PESCHOT. Contrôlé à Paris le premier Février mil sept cent cinquante-cinq, *signé* BERTHA.

ARRÊT

D'ENREGISTREMENT,

Diffinitif des Nouveaux Statuts.

EXTRAIT DES REGISTRES DE PARLEMENT.

Du 24 Novembre 1754.

VU par la Cour, les Lettres Patentes du Roi, données à Gand le vingt-huit Juillet, 1745. Signées LOUIS, & sur le repli par le Roi PHELIPPEAUX, & Scellées en lacs de soye rouge & verte, du grand Sceau de cire verte, obtenuës par la Communauté des Maîtres Chaircuitiers de la Ville & Fauxbourgs de Paris, par lesquelles pour les causes y contenues le Seigneur Roi, auroit agréé, approuvé, confirmé & autorisé, veut & lui plaît que les nouveaux Statuts des Impétrans en

cinquante Articles attachées fous le Contre-fcel defdites Lettres foient exécutées felon leur forme & teneur, par ceux qui
compofent ou compoferont leur Communauté, leurs Succeffeurs & tous autres, fans qu'il y foit contrevenu en quelque
forte & maniere que ce foit, fous les peines y portées, pourvû
toutefois qu'au contenu auxdits Statuts, il n'y ait rien de contraire aux us & coutumes des lieux, ni de préjudiciable aux
droits dudit Seigneur Roi, ni à ceux d'autrui, ainfi que plus
au long le contiennent lefdites Lettres Patentes à la Cour
adreffantes lefdits Statuts en cinquante Articles.

Lefdits Statuts fignés par quatre - vingt des Maîtres
de ladite Communauté, un Arrêt de la Cour du 6. Août
1745. rendu fur les conclufions du Procureur Général du Roi,
par lequel avant faire droit, elle auroit ordonné que lefdites
Lettres Patentes contenant cinquante Articles attachés fous
le Contre-Scel defdites Lettres, feroient communiquées au
Lieutenant Général de Police, & au Subftitut du Procureur
Général au Châtelet, pour donner leur avis fur le contenu auxdites Lettres Patentes & Statuts qui feroient auffi communiqués à tous les Maîtres Chaircuitiers de la Ville & Fauxbourgs de Paris, convoqués & affemblés en la maniére accoutumée, & aux Communautés des Maîtres Patiffiers, Traiteurs,
Rotiffieurs, Marchands de Vin, & Epiciers, pour donner tous
leur confentement à l'enregiftrement & execution defdites Lettres Patentes & Statuts, ou dire autrement ce qu'ils aviferont
bon être, pour le tout fait rapporté, & au Procureur Général
communiqué, être par lui pris telles conclufions que de raifon,
& par la Cour ordonné ce qu'il appartiendra. L'Avis du Lieutenant Général de Police & du Subftitut du Procureur Général au Châtelet du premier Septembre 1747. par lequel ils
obfervent à la Cour que les Statuts des Impétrans ne font
à proprement parler qu'un renouvellement des anciens Statuts
de ladite Communauté, lefquels n'avoient pourvûs qu'à une
partie de ce qui concerne la Police de cette profeffion ; c'eft
pourquoi il s'y étoit introduit plufieurs abus très-préjudiciables
au bien public & à celui de cette Communauté ; qu'en con-
féquencedes ordres de ladite Cour, ils auroient fait affembler

les Communautés auxquelles elles auroient ordonné la communication defdits Statuts & Lettres Patentes, qu'ils les avoient entendus contradictoirement avec ladite Communauté des Impétrans, & que par l'examen des prétentions refpectives defdites Communautés, ils auroient crû pouvoir les concilier en propofant à celle des Impétrans de ne point comprendre dans la prohibition portée par l'Article trente-un de leurs Statuts les Maîtres Patiffiers, les Maîtres Rôtiffeurs, les Maîtres Traiteurs, ni les Marchands de Vin, & en reftreignant celle de l'Article trente-deux auxdits Maîtres Patiffiers & Maîtres Traiteurs par rapport aux porcs frais & Lards falés, que ces temperaments auroient parû convenir aux uns & aux autres, que fi la Cour juge à propos de les adopter, ils ne croient plus qu'il fubfifte d'oppofitions à l'enregiftrement des Statuts de ladite Communauté des Impetrans, par ces confidérations leur avis eft, fous le bon plaifir de la Cour, que lefdites Lettres Patentes & Statuts dans l'état qu'ils font préfentés aujourd'hui, peuvent avec les modifications par eux propofées être enregiftrées fans aucun inconvénient pour être exécutés felon leur forme & teneur, & qu'il foit enjoint aux Jurés de ladite Communauté d'y tenir la main, & de les informer exactement des contraventions qui y feront faites, pour y être par eux pourvû ainfi qu'il appartiendra, fuivant l'exigence des cas : Délibération de l'Affemblée des Impétrans convoquée en leur Bureau, en la maniére accoutumée le feize Août 1745. par laquelle ils commettent leur Syndic & Jurés en Charge à la pourfuite de l'enregiftrement de leurs Nouveaux Statuts en cinquante Articles & Lettres Patentes obtenues fur iceux : convocation defdits Syndic & Jurés en Charge faite par Procès-Verbal du Subftitut du Procureur Général au Châtelet du vingt-fix Février 1746. & leur confentement devant ledit Subftitut à l'enregiftrement & éxécution defdites Lettres Patentes & Statuts en cinquante Articles en date du trois Mars 1746. Signification faite avec fommation aux Communautés des Maîtres Patiffiers, Traiteurs, Rôtiffeurs, Marchands de Vin, & Epiciers, à la requête des Impetrans. Le vingt-trois Août 1745. par Jacques Luzarche Huiffier en notredite Cour, en parlant aux Clercs de chacune defdites Communautés, de fatisfaire à l'Arrêt de notre-

dite Cour du fix defdits mois & an ; ladite fignification con-
trôlée à Paris le 23 dudit mois d'Août : Oppofition formée par
les Jurés en charge , Corps & Communauté des Maîtres
Rôtiffeurs de la Ville , Fauxbourgs & Banlieue de Paris à
l'enregiftrement des Statuts & Lettres Patentes obtenues par
les Impétrans , & au Procureur Général fignifiée par Pefchot
Huiffier en la Cour le treize Mars 1747. Autre oppofition audit enregiftrement formée par les Officiers Infpecteurs , Vifiteurs & Contrôleurs des Porcs à Paris, auffi au Procureur Général fignifiée par Filz Huiffier en la Cour, le fix Septembre
1748. Autre oppofition audit enregiftrement formée par les
Jurés & Communauté des Maîtres Queux Cuifiniers - Traiteurs de Paris auffi au Procureur Général , fignifiée par Boyer
Huiffier en ladite Cour le dix-fept Février 1749. Une quatriéme oppofition formée par Jacques Pinard Maître Chaircuitier
à Paris , à l'enregiftrement defdites Lettres Patentes & Statuts , notamment aux Articles treize , dix-huit & vingt-trois , &
au Procureur Général fignifiée le onziéme Septembre 1752.
par Genevoix Huiffier en la Cour. Un Arrêt de la Cour du
trois Mars 1747. entre les Infpecteurs, demandeurs en requête
du feize Décembre 1746. tendante à ce qu'il fût donné Acte de
la déclaration à eux faite par les Maîtres & Gardes du Corps
des Marchands de Vin de la Ville & Fauxbourgs de Paris,
qu'ils n'ont rien trouvé dans les Statuts des Impétrans contenus en cinquante Articles de contraire au Réglement porté
par l'Arrêt de 1701 , pourquoi ils n'empêchent point l'enregiftrement defdits Statuts & Lettres Patentes obtenues fur Iceux,
qu'en conféquence il fût ordonné qu'en ce qui concerne lefdits Marchands de Vin , il feroit paffé outre à l'enregiftrement
defditesLettres Patentes & Statuts en la maniere accoutumée, &
en cas de conteftations que lefd. Marchands de Vin fuffent condamnés aux dépens d'une part , & lefdits Maîtres & Gardes du
Corps des Marchands de Vin défendeurs, d'autre part, par lequel
après que Rigault Avocat de la Communauté defd. Impétrans a
demandé la réception de l'appointement arrêté au parquet paraphé de le Févre Dormeffon pour le Procureur Général , & fignifié à Martin Darras Procureur , la Cour auroit ordonné
que l'appointement feroit reçu , & fuivant icelui donné Acte

aux Parties de Rigault du confentement des Maîtres & Gardes
du Corps des Marchands de Vin de Paris à l'enregiftrement
defdites LettresPatentes & nouveaux Statuts accordés aux Parties de Rigault, & dont eft queftion , en conféquence ordonné qu'à l'égard defdits Marchands de Vin , il feroit paffé outre
à l'enregiftrement en la Cour defdites Lettres Patentes & Statuts
fi faire fe devoit , dépens compenfés : ledit Arrêt fignifié le
feize Mars 1747. audit Maître Martin Darras Procureur en la
Cour, & defdits Marchands de Vin par Baucher Huiffier en
ladite Cour ; enfuite de laquelle fignification eft un certificat
de Maître Deligny Procureur en la Cour & des Impétrans du
feize Juin 1749. qu'il n'eft venu à fa connoiffance aucunes
oppofitions audit Arrêt. Un autre Arrêt de la Cour du onze
Juillet mile fept cent quarante neuf, rendu entre les Impétrans
demandeurs aux fins des requête & exploit du vingt-neuf
Août mil fept cent quarante huit d'une part , & les Jurés en
Charge, Corps & Communauté des Rôtiffeurs de la Ville, Fauxbourgs & Banlieue de Paris , oppofans à l'enregiftrement des
Statuts & Lettres Patentes defdits Impéttans & défendeurs
d'une part; & entre lefdits Jurés en Charge Corps & Communauté des Maîtres Rôtiffeurs demandeurs en requête du quatre
Février lors dernier d'une part , & les Impétrans défendeurs
d'autre part; & entre lefdits Impétrans demandeurs en requête
du vingt-un Mai mil fept cent quarante neuf d'une part, &
lefdits Jurés en Charge Corps & Communauté des Rotiffeurs
défendeurs, d'autre part; & entre lefdits Jurés en Charge, Corps
& Communauté des Maîtres Rôtiffeurs demandeurs en requête
du vingt-trois Mai mil fept cent quarante-neuf , d'une part , &
lefdits Impétrans défendeurs , d'autre part, par lequel après que
Rigault Avocat des Impétrans & Deshayes Procureur des
Jurés & Communauté des Rotiffeurs ont démandé la réception de l'appointement avifé au Parquet, paraphé le Bret pour
le Procureur Général. Ladite Cour auroit ordonné que l'appointement feroit reçu, & fuivant icelui ayant aucunement égard
aux requêtes refpectives, ordonné que les Articles vingt-neuf
& trente-un des Nouveaux Statuts de la Communauté des Maîtres Rotiffeurs, enfemble l'Arrêt de la Cour du dix-neuf Janvier
mil fept cent quarante fix , feroient executés felon leur forme

&

& teneur , en conféquence auroit reçu la Communauté des
Maîtres Rotiffeurs oppofante à l'enregiftrement des Nouveaux
Statuts & Lettres Patentes des Impetrans, en ce que par l'Article trente-un defdits Nouveaux Statuts , il eft fait défenfes à
la Communauté des Maîtres Rotiffeurs de faire aucuns étalages indiftinctement de la Marchandife de porcs , & en ce que
par l'Article trente-deux defdits Nouveaux Statuts , il eft dit
que les Rotiffeurs ne pourront employer dans les ouvrages
de leur métier tels qu'ils foient d'autres Lards frais & falés que
ceux qu'ils font tenus d'acheter chez les Impétrans, faifant droit
fur ladite oppofition maintient & garde les Maîtres Rotiffeurs ,
& ceux d'entre eux qui font Traiteurs , dans le droit & faculté
de jouir enfemble des droits attachés aux deux Maîtrifes des
Rotiffeurs & des Traiteurs ; maintient & garde pareillement
les Maîtres Rotiffeurs dans le droit & poffeffion à l'exclufion
des Impétrants , d'acheter du Marchand Forain & de la premiere main du Lard frais & falé pour en faire ufage en leur
métier & profeffion , & l'employer feulement en la maniere
des Rotiffeurs , conformément à l'Arrêt de ladite Cour du dix-
neuf Janvier mil fept cent quarante fix, ordonné que la défenfe faite
par l'Article quarante-deux des Statuts des Impetrans auxdits
Marchands Forains d'apporter & expofer en vente des Lards
falés , ne pourra en aucun cas nuire ni préjudicier aux droits &
permiffion accordés aux Maîtres Rotiffeurs d'en acheter du
Marchand Forain ; au furplus ordonné qu'il fera paffé outre fi
faire fe doit à l'enregiftrement defdits Statuts & Lettres Patentes des Impetrans, condamne ladite Communauté des Impétrans aux dépens que les Jurés pourront employer dans leur
compte , ledit Arrêt fignifié le vingt-trois Juillet mil fept cent
quarante neuf, audit des Hayes, par Boyer Huiffier en la Cour.
Un autre Arrêt de ladite Cour du quatre Septembre mil fept
cent cinquante-deux rendu fur les conclufions du Procureur-
Général & fur productions refpectives des Parties entre lefdits
Impétrans demandeurs aux fins des requête & exploit du fept
Septembre mil fept cent quarante cinq, & encore demandeurs
en requêtes des vingt-trois Mars mil fept cent quarante fept
& vingt-fix Août mil fept cent quarante-huit & défendeurs d'une
part , & les Maîtres & Gardes du Corps des Marchands Epi-

A a

ciers de la Ville de Paris défendeurs & démandeurs en requête du seize Mars mil sept cent quarante-sept, d'autre part; &
entre les Syndic , Jurés en Charges, Corps & Communauté
des Maîtres Patissiers de Paris , demandeurs en requête du cinq
Mars mil sept cent quarante-six,& défendeurs d'une part,&lesdits
Impétrans défendeurs & demandeurs en requête du trente-un
Août mil sept cent quarante huit, d'une part , & entre lesdits
Jurés, Corps & Communauté des Maîtres Patissiers, demandeurs en requête des treize Novembre mil sept cent quarante
huit,& deuxJuin mil sept cent quarante neuf,& défendeurs d'une
part , & lesdits Impétrans défendeurs & demandeurs en requête
du vingt dudit mois de Mai mil sept cent quarante neuf, d'une
part , & les Jurés en Charge, Corps & Communauté des Maîtres Patissiers défendeurs d'autre part; & entre lesJurés en Charge & Communauté des Maîtres Queux Cuisiniers-Traiteurs
de la Ville & Fauxbourgs de Paris , opposans à l'enregistrement
desdites Lettres Patentes & Nouveaux Statuts des Impétrans
par acte du trente & un Décembre mil sept cent quarante-cinq
signifié au Procureur des Impétrans & Défendeurs : & les Jurés , & Communauté des Maîtres Traiteurs de la Ville de Paris opposans audit enregistrement des Statuts des Impetrans
par acte du vingt-sept Février mil sept quarante neuf, d'une
part , & les Impétrans défendeurs auxdites oppositions & demandeurs suivant les requête & exploit du vingt Février mil
sept cent cinquante, & en requête du vingt-cinq Août audit
an , d'une part ; & les Officiers, Inspecteurs, Contrôleurs ,
Langayeurs & Visiteurs de Porcs de la Ville , Prévôté &
Vicomté de Paris, défendeurs d'autre part , & entre lesdits Officiers Inspecteurs de Porcs demandeurs en requête des
quinze Mai, & trente Juin mil sept cent cinquante, d'une part;
& les Impétrans defendeurs & demandeurs en requête du quatre Juillet mil sept cent cinquante d'autre part, & entre lesdits Maîtres & Gardes du Corps des Marchands Epiciers &
Apoticaires, Epiciers de la Ville & Fauxbourgs de Paris demandeurs en requête du sept Septembre mil sept cent cinquante, d'une part, & entre lesdits Impétrans défendeurs , d'autre part, & entre lesdits Impétrans demandeurs en requête du
cinq Décembre mil sept cent cinquante , d'une part, & les-

dits Maîtres & Gardes du Corps des Marchands Epiciers défendeurs d'autre part, & lefdits Officiers Infpecteurs-Contrô-
leurs, Laguayeurs & Vifiteurs de Porcs de la Ville de Paris,
défendeurs, d'autre part, & entre lefdits Maîtres & Gardes des
Marchands Epiciers de Paris, demandeurs en requête du vingt-
fept Janvier mil fept cent cinquante-deux, d'une part, & lefdits Impétrans défendeurs, d'autre part; & entre lefdits Impétrans demandeurs en requête du neuf Mars mil fept cent cinquante-deux, d'une part, & lefdits Maîtres & Gardes des Marchands Epiciers & Apoticaires, Epiciers de Paris défendeurs
d'autre part; & entre lefdits Officiers Infpecteurs-Vifiteurs Langayeurs & Contrôleurs de Porcs de la Ville & Fauxbourgs
de Paris, demandeurs en requête du vingt-deux Février mil
fept cent cinquante-deux, d'une part, & lefdits Impétrans défendeurs, d'autre part; & entre lefdits Impétrants demandeurs
en requêtes des vingt-huit Mars & vingt & un Avril mil fept
cent cinquante-deux, d'une part, & lefdits Officiers Langayeurs, Vifiteurs de Porcs, défendeurs d'une part, & entre
lefdits Officiers Infpecteurs, Vifiteurs, Langayeurs & Contrôleurs de Porcs de la Ville & Fauxbourgs de Paris, demandeurs en requête du treize Mai mil fept cent cinquante-deux
d'une part, & lefdits Infpecteurs défendeurs d'autre part, lequel
ladite Cour faifant droit fur le tout auroit ordonné que les Edits,
Déclarations, Arrêts & Réglements de la Cour feroient exécutés felon leur forme & teneur, en conféquence qu'il ne feroit
paffé outre à l'enregiftrement des Statuts & Lettres confirmatives d'iceux du vingt-huit Juillet mil fept cent quarante cinq,
qu'à la charge que le droit de vifite des Jurés Chaircuitiers défenfes & facultés exprimés par les Articles 26. 27. 28. 29. 30.
31. 32. 34. 35. 40. 41. 42. 43. 44. 45. & 46. relativement
aux Infpecteurs, Langayeurs & Vifiteurs ne pourroient nuire
ni préjudicier auxdits Infpecteurs, Langayeurs & Vifiteurs
à qui appartient la vifite exclufive des Porcs, Lards, Chairs
& Graiffes de Porcs, fçavoir à la Halle fur les Marchandifes
de Porcs qui fe vendent par les Marchands Forains, & au marché du Parvis Notre-Dame, & dans tous les endroits publics
où fe vendent ordinairement lefdits Porcs & Marchandifes de
Porcs où font expofées en vente: & quant aux autres lieux tels

A a ij

que les boutiques, arriéres-boutiques des Maîtres, Veuves ou Privilégiés, les quarante places de la Halle occupées par les Maîtres, tueries, échaudoirs, pressoirs & mettage au sel, & généralement dans tous les autres lieux, magazins où se tuent, façonnent & vendent lesdites Marchandises, auroit reçu en tant que besoin est le Procureur Général du Roi tiers opposant à l'Arrêt du premier Septembre mil sept cent quarante-neuf, en ce que par ledit Arrêt les Officiers Inspecteurs de Porcs sont maintenus seuls à l'exclusion des Impétrans dans le droit de visiter dans les maisons, boutiques, arriéres-boutiques & autres endroits occupés par les Impétrans, les Chairs, Lards & autres Marchandises de porcs tant frais que salés & à saler, entamés ou non entamés, exposés en vente ou non, même les Marchandises qui se trouveront dans leurs caves ou mettages au sel, & dans les séchoirs ; faisant droit sur l'opposition, auroit ordonné que les visites seroient faites par concurence avec les Inspecteurs, Langayeurs, Visiteurs & les Impétrans, sans que sous ce prétexte lesdits Jurés Chaircuitiers puissent s'arroger le droit de Langueyer qui appartient seul auxdits Inspecteurs Langayeurs & Visiteurs, comme celui des cas de visites exclusif ci-dessus exprimé ; & dans le cas de contravention desdits Marchands Forains ou débitans dans les lieux dont la visite exclusive appartient aux Inspecteurs-Langayeurs, Visiteurs, les visites ne pourront être faites que par les Inspecteurs, Langayeurs & Visiteurs auxquels appartiendra la confiscation & amende prononcée par les Statuts ; sans néanmoins aussi que sous le prétexte de l'Article vingt-septiéme des Statuts, les Impétrans puissent empêcher les visites attribuées aux Inspecteurs toutefois & quantes ils le jugeront nécessaire, conformément aux Arrêts & Réglemens de ladite Cour, & notament par les Arrêts des sept Septembre mil sept cent trente, & premier Septembre mil sept cent quarante-neuf, qui seront au surplus exécutés, ni que sous le prétexte de l'Article quarante-deux les Impétrans puissent empêcher les Marchands Forains d'apporter & exposer en vente au marché du Parvis Notre-Dame, les Jambons, Lards & autres Marchandises salées qu'ils ont coutume d'y apporter, ni que sous le prétexte aussi de l'Article quarante-septiéme, on puisse empêcher lesdits Impétrants

d'avoir la faculté de faire le commerce de Porcs en les achetant au delà de vingt lieues , & à la charge d'en mener le tiers
au marché pour y être vendu , ni que sous prétexte aussi de
l'Article quarante-huit. Le Marchand Forain soit forcé de retirer sa Marchandise pour la conduire dans son pays, à moins
que par l'examen des Inspecteurs, Langayeurs & Visiteurs à
qui le droit exclusif de l'examen & renvoi appartient, ils ne le
jugent convenable ; déboute lesdits Inspecteurs & Visiteurs de
Porcs de la tierce opposition par eux formée aux Arrêts des
dix neuf Juillet mil sept cent quarante cinq & vingt Mai mil
sept cent quarante-huit de leur demande portée par leur requête du vingt-deux Février dernier , auroit ordonné que lesdits
Arrêts seroient executés selon leur forme & teneur , sauf auxdits Inspecteurs & Visiteurs à veiller concurrement avec les
Impétrans , à ce qu'il ne soit fait aucun regrat de la Marchandise de Porc. Et à l'égard des Traiteurs à la charge aussi que
les Impétrans sous prétexte des Articles trente , trente & un &
trente-deux desdits Satuts, ne puissent les empêcher de vendre & étaler les espéces de Chaircuiteries qu'ils ont eu la faculté de faire emploier dans leurs repas, conformément aux Arrêts des trente Juin mil sept cent trente-cinq & onziéme Juillet mil sept cent quarante & un , ni les empêcher d'indiquer
sur leurs plat-fonds , écriteaux ou autrement lesdites Marchandises & sans qu'ils puissent faire les visites portées par l'Article
trente des Satuts qu'avec les formalités exprimées dans l'Article
trente & un , & sans que sous le prétexte de l'Article trente-sept
les Impétrans puissent se servir des issues, abatis de Bœufs,
Veaux & Moutons pour en composer des ragouts dont ils pourront se servir seulement pour les ouvrages de leur profession &
sans aussi que sous prétexte de l'Article trente-deux , les Impétrans puissent empêcher les Maîtres Patissiers d'acheter à la
Halle du Lard frais pour le saler & assaisonner à leur maniére ,
& l'emploier en conformité des Arrêts des quatorze Août mil
sept cent-onze & huit Mai mil sept quarante-huit , comme aussi à l'égard desdits Patissiers-Traiteurs & des Epiciers , à la charge que sous prétexte de l'Article trente & un desdits Statuts , les
Impétrans ne puissent les empêcher de mettre des enseignes ,
tableaux , sur les plat-fonds , écriteaux ou autrement qui indi-

quent au public toutes les Marchandifes qui dépendent des deux.profeſſions de Patiſſiers & Traiteurs, & de celle des Epiciers, au furplus maintient & garde lefdits Maîtres & Gardes des Epiciers dans le droit de vendre en gros les jambons de Mayence, Bayonne, Bordeaux & autre Villes des environs feulement, enfemble les Lards falés, cuiſſes d'Oyes & petits Lards des mêmes Villes, à la charge de les vendre, fçavoir les Lards falés & petit Lards en tonne, caiſſes ou barriques ; maintient pareillement les Maîtres & Gardes Epiciers dans le droit de vendre les autres Marchandifes de Porcs venant de l'étranger, telles que les faulciſſons de Boulogne, Mortadelles & autres, fans néanmoins les pouvoir vendre qu'en gros comme les jambons & non par morceaux, ordonne que le préfent Arrêt fera imprimé, publié & affiché par-tout où befoin fera, & infcrit fur les Regiſtres des Communautés des Parties. Sur le furplus des autres demandes, fins & conclufions des Parties, les met hors de Cour, condamne lefdits Officiers Infpecteurs & Vifiteurs en l'amende de leur tierce oppofition, & en la moitié de tous les dépens faits à leur égard, les Jurés & Communautés des Maîtres Traiteurs auſſi en un quart des dépens envers les Jurés & Communauté des Impétrans, le furplus de tous autres dépens entre toutes les Parties compenfés, pourront lefdits Impétrans emploier les dépens à eux-adjugés ou compaſſés en frais de Jurande, ledit Arrêt fignifié le fept Octobre mil fept cent cinquante-deux, à Maître Boile le Coq, Chayer & Poultier Procureurs, par Pefchot Huiſſier en la Cour, un autre Arrêt de ladite Cour contradictoirement rendu le cinq Avril mil fept cent cinquante-trois entre lefdits Impétrans demandeurs aux fins des requête, Ordonnance & exploit du douze Octobre mil fept cent cinquante-deux, d'une part, & Jacques Pinard Maître Chaircuitier à Paris, défendeur d'autre part, & entre ledit Pinard demandeur en requête du dix Mars précédent d'une part, & lefdits Impétrans défendeurs d'autre part, & entre lefdit Impétrans demandeurs en requête des treize & feize dudit mois de Mars d'une part, & ledit Pinard défendeur d'autre part, après que le Lurés Avocat des Impétrans, & Tirrion Avocat de Pinard, ont demandé la réception de l'appointement avifé contradictoirement au Parquet

paraphé de Joly de Fleury pour le Procureur Général du Roy ;
La Cour auroit ordonné que l'appointement feroit reçu & fuivant icelui donné acte aux Parties de le Lurés du défiftement ,
reconnoiffance & déclarations faites par ladite partie de Tirrion
par acte paffé devant Girault & fon Confrere Notaires au Châtelet de Paris le treize du préfent mois , en conféquence fait
main levée pure & fimple des oppofitions formées par ladite
partie de Tirrion par Exploit du premier Octobre mil fept cent
cinquante & un , & onze Septembre mil fept cent cinquante-
deux, & par tous autres actes à l'enregiftrement des cinquante articles des Nouveaux Statuts pour la Communauté defdits Impétrans du vingt-huit Juillet mil fept cent quarante-cinq &
dont eft queftion , déclare toutes lefdites oppofitions formées
par ladite Partie de Tirrion tant pour lui que pour les Modernes & Jeunes Maître nulles & de nul effet , lui fait défenfes
d'en former à l'avenir de pareilles fous peine de dommages ,
intérêts envers lefdits parties de le Lurés , ordonne que nonobftant lefdites oppofitions ou empêchement faits ou à faire de la
part de ladite partie de Tirrion , il fera paffé outre à fon égard
à l'enregiftrement defdites Lettres Patentes & Nouveaux Statuts
en la maniére accoutumée. Dépens compenfés , pourront néanmoins les parries de le Lurés employer leurs dépens , enfemble
ceux par elle faits contre ladite partie de Tirrion dont la com-
penfation à été convenue par ledit acte au compte de Jurande
de la préfente année , comme frais de pourfuite dudit enregiftrement defdites Lettres Patentes & Nouveaux Statuts , ledit Arrêt fignifié à Lafnier le trois Mai mil fept cent cinquante trois.
un autre Arrêt de ladite Cour faute de comparoir du douze
Avril mil fept cent cinquante-trois , rendu fur les conclufions
du Procureur Général du Roi en faveur des Impétrans demandeurs aux fins des requête & exploit du fept Février mil fept
cent cinquante-deux , contre les Syndic & Marchands Chaircuitiers Privilégiés fuivant la Cour , défendeurs & défaillans ,
par lequel ladite Cour auroit déclaré le défaut avoir été bien
& duement obtenu , & adjugeant le profit d'icelui , faute par
lefdits défaillants d'avoir fatisfait aux fommations qui leur ont
été faites à la requête des Impétrans par exploits des quatre
Janvier & trois Février mil fept cent cinquante-deux & fuivant

icelles de s'être expliqué précisément s'ils ont des moiens valables d'opposition à l'enregistrement des Lettres Patentes &
Nouveaux Statuts pour ladite Communauté du vingt-huit Juillet mil sept cent quarante-cinq, dont la communication à été
faite auxdits défaillants, & dont il s'agit, & à quels Articles ils
s'appliquent; ordonne que nonobstant les déclarations & pro-
testations des défaillans portées par leur exploit du vingt-quatre Janvier mil sept cent cinquante-deux, il sera passé outre si faire
se doit à l'enregistrement desdites Lettres Patentes & Nouveaux
Statuts purement & simplement en la maniére accoutumée:
lesdits défaillants condamnés aux dépens même en ceux de
l'instance dudit défaut & de ce qui a suivi; lesquels les Demandeurs pourront emploier si bon leur semble dans le compte de Jurande de la présente année, ledit Arrêt signifié le
dix huit Octobre mil sept cent cinquante-quatre aux Chaircuitiers Privilégiés suivant la Cour par Génévoix Huissier au Parlement avec déclaration que conformément audit Arrêt, il seroit
incessamment passé outre à l'enregistrement desdits Nouveaux
Statuts & Lettres Patentes sur iceux, ladite signification con-
trôlée à Paris ledit jour, ensemble la requête présentée à la Cour
par lesdits Impétrans à fin d'enregistrement desdits Lettres Patentes & Statuts, Conclusions du Procureur Général du Roi,
Ouï le rapport de Monsieur Elie Bochart Conseiller. Tout con-
sidéré:

L A C O U R ordonne que lesdites Lettres Patentes, ensemble lesdits Statuts, seront registrés au Greffe d'icelle pour
jouir par lesdits Impétrans & ceux qui leur succéderont en ladite Communauté de leur effet & contenu, & être executés
selon leur forme & teneur, conformément auxdits Arrêts de la
Cour, & sans approbation néanmoins d'autres Arrêts & jugement que ceux de la Cour, d'autres Statuts qui n'auroient
été enregistrés en ladite Cour, de lieux dits privilégiés, ni
de Confrairie qui ne seroit autorisée par Lettres Patentes bien
& duement enregistrées en icelle: Et enjoint aux Jurés de la
Communauté de tenir la main à l'execution desdits Statuts &
Arrêts, de la Cour & d'informer exactement le Lieutenant
Général de Police & le Substitut du Procureur Général du
Roi au Châtelet de Paris des contraventions qui y seroient
                                                    faites,

faites. Fait en Parlement le vingt-fix Novembre mil fept cent cinquante quatre. Collationné, L E S E I G N E U R , *Signé ,* DU FRANC.

Du 25 *Janvier* 1755.

LOUIS par la grace de Dieu , Roi de France & de Navarre : Au premier notre Huiffier ou autre Huiffier ou Sergent Royal fur ce requis ; à la requête des Syndics Jurés en charge, Corps & Communauté des Maîtres Chaircuitiers de la Ville & Fauxbourgs de Paris , te mandons mette à dûe & entiére execution felon fa forme & teneur l'Arrêt, de notre Cour de Parlement à Paris , du vingt-fix Novembre mil fept cent cinquante quatre , confirmatif des Lettres Patentes & Nouveaux Statuts de ladite Communauté du vingt-huit Juillet mil fept cent quarante-cinq , y énoncés, & de faire pour raifon de ce tous exploits & actes de Juftice requis & néceffaires. De ce faire te donnons pouvoir. Car tel eft notre plaifir donné en la Chancellerie de notre Palais , à Paris le vingt-cinq Janvier l'an de grace mil fept cent cinquante cinq , & de notre Régne le quarantiéme. Collationné, *Signé ,* par le Confeil COILLON , *avec paraphe.*

ARRÊT

DE LA COUR

DE PARLEMENT,

Portant Réglement dans la Communauté des Maîtres Chaircuitiers, à l'égard de leurs Compagnons, Apprentifs & Garçons.

Du 7 Juin 1755.

LOUIS par la grace de Dieu, Roi de France & de Navarre : Au premier des Huiffiers de notre Cour de Parlement, ou autre huiffier, &c. Sçavoir faifons qu'entre le fieur Dominique Bullot, Maître Chaircuitier à Paris, appellant, tant comme de Juge incompétent, qu'autrement de la Sentence rendue par les Juges & Confuls de Paris, le 15 Mars 1751. portant condamnation, & par Corps, contre lui au profit de l'Intimé ci-après nommé d'une fomme de 56 livres pour dix-huit femaines de fervice en qualité de Garçon Chaircuitier chez ledit fieur Bullot, depuis Pâques 1750, jufqu'au 25 Juillet, audit an, à raifon de 150 livres par an, avec intérêts, & dépens d'une part ; & Nicolas Laifné lors Compagnon Chaircuitier à Paris, Intimé d'autre part. Et entre ledit fieur Dominique Bullot demandeur aux fins des Requête & Exploit du 20 Juillet 1751. aux fins de dénonciations aux défendeurs ci-après nommés, des contraventions dudit Nicolas Laifné, à l'article 12 de leurs Statuts, portés par la Déclaration du Roi du 24 Octobre 1705, regiftrée en la Cour, & à l'appel dudit Bullot de ladite Sentence des Confuls, à ce qu'ils euffent à intervenir, prendre fon fait & caufe, ou adherer à fes conclufions ; à fin d'infirmation de ladite Sentence & de décharge des condamnations

contre lui prononcées &c. d'une part, & les Syndic Jurés
en charge, Corps & Communauté des Maîtres Chaircuitiers
de la Ville & Fauxbourgs de Paris, défendeurs d'autre part;
& entre lefdits Syndic & Jurés en Charge, Corps & Communauté des Maîtres Chaircuitiets de la Ville & Fauxbourgs de Paris, demandeurs en Requête du 9 Août de ladite année 1751.
afin d'être reçûsParties intervenantes dans la caufe d'entre Dominique Bullot & Nicolas Laifné, qu'il leur fût donné Acte de
leur déclaration, qu'ils prennent le fait & caufe dudit Bullot,
& adhérentà fes Conclufions & à fon appel; comme aufli afin
d'être reçus appelants, tant des Juges incompétents, qu'autrement, de ladite Sentence des Confuls de Paris, dudit jour 15
Mars 1751; faifant droit fur le tout, que l'appellation & ladite
Sentence fuffent mifes au néant : Emendant que ladite Sentence fût déclarée nulle, & incompétemment rendue, ledit Bullot fût déchargé des condamnations prononcées incompétemment & mal-à-propos contre lui, ledit Laifné fût condamné en telle amende, & en tels dommages intérêts qu'il
plairoit à notre dite Cour fixer, réfultant de la contravention aux Statuts de ladite Communauté, & en tous les dépens; & autres conclufions tendantes à un Réglement concernant les Compagnons, les Apprentifs & les Garçons,
&c. d'une part, & lefdits Bullot & Laifné défendeurs d'autre
part : & entre ledit fieur Bullot demandeur en Requête du
6 Septembre 1754. à ce qu'il lui fût donné Acte de ce que
lefdits Syndic, Jurés & Communauté defdits Maîtres Chaircuitiers ont déclaré prendre fon fait & caufe, & adhéré à
fes conclufions contre ledit Laifné, & fe joindre à lui pour
l'infirmation de ladite Sentence; que ledit Laifné fût condamné à lui reftituer neuf livres qu'il lui avoit avancé fur fes
gages; plus vingt fols pour un tablier, avec intérêts & dépens, &c. d'une part, & lefdits Syndic, Jurés en charge,
Corps & Communauté defdits Maîtres Chaircuitiers; & encore ledit Nicolas Laifné, défendeurs d'autre part. Et entre
ledit Laifné, demandeur en Requête du 2 Juin préfent
mois, tendante à ce que lefdits Syndic, Jurés & Communauté defdits Maîtres Chaircuitiers fuffent déclarés non recevables
en leur demande contre lui, ou déboutés; au furplus fur

l'objet de la compétence ou incompétence des Juges & Con-
.fuls, par rapport aux contestations d'entre les Maîtres de ladite Communauté & leurs Compagnons, en ce qui concerne les gages desdits Compagnons, l'exercice de leur état,
& les devoirs réciproques qu'ils se doivent les uns aux autres,
ainsi que sur le Réglement requis par ladite Communauté
à l'égard des Compagnons, Apprentifs & Garçons Chaircuitiers, il fut donné Acte audit Laisné de ce qu'il décla-
roit s'en rapporter à la prudence de notre Cour, d'ordonner
ce qu'elle aviseroit; & où notredite Cour se détermineroit à
recevoir l'appel de ladite Communauté de ladite Sentence
des Consuls du 15 Mars 1751, du chef de l'incompétence, en
ce cas il fut ordonné que ledit Laisné demeureroit réfervé
dans tous ses droits & actions contre ledit Sieur Bullot, pour
la répétition des 56 livres de gages qu'il lui devoit, & à se
pourvoir contre lui pardevant le Lieutenant Général de Police au Châtelet de Paris; défenses au contraire, & dans
tous les cas que lesdits Syndic, Jurés & Communauté fuffent condamnés en tous les dépens, le défendeur d'une part,
& lesdits Syndic, Jurés en charge, Corps & Communauté
desdits Maîtres Chaircuitiers défendeurs, & demandeurs en
Requête du 5 de ce mois à ce que les Lettres Patentes &
nouveaux Statuts de ladite Communauté du 28 Juillet 1745.
& l'Arrêt d'enregistrement d'iceux du 26 Novembre 1755.
fussent exécutés felon leur forme avec dépens, qu'ils pourroient employer dans le compte de Jurande de ladite Communauté; & que l'Arrêt à intervenir seroit imprimé, lû, publié & affiché par tout où besoin seroit, même inscrit fur le
Regiftre de ladite Communauté. Après que Tirrion, Avocat
de Dominique Bullot, Devaricourt, Avocat de Nicolas Laifné, & Lelures, Avocat des Syndic, Jurés & Communauté
des Maîtres Chaircuitiers de Paris, ont été oüis, ensemble
Joli de Fleury pour notre Procureur Général, NOTREDI-
TE COUR reçoit les Parties de Lelures, Parties intervenantes & appellantes, leur donne Acte de leur prise de fait &
cause de la Partie de Tirrion & de l'emploi porté par leur
Requête; donne pareillement Acte à la Partie de Varicourt
de la Déclaration portée par sa requête, qu'elle s'en rappor-

te à la prudence de notredite Cour, fur les appels & demandes defdites Parties de Tirrion & de Lelures ; faifant droit fur le tout, a mis, & met les appellations & ladite Sentence au néant, émandant, déclare ladite Sentence nulle, & incompétemment renduë ; décharge la Partie de Tirrion des condamnations contr'elle prononcées par ladite Sentence ; ordonne que les Statuts de la Communauté des Maîtres Chaircuitiers de Paris, & les Arrêts & Réglemens concernans ladite Communauté feront exécutés felon leur forme & teneur, en conféquence ordonne que les Compagnons Chaircuitiers ne pourront être reçus à travailler chez les Maîtres, qu'après avoir donné leurs noms, & repréfenté leurs Brevets d'apprentiffage aux Syndic & Jurés en charge de ladite Communauté, qui feront tenus de les enregiftrer fur un Regiftre qui fera tenu à cet effet au Bureau d'icelle, & de leur délivrer un Certificat pour aller travailler feulement chez les Maîtres de ladite Communauté, qu'ils indiqueront, & non chez aucuns privilégiés ni établis dans les lieux privilégiés ; & ne pourront lefdits Maîtres recevoir chez eux aucuns Compagnons fans le Certificat defdits Jurés, & fans le Certificat ou congé des derniers Maîtres chez lefquels ils auront travaillé, à peine de 50 livres d'amende, tant contre le Maître, que contre le Compagnon, même à l'égard des Compagnons des pertes des gages qui pourroient être dûs ; & à défaut par les Compagnons de donner leurs noms, & de repréfenter leurs Brevets d'apprentiffage dans un mois du jour de la fommation qui leur feroit faite, & où il arriveroit quelefdits Compagnons fortiffent de chez les Maîtres pour aller travailler chez des Chaircuitiers privilégiés, ou autres non Maîtres de ladite Communauté ; ordonne que dans l'un & l'autre fait ils ne pourront parvenir à la Maîtrife de Maître Chaircuitier. A cet effet enjoint aux Syndic & Jurés en charge de ladite Communauté, d'y veiller, & de conftater les noms & demeures de ceux defdits Compagnons qui contreviendront au préfent Arrêt. A l'égard des Apprentifs du métier de Chaircuitier qui quitteront leurs Maîtres fans caufe légitime avant l'expiration du tems porté par leurs Brevets, pour aller travailler chez des Chaircuitiers privilégiés ou gens fans qualité, ordonne qu'à la première fomma-

tion qui fera faite à l'Apprentif à la Requête du Maître qui
l'aura obligé, ledit Apprentif fera tenu de revenir chez lui,
pour parachever le tems qui reftera de fon Brevet, finon,
& ledit tems paffé, ledit Brevet demeurera nul, & fera rayé
& biffé de tous Regiftres, à la réprefentation defquels à l'effet de ladite radiation, feront tous Greffiers & Dépofitaires
contraints, & fera le Maître tenu de rapporter le Brevet &
la fommation entre les mains des Syndic & Jurés en charge, pour conftater l'évafion de fon Apprentif, & le mettre
en droit de pouvoir en prendre un autre; & pour ce qui eft
des Apprentifs qui quitteront leurs Maîtres de concert, &
pour raifons convenues avec lui, ordonne que lefdits Apprentifs ne pourront aller demeurer que chez un feul Maître,
pour parachever le tems de leur apprentiffage, & non chez
plufieurs Maîtres fucceffivement, à peine de perte du tems,
lequel ne leur fera compté pour celui de leur apprentiffage.
Et quant aux Garçons arrivants à Paris, pour y fervir les
Maîtres Chaircuitiers, ordonne que lefdits Garçons feront tenus de fe repréfenter au Bureau de ladite Communauté,
pour y être vûs par les Syndic & Jurés en charge, y déclarer leurs noms & furnoms, & les lieux de leur naiffance,
& y rapporter leurs Brevets ou Certificats des Maîtres chez
lefquels ils font fortis, dont fera fait mention fur un Regiftre tenu à cet effet au Bureau de ladite Communauté : Fait
défenfes aux Maîtres de recevoir lefdits Garçons chez eux,
qu'il ne leur apparoiffe un Certificat d'infcription fur le Regiftre, à peine d'amende, & de telle autre peine qu'il appartiendra : & en cas de conteftations & différens entre les
Maîtres ou Veuves de ladite Communauté, & leurs Compagnons, Apprentifs ou Garçons, ordonne que les uns & les
autres feront tenus de fe retirer pardevant les Syndic & Jurés en charge, pour tâcher de les concilier; & s'ils ne le
peuvent, lefdits Maîtres ou Veuves, lefdits Compagnons,
Apprentifs ou Garçons, fe pourvoiront pardevant le Lieutenant Général de Police au Châtelet de Paris : leur fait défenfes de procéder aux Confuls ni ailleurs, que devant ledit Juge de Police, foit pour raifon des gages ou du fait qui concerne leur profeffion, ou des devoirs réciproques les uns en-

vers les autres, à peine de nullité & de toutes pertes, dépens,
dommages & intérêts; comme auffi ordonne que les Syndic
& Jurés en charge de ladite Communauté, feront tenus de
s'affembler une fois par mois pour les affaires de ladite Communauté, lors de laquelle affemblée il fe trouvera au moins
fix Maîtres anciens, chacun à leur tour fuivant le Catalogue :
Au furplus ordonne que notre Déclaration du 24 Octobre 1705.
en forme de Statuts pour ladite Communauté enregiftrée en
notredite Cour le 12 Mai 1710, & les Lettres Patentes & nouveaux Statuts du 28 Juillet 1745. regiftrés en notredite Cour
le 26 Novembre 1754, feront exécutés fuivant leur forme &
teneur, aux charges portées par les Arrêts d'enregiftrement.
Ordonne que le préfent Arrêt fera imprimé, lû, publié, &
affiché par-tout où befoin fera ; même infcrit fur le Regiftre de
ladite Communauté, dépens compenfés, dont la Partie de
Tirrion fera payée par les Parties de Lelures, employer ceux
faits par elle & par ladite Partie de Tirrion dans le compte
de Jurande de la préfente année. MANDONS, &c. DONNÉ
en notredite Cour de Parlement le feptiéme jour de Juin, l'an
de grace 1755, & de notre régne le quarantiéme. Collationné, *figné* LE SEIGNEUR, avec paraphe. Par la Chambre, *figné* DU FRANC.

. Le 18 Juin 1755. fignifié & baillé copie à Mes Dubreuil
& Deshayes Procureurs, par nous Huiffier au Parlement fouffigné. *Signé* PESCHOT.

TABLE
DES MATIERES

A

B

Fin de la Table des Matiéres.

De l'Imprimerie de la Veuve DELATOUR, rue de la Harpe. 1755.

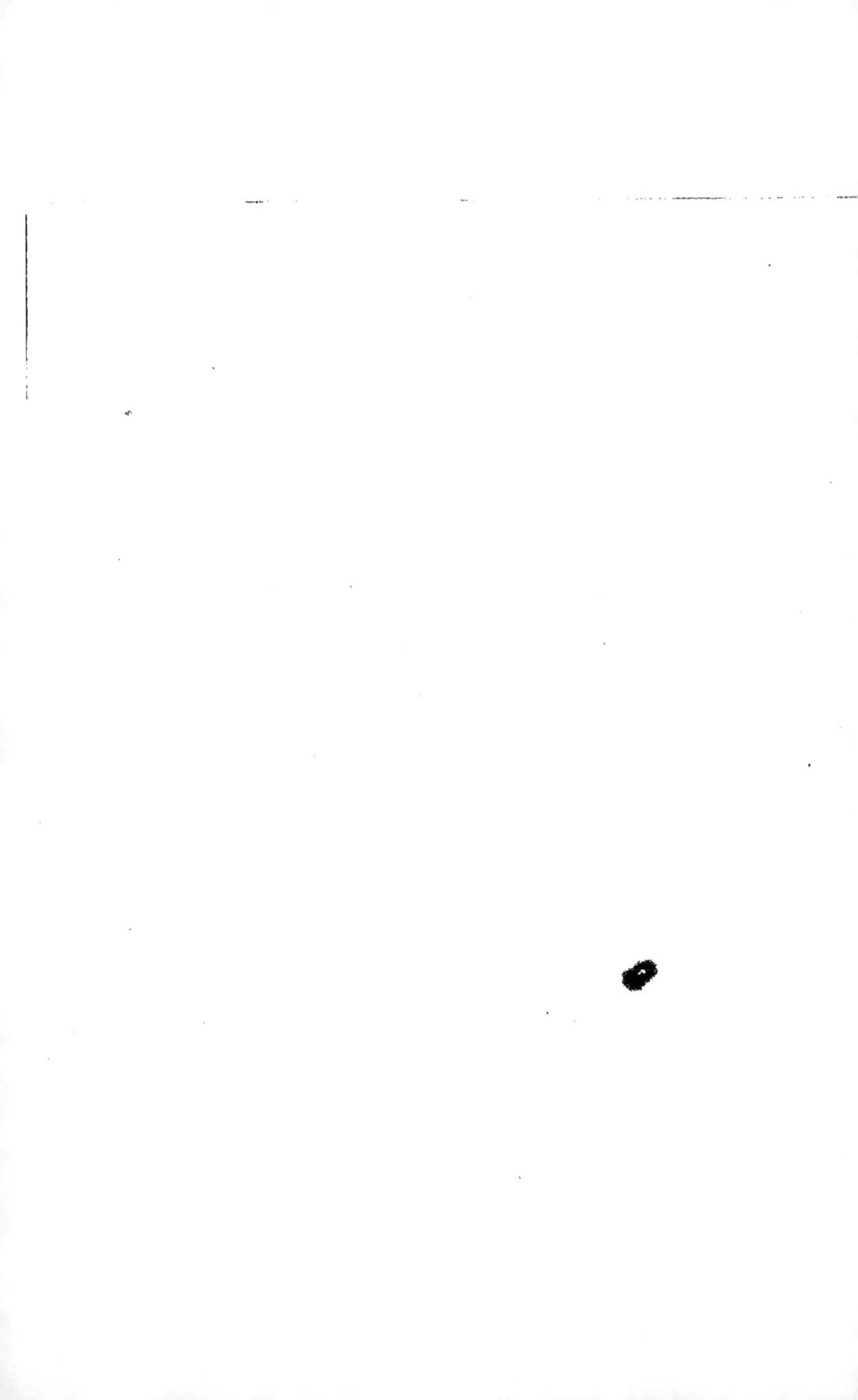

www.ingramcontent.com/pod-product-compliance
Lightning Source LLC
Chambersburg PA
CBHW070524200326
41519CB00013B/2916